日米首脳会談と戦後政治

浅野一弘［著］
Asano Kazuhiro

同文舘出版

はしがき

米国務省のホームページには、「大統領海外訪問」(Presidential Visits Abroad)という項目がある。* そこには、一九〇六年一一月一四日〜一七日にかけておこなわれた、セオドア・ルーズベルト大統領のパナマ訪問から、二〇〇四年一一月三〇日〜一二月一日のジョージ・W・ブッシュ大統領によるカナダ訪問までの歴代米国大統領による外遊先が網羅されている。ここで、そのリストのうち、主要八カ国(G8)だけにかぎって、米国大統領の外遊記録をみてみると、きわめて興味深い結果が得られる。

表1　G8諸国への米国大統領の外遊

	最初の訪問年月日	サミット直前の訪問年月日	サミット直後の訪問年月日	最新の訪問年月日
フランス	一九一八年一二月一四日〜二五日	一九七四年一二月一四日〜一六日	一九七八年一月四日〜六日	二〇〇四年六月五日〜六日
イギリス	一九一二年一一月一八日〜一二月一三日	一九七一年一二月二〇日〜二一日	一九七七年五月五日〜一一日	二〇〇三年一一月一八日〜二一日
ドイツ	一九四五年七月一六日〜八月二日	一九七五年七月二六日〜二八日	一九七八年七月一四日〜一五日	二〇〇二年五月二二日〜二三日
日本	一九七四年一一月一九日〜二二日	一九七四年一一月一九日〜二二日	一九七九年六月二五日〜二九日	二〇〇三年一〇月一七日〜一八日
イタリア	一九一九年一月一日〜六日	一九七五年六月三日	一九八〇年六月一九日〜二四日	二〇〇四年六月四日〜五日
カナダ	一九二三年七月二六日	一九七二年四月一三日〜一五日	一九八一年三月一〇日〜一一日	二〇〇四年一一月三〇日〜一二月一日
ロシア	一九四五年二月三日〜一二日	一九七四年一一月二三日〜二四日	一九八八年五月二九日〜六月二日	二〇〇六年一一月一五日

(注)なお、第一回目のサミットがフランスで開催されているため、当時のジェラルド・R・フォード大統領が、一九七五年一一月一五日〜一七日のあいだ、訪仏しているが、これをサミット直前・直後の訪仏とはみなしていない。

表2　G8諸国への米国大統領の外遊回数

	サミット直前までの 訪問回数	サミット直後から二〇〇四年一二月末までの訪問回数	合計訪問回数
フランス	一八回	二一回	三九回
イギリス	三四回	一九回	五三回
ドイツ	八回	一九回	二七回
日本	一回	一三回	一四回
イタリア	八回	一五回	二三回
カナダ	一八回	一七回	三五回
ロシア	四回	一三回	一七回

(注) なお、第一回目のサミットがフランスで開催されているが、これをサミット直前の訪仏とはみなしていない。したがって、このときの訪仏は、「サミット直後から二〇〇四年一二月末までの訪問回数」のほうにふくまれている。

表1・表2から明らかなように、G8諸国中、米国大統領の外遊先は、歴史的にみても、回数からいっても、イギリスが群をぬいている。もっとも、イギリスの場合、その属領であるバミューダなどへの訪問もふくまれているため、米国大統領の訪問回数が五三回と、ほかの国々よりも多くなる側面がないわけではない。しかしながら、日本への訪問回数は、G8諸国中、最低の一四回しかないのだ。これは、ロシア（ソ連）への訪問回数の一七回をも下回っている。周知のように、米ソ間においては、四〇年以上のながきにわたって、冷戦が存在していた。他方、日本と米国は、一九五一年九月八日の日米安全保障条約締結以降、五〇年以上にわたる「同盟関係」が存在していたのだ。

さらに、一九七五年一一月一五日～一七日のあいだ、フランスのランブイエで開催された、第一回サミット（主要国首脳会議）をさかいとして、G8諸国への米国大統領の訪問回数をわけてみると、サミット以前の訪日は、わずか一回しかないのだ。これこそが、日米関係の実態なのである。
くわえて、日米関係の不均衡を示す好例として、日米首脳会談の開催場所をあげることもできる。表3は、一九五一年九月四日におこなわれた吉田茂首相とハリー・S・トルーマン大統領による第一回目の日米首脳会談以降、二〇〇八年一一月二二日に開催された麻生太郎首相とブッシュ大統領による会談までの都合一〇三回の首脳会談の開催場所に注目したものである。日本で開催された首脳会談が、一六回しかないのに対して、米国で開催された首脳会談は、六〇回にもおよんでいる。しかも、日本でおこなわれた一六回の会談を詳細にみると、首脳会談自体を目的とした米国大統領の訪日は、わずか五回しかないことがわかる(表4)。

表3　日米首脳会談の開催場所

開催場所	回　数
米国(ワシントンD.C.)	38回
米国(ワシントンD.C.以外)	22回
日米両国以外	27回
日本	16回
合　計	103回

表4　日本でおこなわれた日米首脳会談

回　数	年　月　日	目　的
第1回	1974年11月19・20日	◎
第2回	1979年6月25・26日	サミット
第3回	1980年7月9日	葬儀
第4回	1983年11月9・10日	◎
第5回	1986年5月3日	サミット
第6回	1989年2月23日	葬儀
第7回	1992年1月8・9日	◎
第8回	1993年7月6・9日	サミット
第9回	1996年4月17日	◎
第10回	1998年11月20日	APEC関連
第11回	2000年6月8日	葬儀
第12回	2000年7月22日	サミット
第13回	2002年2月18日	◎
第14回	2003年10月17日	APEC関連
第15回	2005年11月16日	APEC関連
第16回	2008年7月6日	サミット

(注)APECとは、アジア太平洋経済協力会議のことである。

そこで、本書においては、以上のような認識をもとにして、戦後の日米首脳会談の実態を浮き彫りにしたいと考えている。対象とする会談は、吉田首相とドワイト・D・アイゼンハワー大統領によるもの（第1章）、岸信介首相とアイゼンハワー大統領によるもの（第2章）、佐藤栄作首相とリンドン・B・ジョンソン大統領によるもの（第3章）、佐藤首相とリチャード・M・ニクソン大統領によるもの（第4章）、三木武夫首相とジェラルド・R・フォード大統領によるもの（第5章）である。そして、沖縄返還の合意をみた佐藤・ニクソン会談の主役の一人であるニクソン大統領の人物像をより明らかにするため、補論をもうけた。というのは、戦後日本外交史上、沖縄返還がとりわけ大きな意味をもつと考えたからである。

浅野　一弘

二〇〇九年三月

注

＊ http://www.state.gov/r/pa/ho/trvl/pres/index.htm（二〇〇九年一月一五日）。

目次

第3章　佐藤・ジョンソン会談　87

【戦後日米首脳会談の軌跡】

回数	日時	日本側	米国側	場所
第１回	1951年９月４日	吉田　茂	ハリー・トルーマン	カリフォルニア州サンフランシスコ
第２回	1954年11月９日	吉田　茂	ドワイト・アイゼンハワー	ワシントンD.C.
第３回	1957年６月19・21日	岸　信介	ドワイト・アイゼンハワー	ワシントンD.C.
第４回	1960年１月19・20日	岸　信介	ドワイト・アイゼンハワー	ワシントンD.C.
第５回	1961年６月20・21日	池田勇人	ジョン・ケネディ	ワシントンD.C.
第６回	1963年11月25日	池田勇人	リンドン・ジョンソン	ワシントンD.C.
第７回	1965年１月12・13日	佐藤栄作	リンドン・ジョンソン	ワシントンD.C.
第８回	1967年11月14・15日	佐藤栄作	リンドン・ジョンソン	ワシントンD.C.
第９回	1969年11月19・20・21日	佐藤栄作	リチャード・ニクソン	ワシントンD.C.
第10回	1970年10月24日	佐藤栄作	リチャード・ニクソン	ワシントンD.C.
第11回	1972年１月６・７日	佐藤栄作	リチャード・ニクソン	カリフォルニア州サンクレメンテ
第12回	1972年８月31日・９月１日	田中角栄	リチャード・ニクソン	ハワイ州ホノルル
第13回	1973年７月31日・８月１日	田中角栄	リチャード・ニクソン	ワシントンD.C.
第14回	1974年４月７日	田中角栄	リチャード・ニクソン	フランス（パリ）
第15回	1974年９月21日	田中角栄	ジェラルド・フォード	ワシントンD.C.
第16回	1974年11月19・20日	田中角栄	ジェラルド・フォード	東京
第17回	1975年８月５・６日	三木武夫	ジェラルド・フォード	ワシントンD.C.
第18回	1976年６月30日	三木武夫	ジェラルド・フォード	ワシントンD.C.
第19回	1977年３月21・22日	福田赳夫	ジミー・カーター	ワシントンD.C.
第20回	1977年５月７日	福田赳夫	ジミー・カーター	イギリス（ロンドン）
第21回	1978年５月３日	福田赳夫	ジミー・カーター	ワシントンD.C.
第22回	1978年７月16日	福田赳夫	ジミー・カーター	西ドイツ（ボン）
第23回	1979年５月２日	大平正芳	ジミー・カーター	ワシントンD.C.
第24回	1979年６月25・26日	大平正芳	ジミー・カーター	東京
第25回	1980年５月１日	大平正芳	ジミー・カーター	ワシントンD.C.
第26回	1980年７月９日	伊東正義	ジミー・カーター	東京
第27回	1981年５月７・８日	鈴木善幸	ロナルド・レーガン	ワシントンD.C.
第28回	1981年７月21日	鈴木善幸	ロナルド・レーガン	カナダ（オタワ）
第29回	1982年６月４日	鈴木善幸	ロナルド・レーガン	フランス（パリ）
第30回	1983年１月18・19日	中曽根康弘	ロナルド・レーガン	ワシントンD.C.

第31回	1983年５月27日	中曽根康弘	ロナルド・レーガン	ワシントンD.C.
第32回	1983年11月９・10日	中曽根康弘	ロナルド・レーガン	東京
第33回	1984年６月７日	中曽根康弘	ロナルド・レーガン	イギリス（ロンドン）
第34回	1985年１月２日	中曽根康弘	ロナルド・レーガン	カリフォルニア州ロサンゼルス
第35回	1985年５月２日	中曽根康弘	ロナルド・レーガン	西ドイツ（ボン）
第36回	1985年10月25日	中曽根康弘	ロナルド・レーガン	ニューヨーク
第37回	1986年４月13・14日	中曽根康弘	ロナルド・レーガン	ワシントンD.C.
第38回	1986年５月３日	中曽根康弘	ロナルド・レーガン	東京
第39回	1987年４月30日・５月１日	中曽根康弘	ロナルド・レーガン	ワシントンD.C.
第40回	1987年６月８日	中曽根康弘	ロナルド・レーガン	イタリア（ベネチア）
第41回	1987年９月21日	中曽根康弘	ロナルド・レーガン	ニューヨーク
第42回	1988年１月13日	竹下　登	ロナルド・レーガン	ワシントンD.C.
第43回	1988年６月３日	竹下　登	ロナルド・レーガン	イギリス（ロンドン）
第44回	1988年６月20日	竹下　登	ロナルド・レーガン	カナダ（トロント）
第45回	1989年２月２日	竹下　登	ジョージ・ブッシュ	ワシントンD.C.
第46回	1989年２月23日	竹下　登	ジョージ・ブッシュ	東京
第47回	1989年７月14日	宇野宗佑	ジョージ・ブッシュ	フランス（パリ）
第48回	1989年９月１日	海部俊樹	ジョージ・ブッシュ	ワシントンD.C.
第49回	1990年３月２・３日	海部俊樹	ジョージ・ブッシュ	カリフォルニア州パームスプリングス
第50回	1990年７月７日	海部俊樹	ジョージ・ブッシュ	テキサス州ヒューストン
第51回	1990年９月29日	海部俊樹	ジョージ・ブッシュ	ニューヨーク
第52回	1991年４月４日	海部俊樹	ジョージ・ブッシュ	カリフォルニア州ニューポートビーチ
第53回	1991年７月11日	海部俊樹	ジョージ・ブッシュ	メーン州ケネバンクポート
第54回	1992年１月８・９日	宮沢喜一	ジョージ・ブッシュ	東京
第55回	1992年１月30日	宮沢喜一	ジョージ・ブッシュ	ニューヨーク
第56回	1992年７月１日	宮沢喜一	ジョージ・ブッシュ	ワシントンD.C.
第57回	1993年４月16日	宮沢喜一	ビル・クリントン	ワシントンD.C.
第58回	1993年７月６・９日	宮沢喜一	ビル・クリントン	東京
第59回	1993年９月27日	細川護煕	ビル・クリントン	ニューヨーク
第60回	1993年11月19日	細川護煕	ビル・クリントン	ワシントン州シアトル
第61回	1994年２月11・12日	細川護煕	ビル・クリントン	ワシントンD.C.
第62回	1994年７月８日	村山富市	ビル・クリントン	イタリア（ナポリ）

第63回	1994年11月14日	村山富市	ビル・クリントン	インドネシア(ジャカルタ)
第64回	1995年１月11日	村山富市	ビル・クリントン	ワシントンD.C.
第65回	1995年６月15日	村山富市	ビル・クリントン	カナダ(ハリファクス)
第66回	1996年２月23日	橋本龍太郎	ビル・クリントン	カリフォルニア州サンタモニカ
第67回	1996年４月17日	橋本龍太郎	ビル・クリントン	東京
第68回	1996年６月27日	橋本龍太郎	ビル・クリントン	フランス(リヨン)
第69回	1996年９月24日	橋本龍太郎	ビル・クリントン	ニューヨーク
第70回	1996年11月24日	橋本龍太郎	ビル・クリントン	フィリピン(マニラ)
第71回	1997年４月25日	橋本龍太郎	ビル・クリントン	ワシントンD.C.
第72回	1997年６月19日	橋本龍太郎	ビル・クリントン	コロラド州デンバー
第73回	1997年11月24日	橋本龍太郎	ビル・クリントン	カナダ(バンクーバー)
第74回	1998年５月15日	橋本龍太郎	ビル・クリントン	イギリス(バーミンガム)
第75回	1998年９月22日	小渕恵三	ビル・クリントン	ニューヨーク
第76回	1998年11月20日	小渕恵三	ビル・クリントン	東京
第77回	1999年５月３日	小渕恵三	ビル・クリントン	ワシントンD.C.
第78回	1999年６月18日	小渕恵三	ビル・クリントン	ドイツ(ケルン)
第79回	2000年５月５日	森喜朗	ビル・クリントン	ワシントンD.C.
第80回	2000年６月８日	森喜朗	ビル・クリントン	東京
第81回	2000年７月22日	森喜朗	ビル・クリントン	沖縄(名護)
第82回	2000年11月16日	森喜朗	ビル・クリントン	ブルネイ(バンダルスリブガワン)
第83回	2001年３月19日	森喜朗	ジョージ・W・ブッシュ	ワシントンD.C.
第84回	2001年６月30日	小泉純一郎	ジョージ・W・ブッシュ	ワシントンD.C.
第85回	2001年９月25日	小泉純一郎	ジョージ・W・ブッシュ	ワシントンD.C.
第86回	2001年10月20日	小泉純一郎	ジョージ・W・ブッシュ	中国(上海)
第87回	2002年２月18日	小泉純一郎	ジョージ・W・ブッシュ	東京
第88回	2002年６月25日	小泉純一郎	ジョージ・W・ブッシュ	カナダ(カナナスキス)
第89回	2002年９月12日	小泉純一郎	ジョージ・W・ブッシュ	ニューヨーク
第90回	2003年５月22・23日	小泉純一郎	ジョージ・W・ブッシュ	テキサス州クロフォード
第91回	2003年10月17日	小泉純一郎	ジョージ・W・ブッシュ	東京
第92回	2004年６月８日	小泉純一郎	ジョージ・W・ブッシュ	ジョージア州シーアイランド
第93回	2004年９月21日	小泉純一郎	ジョージ・W・ブッシュ	ニューヨーク
第94回	2004年11月20日	小泉純一郎	ジョージ・W・ブッシュ	チリ(サンティアゴ)

第95回	2005年11月16日	小泉純一郎	ジョージ・W・ブッシュ	京都
第96回	2006年６月29日	小泉純一郎	ジョージ・W・ブッシュ	ワシントンD.C.
第97回	2006年11月18日	安倍晋三	ジョージ・W・ブッシュ	ベトナム（ハノイ）
第98回	2007年４月27日	安倍晋三	ジョージ・W・ブッシュ	ワシントンD.C.
第99回	2007年６月６日	安倍晋三	ジョージ・W・ブッシュ	ドイツ（ハイリゲンダム）
第100回	2007年９月８日	安倍晋三	ジョージ・W・ブッシュ	オーストラリア（シドニー）
第101回	2007年11月16日	福田康夫	ジョージ・W・ブッシュ	ワシントンD.C.
第102回	2008年７月６日	福田康夫	ジョージ・W・ブッシュ	北海道（洞爺湖）
第103回	2008年11月22日	麻生太郎	ジョージ・W・ブッシュ	ペルー（リマ）

第1章

吉田・アイゼンハワー会談

1 はじめに―問題の所在―

一九五四年一二月七日、吉田茂首相が辞意を表明した。吉田首相は、通算七年二ヶ月ものあいだ、戦後日本を率い、国民の悲願であった独立を達成するなど、つよいリーダーシップを発揮した。それゆえ、一九五一年の対日平和条約締結を「吉田の最高の『外交的作品』」とまで評する識者もいるほどである。しかしながら、「講和独立とともに吉田政権を支えた諸条件が変った」ため、皮肉にも、「この作品が完成したとき、……すでに吉田政権の崩壊がはじまっていた」こともまた事実である。[*1] もっとも、この時点で、対日平和条約の締結を花道に、吉田首相が引退すべきであると考える者は、皆無に等しかったという点に留意する必要がある。戦後保守政治の動向にくわしい宮沢喜一氏は、「事実の記述として、当時吉田さん自身にも、また吉田氏に最も近い政治家の間にも、一つこの機会にやめようかという気持は全然無かったように私には見受けられた」と述懐している。[*2]

だが、吉田内閣の支持率は、対日平和条約締結時の一九五一年九月の五八％を頂点に、翌一九五二年二月には、三三％にまで落ちこんだ。[*3] この数字は、まさに「講和条約調印を境として吉田内閣は世間から飽きられていた」ことを如実に物語っており、「吉田政治の秘密性、側近性なども問題にされはじめていた」ためであった。[*4]

このように、対日平和条約締結時をピークとして、吉田政権への支持率はいちじるしく低下した。それにもかかわらず、吉田首相は政権の維持に固執した。その理由として、たとえば、猪木正道・京都大学名誉教授は、吉田首相の〝使命感〟を指摘している。それは、吉田首相にとって、「平和条約と安全保障条約との二つを批准しなければならなかったし、中国との講和という難問が残っていた」こと、そして、「ダレスの即時再軍備という要請を拒否した代わりに、独立回復後、文民統制下に防衛力を整備してゆくという重大な約束をしている」ことであった。しかも、吉田首相は、「米国に対するこの公約を履行できるのは、自分以外にないという自負」を有していたのだ。[*5] つまり、「鳩山一派流の『何が何でも再軍備』式でいくと、再び戦前の軍部みたいなものをつくってしまう心配があるので、自分がここに居すわって、新しい軍隊をつくるまでは、政権から離れられないんだと思い込んだ」というわけである。[*6] 同様に、日本政治史を専攻する法政大学教授の河野康子氏も、「皮肉なことに、反吉田派と同じく、吉田自身も、講和が実は未完成であることを熟知していたのではないだろうか。そしてこのことが、彼を政権に固執させた理由の一つだったのかもしれない」と述べている。河野氏によれば、これは、とりわけ領土問題のことをさしており、「吉田は、沖縄・小笠原等の地域について、その地位を規定した講和条約第三条には、条約調印後にあらためてアメリカ側との間で実務的協議があることを、予想していた。その協議の中で米側からの譲歩を引き出すことが可能である、との見通しを、吉田は得ていた」点に注目している。[*7]

さて、周知のように、吉田首相は、占領期の最高権力者であるダグラス・マッカーサー元帥の威光を最大限利用することによって、〝ワンマン体制〟を確立した。この点に関して、たとえば、共同通信社論説委員長をつとめた内田健三氏は、「重大なことは、このワンマン性がけっして吉田個人の実力と権威によって創出され、確立されたものではなく、じつはアメリカの占領権力、マッカーサーのうしろ楯によって支えられていた」点にあると記している。したがって、内田氏が指摘するように、一九五四年一二月という段階での「吉田退陣は遅きに失したのであり、ひとたび権力を握った者の執念を実証した政権末期の二年間であった」わけである。[*8]

また、こうした点にくわえて、鳩山一郎氏らの動きも吉田退陣に少なからず影響をあたえた。たとえば、第二五回総選挙（抜打ち解散後の一九五二年一〇月一日）後、鳩山系議員は、自由党内に「民主化同盟」（委員長：安藤正純）を結成した。[*9] 吉田首相は、この選挙においてかろうじて過半数を確保した（当選者二四〇名）ものの、「党内にいわばガンのような民主化同盟をかかえた」わけであり、この時点で、「吉田体制の余命は幾許もないことは明らかであった」。その後、この民主化同盟は、池田勇人・通産相の不信任案採決（一一月二八日）や吉田首相の懲罰動議の採決（一九五三年三月二日）に欠席するなど、反吉田の動きを先鋭化させていく。[*10]

そして、ついに、一九五四年一一月二四日、鳩山らは、日本自由党、改進党とともに、日本民主党を結成した。ここに、反吉田の動きは最高潮にたっしたのであった。ちなみに、同党の綱領には、「われわれは、国民の自由なる意思により、占領以来の諸制度を革正し、独立自衛の完成を期する」「われわれは、自主国民外交を展開して、国際緊張を和らげ、アジアの復興と世界平和の実現を期する」などの文言がもられていた。[*11] これはまさに、「吉田の仕上げた片面講和、その結果生れたサンフランシスコ体制の部分的修正を意図した」ものであり、「保守内部の吉田路線に対する『反』の立場」を集約していたといえよう。[*12]

このように、鳩山らが激しい吉田内閣倒閣運動を展開した一因として、一九四九年二月一六日からスタートした第三次吉田内閣の成立から吉田退陣（一九五四年一二月一〇日）までのあいだに、鳩山直系大野伴睦派からの入閣者が驚くほど少なかったという点をあげることができる。この事実は、「吉田がワンマン体制を確立した四九年二月以降鳩山系が如何に冷遇されたかを物語るもの」であって、「こうした極めて不安定な党内力関係のところへ、鳩山一郎、三木武吉、河野一郎らの鳩山直系の猛者連が追放解除で復帰してきたから波風の立たないはずはなかった」わけだ。[*13]

こうした状況のなかで、一九五四年に入ると、造船疑獄も発生するなど、吉田内閣は〝末期症状〟とよぶべき状態に陥った。[*14]

そこで、本章では、以上のような認識をふまえ、まずはじめに、吉田倒閣運動の動きを中心に、一九五四年当時の政治状況を概観する。つぎに、一一月九日におこなわれた吉田首相とドワイト・D・アイゼンハワー大統領との日米首脳会談について言及する。ここで、同首脳会談をとりあげるのは、鳩山、三木武吉らによる吉田倒閣運動が、「吉田の向米一辺倒に対する批判」をよりどころとしていたからである。[*15] このように、向米一辺倒との非難を受けていた吉田が、なぜ政権崩壊直前の時期に、わざわざ米国を訪問したのか、その理由についても考えてみたい。そして最後に、戦後日本政治史における吉田政治の意味について若干の私見を述べる。

2　一九五四年当時の政治状況

(1) 吉田倒閣の動き

第二二回総選挙（一九四六年四月一〇日）において、自由党は勝利した。そのため、同党総裁の鳩山が次期首相に就任するはずであった。ところが、五月四日、その鳩山が公職追放の憂き目にあったため、吉田がその後継者となった。鳩山の回想録によると、吉田が自由党総裁の任を受けるにあたって、両者のあいだに〝約束〟があったという。若干、ながくなるが、その後の鳩山による吉田倒閣運動を論じるうえでもきわめて重要であるため、ここで、その記述を紹介しよう。[*16]

吉田君が総裁を引受けることになつた時、四カ条かの書いたものを向うから持つて来た。この書いたものはその後何うなつたか、紛失してしまつたが、あの時二人でこんな話をした。自分は政党のことは全く関係がなくて分らんから、政党の人事については一切君の方でやつてくれなきや困る。政党は一切君の力で押えてくれ。但し内閣の人事については干渉してくれるな―とこう吉田君が私に話した。又吉田君は自分は金はないし、金作りも出来ない。金の心配は君の方でやつてくれなきや困る。俺は辞めたくなつたら何時でも辞めるんだ。君のパージが解けたら直ぐ君にやつて貰う、とこういつて吉田君はこれを四カ条に書いて私のところに持つて来た。

私は後のことはあまり考えていなかつたし、吉田君の話を信じていたので、この文書もぞんざいにしていた訳で、何うしてしまつたのか紛失してしまつた。
……それから和田博雄君の農林大臣入閣について党内に非常に反対があつたので、今度は私の方から電話をかけて
「和田君はどけた方がいゝと思うが…」
といつたら吉田君は
「内閣の人事については俺に一任したんじやないか、干渉せんといつたじやないか、君のいうことは聞く訳に行かん」
とつつ放したから私は「それなら君とは絶交だ」
とがちやんと電話を切つた。それから本当の絶交状態になつてしまつた。

これに対して、吉田首相の回想録には、総裁受諾の条件が三点しか記されていない。すなわち、「私はとうとう自由党総裁を受諾せざるを得ないのではないかと思うようになった。そこで鳩山君を麻布市兵衛町の外務大臣官邸に呼んで、最後の話し合いをした。私はそのとき、三つの条件を出した。金はないし、金作りもしないこと、閣僚の選定には君は口出しをしないこと、それから嫌になったら何時でも投げ出すことの三点であった」と。[*17]くわえて、吉田首相は、「鳩山君の依頼を受けて、自由党総裁となったが、総裁を引受ける時にも鳩山君に対し自分は総裁がいやになれば、何時でもほうり出すと、はっきりいって置いた。無論その場合には鳩山君を総裁に推すつもりであったが、それは自分だけのつもりで、鳩山君とそんな話合いをした訳でもなく、又契約書を取り交わしたこともない。また鳩山君より総裁を返せというような要求を受けたこともない。政党の総裁は公器で、私有物ではないから、これを両人の間において、授受の約をすべきでない。従って要求せられるはずがないのが当然である」とも述べている。[*18]

こうした追放解除後の処遇をめぐる吉田と鳩山の認識の相違が、のちに鳩山を吉田倒閣運動へと走らせる一因となったことはまちがいなかろう。ところで、首相の禅譲という点に関連して、興味深い事実を紹介しておこう。それは、「君のパージが解けたら直ぐ君にやって貰う」との吉田発言に固執した鳩山が、おなじ回想録のなかで、「総裁とか、総理とかいうものは、一部の人達が決めたからといつて、出来るものでもないし、また、そんなことをするものではないと思つている」と明記していることだ。[*19]

さて、敗戦後の占領改革によって、数多くの党人政治家が公職追放の憂き目にあっていたため、吉田首相は必然的に高級官僚の力にたよらざるを得なかった。それは、官僚たちが政策立案能力に優れており、〝即戦力〟としての活躍を十分期待できたからだ。とりわけ、第二四回総選挙（一九四九年一月二三日）において、高級官僚が大量当選したことによって、こうした傾向はつよまる。事実、吉田首相は、この選挙ではじめて議席を得た池田・前大蔵事務次官を第三次吉田内閣の蔵相に登用した。また、おなじく初当選の佐藤栄作・前運輸事務次官を党の政調会長に起用した。その後も、吉田首相が官僚出身者を重用したのは周知のとおりである。

ところが、追放解除によって、吉田首相はじょじょに窮地に追いこまれることとなった。一九五〇年一〇月一三日には、政財官界人一万九〇名の追放が解除された。しかしながら、反吉田の立場をとる石橋湛山、三木、河野一郎の追放解除は一九五一年六月二〇日のことであり、鳩山にいたっては、同年八月六日まで追放が解除されなかった。そのため、鳩山は、「私の追放解除には色々と解せない不思議なことが澤山あつた。……私のパージは眞つ初めに解けるものと思つていたのに一番遅れることになつてしまつた。……日本政府としては今鳩山の追放がとけて彼が政界に復帰するのは好ましくないと大つぴらに司令部にいつて来るので、こういう日本側の支障で遅れているのだという情報が私のところにもたらされてもいた。あれこれ思い合せると私の追放解除は吉田内閣の手で阻止されて引き延ばされていたことは確かであつた」と回想している。[*20]これに対して、吉田首相は、「鳩山君の追放は意外に長く続いた。……総司令部は追放の行過ぎを認め、その緩和については、直ちに同意を与えたが、鳩山君の追放は、ソヴィエト政府の提議に基くものであり、……これを除き、その他の追放緩和には異存がないとのことであった。鳩山君に対する情誼からして追放解除について私は常に気にかけておったが、鳩山君の追放解除に関する総司令部の承認は八月に至って、やっと得ることが出来た」と述べている。[*21]また、興味深いことに、吉田首相は、「鳩山君がソ連から睨まれたことについては、この私にも多少の責任があったかもしれない」と述懐している。これは、自由党の政策綱領の作成にあたって、吉田首相が鳩山に対して、「これからは国内的にも国際的にも、共産主義が問題となると思うが、反共ということを旗印として真向から掲げたら、どうだろう」ともちかけたことをさしている。これを受けた鳩山が、「その通りに、天皇制護持、共産主義反対を掲げて、日本自由党を発足させた。これがソ連側をして、鳩山君の追放を強く要請させ、かつ最後までその解除に反対させた主因となったと思う。だとすれば、その責任の一端は、私にもあるということになるかもしれない」と、吉田は記している。しかし、つづけて、「もっとも、その後に至り、鳩山君自身総理大臣として、しきりに共産主義恐るるに足らずと主張し、ソ連との国交回復を〝引退の花道〟とやらにしたところをみると、当時の反共は、所詮〝附け焼刃〟で、本物ではなかったのでもあろうか」と、鳩山政権下の日ソ国交回復を痛烈に皮肉っている。[*22]

いずれにしても、追放解除をめぐって、吉田と鳩山のあいだの「シコリが大きくなった」ことは事実であり、同時に、「第三次吉田内閣で、官僚派、新参党人派の台頭の下に冷飯を食わされていた鳩山派は追放解除組の復帰で勢いづき、公然と叛旗をひるがえすようになる」[*23]。この背景には、「憲法改正や再軍備に関しての政策上の相違もいうまでもなく存在したが、より直接的には、戦前以来の政党と官僚との対立が根強く残っていた」点が大きく関係している。[*24]

こうして、吉田、鳩山両派の対立は激化していくこととなる。その「吉田派と鳩山派の衝突が表面化した最初の事件」が、一九五二年七月一日の自由党議員総会であった。このとき、吉田首相は側近の福永健司・議員の幹事長起用をもくろんでいた。だが、それに反対する鳩山派の若手議員らが演壇をとりかこみ、指名を阻止したのだ。[*25]

「この事件は、吉田首相の長い党総裁在任中初めて、総裁としての人事専権が阻止された出来事であり、吉田首相の統制力と権威の凋落を示すもの」にほかならなかった[*26]。まさに、これは、「吉田ワン・マン時代の終わりの始まり」であった[*27]。ちなみに、このときの自由党内の勢力分布は、吉田派が一四〇名、鳩山派が一一九名、中間派が二六名と、ほぼ互角の状況であった[*28]。

こうしたなか、第一四回通常国会召集日二日後の八月二八日、吉田首相は反吉田派への懲罰的な意味をこめて、いわゆる「抜打ち解散」をおこなった[*29]。この点について、鳩山自身が述べているように、「八月二十八日の抜打解散はわれわれを押さえつけるための手段であつた」のだ[*30]。そのため、鳩山派は、党本部とはべつの場所（東京ステーション・ホテル）に選挙事務所を構えるなど、選挙戦は、党を事実上二分するかたちで展開した[*31]。選挙遊説のあいだ、石橋と河野が吉田批判をつづけたため、両名は除名処分を受けることとなる（九月二九日）。その二日後の一〇月一日におこなわれた投票の結果、自由党の当選者は四五議席減の二四〇名となった。なお、その内訳は、吉田派が七三名、鳩山派が六八名、中間派が九九名であった[*32]。そのため、吉田派は政権運営にあたって、鳩山派の意向を軽視できないような状況に陥った。ところで、このときの選挙において、自由党と改進党をあわせた「保守勢力が空前絶後の得票をあげている」のは注目すべきことであり、まさに、このころが、「保守の絶頂期」であったといえる[*33]。

そして、一〇月一六日には、鳩山が自由党の民主化四原則を発表した[*34]。

①私なら他党の協力を得られると思うが、吉田首班では政治的安定はない。
②自由党は秘密独善を排し、民主主義を党の内外で発揮できる政党に生きかえらねばならぬ。
③独立第一歩にあたって吉田君は身を引くのが妥当である。
④党の一体化は望むが、抜打ち解散や河野・石橋君の除名は、一体化を妨げるもので遺憾だ。

その後、国会召集日前日の二三日になって、吉田・鳩山会談が設定され、鳩山は吉田首班を支持したのである。これは、吉田が鳩山への譲歩を表明したことにくわえ、安定した保守政権をのぞんでいた財界からの圧力があったとみてよい[*35]。そして、一〇月三〇日、吉田は首班指名を受ける。第四次吉田内閣のスタートである[*36]。鳩山が述懐しているように、「少しゴタついた」首班指名の問題は、「形の上だけは」、「一応この時は納まつた訳」（傍点、引用者）であった[*37]。

こうした状況のなかで、先述したように、一〇月二四日、鳩山系議員は、自由党内に「民主化同盟」を結成し、反吉田の動きを先鋭化させていった。つまり、「吉田内閣は与党内部に大きな反対派を抱え込むことになった」のだ[*38]。のちに、吉田首相自身、民主化同盟の発足が、「その後の党内不一致の大きな要因となり、ひいては政局の安定を害する端緒となった。このことは、今日なお私の遺憾とするところである」と述べているように、民主化同盟による吉田倒閣運動は日ごとに激しさをましていった[*39]。そして、一一月二八日には、民主化同盟のメンバーが、池田通産相の不信任案の採決に欠席した。さらに、「バカヤロー」発言に端を発した、吉田首相の懲罰動議の採決（一九五三年三月二日）にも、民主化同盟の議員たちは欠席している。

そして、一九五三年三月一四日には、いわゆる「バカヤロー解散」がおこなわれた。この背景として、民主化同盟のなかの強硬派二二名が自由党を離脱し、不信任案に賛成票を投じたことが大きかった。吉田首相は、回想録のなかで、このときの反吉田派の動き―不信任案への賛成―を激しく非難し、「この一事は当時起った多くの奇怪事の中でも最大のものとして私はこれを忘れることができない」とまで書きのこしている[*40]。ちなみに、その後、自由党を脱党したこれらのメンバーに鳩山が合流し、分党派自由党＝鳩山自由党が結成された。同党は、その立党宣言において、「占領下に与えられた憲法をわが国情に合致する日本人の憲法に改め、速に国力に相応する自衛軍を創設して、治安の確保と国土の防衛に万全を期するにある。吉田政治は徹底せる独裁主義であり、秘密主義であり、ファッショそのものである。保安隊を軍にあらずという詭弁にいたっては、国民を愚にするにも甚しきものであって、凡そ自由主義民主主義を守らんとする勇気と良心を有するものの堪えうるところではない。われ等が決然分党してあくまで自由民主主義の精神を貫かんとする所以はここにある」と記した。[*41]

かくして、第四次吉田内閣は、わずか七ヶ月の短命に終わってしまった。本来ならば、「新時代の開幕を飾るべきであった独立後初の内閣は、政策遂行上の挫折によるというよりは、与党自体の内部抗争を主因として崩壊して」しまった。要するに、「この内閣は与党の内部抗争の洗礼を経て誕生し、在任期間中内部抗争に揺れ、また、その結果として退陣に追い込まれたということができる」。その意味において、「わが国内閣史上での第四次吉田内閣の存在意義はさして重要とは思われない」ものの、「その後の政界再編成―いわゆる五五年体制樹立に向けての序曲としてみれば、第五次吉田内閣をも含めたこの時期の混乱に、保守陣営内部の反省を促したという点で多少の意義を見い出すことも可能」と評価する識者もいる。[*42]

さて、四月一九日に実施された第二六回総選挙の結果、自由党の獲得議席数は一九九議席にとどまり、過半数をわりこんでしまった。ちなみに、このほかの結果は、分党派自由党：三五議席、改進党：七六議席、左派社会党：七二議席、右派社会党：六六議席、労農党：五議席、共産党：一議席、諸派：一議席、無所属：一一議席となっている。総選挙後の首班指名（五月一九日）は、衆議院本会議での決選投票にまでもつれこんだ。吉田首相は、過半数を大幅に下回る二〇四票しか獲得できなかったものの、第五次吉田内閣の組閣に着手したのであった。吉田首相も認めていたように、「自由党が過半数を欠いたまゝ単独で内閣を組織するのでは、政局安定を欠くため、吉田首相は重光葵・改進党総裁に協力を要請することとなった。だが、結局、「改進党の参加は得られず、私としては不本意ながら、自由党単独で内閣を組織せざるを得なかった」（傍点、引用者）のである。[*43]

こうしたなかでスタートした第五次吉田内閣は、皮肉にも、分党派自由党との連携を模索した。一一月一七日には、吉田・鳩山会談がおこなわれ、これを受けて、鳩山ら大多数の分党派自由党の議員が復党した。この鳩山の復党に際して、つぎのような条件がだされたといわれる。すなわち、①憲法改正調査会を自由党内に設置し、憲法第九条を中心に調査研究を実施すること、②外交委員会を自由党内に設けて、外交の大綱を国民に周知すること、であった。[*44]

依然として、政局は安定しなかった。そこで、翌一九五四年三月二八日にいたって、緒方竹虎・副総理は、「時局を案ずるに、政局の安定は、現下爛頭の急務であって、内外庶政の刷新も、自立経済の達成も、国民生活の充実も、これなくしては到底考えられない。……ここにおいてわが党は広く天下に宣言し同憂の諸勢力一時に解党してここに清新の地に新党を結成せんことを提唱するものである。すなわち、自改両党の同時解党と新党首の民主的公選とは新党結成の二大骨子をなすものであり、一切の旧套を脱して保守勢力の新生を期するものである」とする声明を作成し、自由党と改進党による保守新党の結成をよびかけた。[*45]ところが、この動きの背景には、吉田政権の維持という目的があったため、結局、緒方のもくろみは失敗に帰してしまう。そして、六月二三日、自由党は、交渉打ち切りを宣言した。とはいえ、この時期、教育二法案（義務教育諸学校における教育の政治的中立の確保に関する法律案、教育公務員特例法の一部を改正する法律案）、防衛二法案（防衛庁設置法案および自衛隊法案）ならびに警察法改正案といった、〝タカ派〟的な法案の審議においては、保守の側が一致団結し、革新陣営の要求をはねのけた。

このように、表面的には保守の連携がみられたものの、水面下においては、吉田倒閣の動きは着実に進展していた。そして、それが、一一月二四日の日本民主党結成へとつながった。このあいだの経緯について、鳩山はつぎのように語っている。すなわち、「それまで改進、分自両党と、自由党内部の有志で結成していた新党交渉委員会は、十月初めには新党準備委員会となり、さらに十一月の十五日には、新党創立委員会と看板をかえて、私は、そのいずれにも委員長に推された。その間、吉田派はもちろん、手をこまぬいて見ている筈はなく、時には切崩し戦術、時にはなだれ込み作戦と、手をかえ品をかえて、〝吉田総裁〟温存をはかつて来たが、その都度、三木、河野、松村（謙三）、岸（信介）、大麻（唯男）、石橋といつた人達は、巧みに連絡をとり合い、ある時には『新指導者というのだから、吉田氏には総裁立候補の資格がない』と切り返し、またある時には『新たに参加する者は、総会の承認が必要だ』と肩すかしを喰わせたりして、やっとのこと吉田派をふり離すことに成功した。そしてその結果、十一月二十四日には遂に民主党の結党となり、私が総裁、重光君が副総裁、そして岸信介君が幹事長に推された」（カッコ内、引用者補足）のであった。[*46] さらに、一二月六日にいたって、内閣不信任案が提出され、翌七日に、吉田首相は総辞職という選択をおこなうのであった。この内閣不信任案への対処をめぐっては、吉田首相と緒方副総理のあいだで激論がかわされたという。というのは、不信任案への対応をめぐって、吉田首相は終始一貫して解散・総選挙をのぞんでいたのに対して、緒方副総理らは、総辞職を主張したからだ。吉田側近の一人・保利茂によれば、吉田首相は当初、解散に反対する緒方副総理の罷免までも考えていたようだ。だが、「副総理を罷免しての解散は容易なことではと思いますから」との側近の〝進言〟を受け入れ、しぶしぶ総辞職を選んだというわけだ。そのときの吉田首相の無念さは想像に難くない。進言を聞いた同首相は、「プイと席を立たれたきり、部屋から出てこられなかった。それで総理欠席のままの閣議で総辞職ということになった」のであった。[*47] ちなみに、当時総務会長の任にあった大野は、「このとき党内がいかに解散を反対したかを示す、ひとつのエピソード」を紹介している。それは、「万一、強引な解散決定が行なわれたら、その瞬間に『吉田除名』をして解散を無効にしよう」というものであった。「党員が総裁をクビにするのだから、一種のクーデターである。こんな乱暴なことがなぜ出来るかというと、実は吉田さんが当時、党内の暴れん坊の石橋湛山、河野一郎両君をいつでも追い出せるように党規を変更させていた」のだ。「吉田さんにしてみると、他人を斬るために準備した刀で自分のクビが狙われようとは—。因果はめぐる小車とかいう次第である」と。[*48] 大野総務会長の述懐からも明らかなように、吉田自由党内の大勢は、解散・総選挙ではなく、総辞職にかたむいていたことがわかる。

（2） 造船疑獄

ところで、さきにみたように、「バカヤロー解散」後に自由党を離党した鳩山派は、一九五三年一一月二九日に、同党に復党している。この背景には、同派の深刻な資金不足＝借金があったようだ。つまり、「出たり入ったりまた出たりのときに、この金の後始末を吉田系に見てもらうということもあったわけ」だ。[*49] 事実、鳩山の復党にあたって、当時の佐藤・自由党幹事長は二〇〇〇万円を手渡したとされる。これは、海運・造船業界からの政治資金であり、のちに「造船疑獄」として問題化するのであった。[*50]

この造船疑獄が表面化したのは、一九五四年に入ってからのことであった。造船疑獄は、造船業界の救済を目的として、政府がその前年（一九五三年）に、外航船舶建造融資利子補給および損失補償法を成立させたことに端を発する。当時、朝鮮戦争の終結にともない、海運・造船業界に不況の波がおしよせていたこともあり、造船・海運業界は優遇措置を求めて、政治家・官僚に賄賂をおくったのであった。捜査の過程で、東京地検は、造船工業会会長の丹波周夫・三菱造船社長、造船工業会副会長の土光敏夫・石川島重工社長、俣野健輔・飯野海運社長ら七一名を逮捕した。さらに、政界では、佐藤幹事長への造船工業会と船主協会からの二〇〇〇万円の謝礼に関しては、第三者収賄の嫌疑が、また、飯野海運など四社からの二〇〇万円については、収賄容疑がかけられた。そして、四月二〇日、収賄の容疑が濃厚として、逮捕許諾の請訓がだされた。だが、翌二一日には、吉田首相、緒方副総理、犬養健・法相らが対応を協議し、法相の指揮権発動を決定した。すなわち、国会終了まで逮捕を延期するよう、検事総長に指示したのだ。これによって、佐藤幹事長は逮捕をまぬがれ、政治資金規正法違反のみの理由で起訴された（のちに、国連加盟恩赦で免訴）。[*51]

ところで、造船疑獄について、関係者はどのような認識をいだいていたのであろうか。まず、当事者の一人である佐藤幹事長は、逮捕許諾の請訓がだされた日の日記に、「緒方氏に報告せんとせし処、犬養と会談中。尚決せざる様子。誠に以外故《もってのほか》、犬養退席後更めてその人となりを説き、此の際初志通り断乎一刻も早く命令（指揮権の発動）を出すべき事を進言する。緒方氏もその積りの様子につき、余安心して辞せし処、八時半すぎから十一時迄か丶って漸く最終的断を見る。誠に優柔不断、残念至極。その為十時半来松野（鶴平）、首相等を煩はす」（カッコ内、引用者補足）と記している。[52]

また、指揮権発動を指示した吉田首相は、「この事件は私の政治生活を通じて最も遺憾に堪えぬ出来事の一つである」としていた。そして、「私はこの事件の全体については未だによく知らない。しかし、私が佐藤幹事長との関係で知り得た限りでは、政治資金規制法違反の点はともかくも、逮捕収監が必要だとする検察当局の説明には、何とも承服できなかった」と述べている。吉田首相にとって、「そもそも捜査は客観的な証拠の蒐集に重きを置くべき」ものであって、「江戸伝馬町以来の自白尊重の旧慣を脱し切らぬ思想が、未だに残存するものか、とかく監禁拷問の処置に出て、遂に基本人権の軽視侵害となる事例をよく耳にする。幹事長逮捕の要請を受けた私は、いきなりそうした疑念を持った」のであった。くわえて、「幹事長問題の起った当時は、国会の議事が最も重大な時期でもあった。逮捕が仮りに止むを得ないとしても、国政上の重大な障害を冒してまで急ぐ理由は認められなかった」わけだ。それゆえ、吉田首相は指揮権の発動を命じた。さらに、吉田首相によれば、検察当局との応酬以上に、「真に問題とすべきは、徒らに政権欲に駆られ、ひたすら私を政治的に傷つけようとする野心から、恐らくすべての事情を承知の上で、誇張歪曲してこれを利用した一部政治家の態度」であり、「このような政治家の行動が世論によって正しく批判されることなく、逆にむしろ英雄視されるような風潮の存する限り、日本の民主政治は真に向上する機会を得られないといっても過言ではないであろう」と断じている。[53]

吉田首相の政敵である鳩山は、「私はこれはどうなることかと見守つていると、吉田君は流石に吉田流で、最後にはこれを例の〝指揮権発動〟という大ナタで、一挙にた丶き消してしまつた。これはいかにもムチャなやり方で、三権分立も何もない――これでは政党政治に対する信頼は地に堕ちるだけだ――と思つたが、黙つていた」（傍点、引用者）として、吉田首相の対応を非難している。[54]

おなじ吉田批判の一例として、芦田均・元首相の日記も紹介しておこう。芦田は、指揮権発動が決定された日の日記に、「政局は益々混迷。私は『事今日に至つては吉田氏が責任をとる外途はあるまい。手が出ませんよ』と話した。……私は過去三週間の政局紛糾と政府の態度を見てつくづく政治家達の小乗的な考えを悲観した。……この情態では日本は亡びる外ないと言つた。悲観の虫が頭にこびりついて離れない」と、心情を吐露している。[*55]

では、戦後政治史のなかにおいて、造船疑獄は、いかなる意味をもつのであろうか。この点に関して、たとえば、朝日新聞社の政治部次長をつとめた堀越作治氏は、「すべては『指揮権発動』でうやむやにされてしまった」とし、「佐藤は政治生命を保つことができ、〝死に体〟の吉田内閣もしばし延命することができた」と述べている。しかし、それ以上に注目すべきは、このことが、「その後の政治に計り知れない禍根を残した」点であり、「戦後最大の疑獄事件が『泰山鳴動鼠一匹』に終わり」、それ以後、ロッキード事件までのあいだ、「日本の政界汚職に検察のメスが入れられることはなくなった」事実を非難している。[*56]

また、畠山武・元朝日新聞社編集委員は、指揮権発動が戦後の保守政治にあたえたインパクトの大きさを強調している。すなわち、万一、佐藤幹事長が逮捕されていたとすれば、「吉田政権はあの後ガタガタになってゆき、……急速に終焉に向かったと思う。それから、その後の佐藤政権ももちろんあり得ません。池田政権だってどうだか。おそらく裁判が続いただろうから。そういう点では、あの犬養健法相の指揮権発動は、非常に大きな、つまり、吉田本流というものを人的に後々まで生かす出来事だった」と。[*57]

ところで、最後に、同年、保全経済会事件が発生している点を付言しておきたい。これは、一月二六日、伊藤斗福・保全経済会理事長が詐欺と外国為替および貿易管理法違反容疑で逮捕され、また、同会顧問の平野力三・元農相と早稲田柳右エ門・改進党議員の家宅捜索がおこなわれたことに端を発した事件であった。

3 吉田政権下の日米関係

(1) 自衛隊の成立

一九五〇年六月二五日、朝鮮戦争が勃発した。この事態を受けて、マッカーサーは、吉田首相に対して、警察予備隊(七万五〇〇〇名)の創設を命じた。吉田首相は、「この新設部隊は純粋に国内治安確保のためのもので、再軍備とは何の関係もない」と述べているように、もともと同首相は警察予備隊を本格的な軍隊にする意図を有していなかったとみてよかろう。[*58]

その後、一九五一年一月二五日には、ジョン・F・ダレス国務省顧問が特使として日本に派遣された。ダレス訪日の目的は、対日平和条約および日米安全保障条約の細部をつめることにあった。とりわけ、ダレスにとって、交渉の最大のポイントは、吉田首相が再軍備を受け入れるかいなかにあったことは周知のとおりである。こうしたダレスの思惑とは裏腹に、吉田首相は、なかなか譲歩の姿勢を示さず、交渉は難航した。だが、ようやく二月三日になって、吉田首相は、つぎのような内容の簡単な文書を提出した。すなわち、それは、①対日平和条約締結後、警察予備隊や海上保安庁とはべつに、五万名からなる保安隊(海・陸をふくむ)を新設し、民主的な軍隊を発足させる、②国家治安省のもとに、自衛企画本部と称する機関を設置し、米軍人からの助言を受けつつ、将来的には同機関を参謀本部に発展させるというものであった。また、同時に、このときの交渉において、米軍の日本駐留も確認された。したがって、「形はともあれ日本側も、当面は本格的な再軍備にとりかからずに、事実上、アメリカに対外的な安全保障を依存できることになった」。たとえ、「条文がどうなっていようとアメリカは自らの利害に従って日本を守るであろうし、アメリカの基地があるということがそれだけで抑止力にもなるからである。しかもアメリカ側は、いったん講和後の米軍駐留が確保されると、日本に対し寛大な平和条約案を示して日本側の交渉者を喜ばせた。この日米交渉で日本は、講和に向けての大きなハードルを越えた」のであった。[*59]

かくして、九月八日には、対日平和条約と日米安全保障条約が締結された（両条約の発効は、一九五二年四月二八日）。そして、米国は「条約発効後の日本防衛力の規模や性格について急速にその要求を具体化させてゆく」のであった。その一例が、統合参謀本部から国防長官に宛てられた、一二月二二日付のメモであった。その骨子は、「ここ数年間の世界情勢は極度に重大であり、共産勢力による対日攻撃が起こりうる、という情勢分析のもとに、日本の防衛力の性格は、アメリカ軍また国連軍と共同して対外侵略に対処し、アメリカの支持のもとで日本防衛のための責任負担を漸増する、という路線に沿う」との考え方であり、その規模として、「当初段階において陸上兵力については、一〇個師団、三〇万人を達成し、海軍についてもフリゲート艦一〇隻、空軍についても一飛行中隊を整備するという計画」が明記されていた。その後、マシュー・リッジウェイ連合国最高司令官は、吉田首相に対して、一九五二年度内に一五万名〜一八万名の予備隊要員の増強を求めたものの、吉田首相は一一万名という数字に固執した。[*60]こうしたなかで、一九五二年八月一日には、保安庁が設置され、一〇月一五日には、保安隊が発足した。

さて、朝鮮戦争の休戦協定の成立（一九五三年七月二七日）にあわせて来日したダレスは、吉田首相に対して、保安隊を三五万名の規模に増強することと相互安全保障法（ＭＳＡ）の受け入れを要請した。[*61]なぜなら、ダレスは、日本がこの相互安全保障法による計画にくわわるのは当然であり、それは対日平和条約と日米安全保障条約の延長線上にあると考えていたからだ。[*62]ちなみに、この相互安全保障法とは、米国の対外軍事・経済援助に関する法律で、米国との集団安全保障体制に参画する国に対して、防衛努力を求めたバンデンバーグ決議（一九四八年六月一一日）がもりこまれたものであった。[*63]したがって、わが国は、米国からの援助を受けるにあたって、みずから防衛力の強化につとめなければならない状況におかれていたわけだ。

そこで、一九五三年九月二七日、吉田首相は、重光・改進党総裁とのあいだで会談をもち、①保安隊を自衛隊に改編すること、②長期防衛計画を樹立することを旨とする共同声明を発表した。

こうした状況のなかで、九月二九日、吉田首相は、池田政調会長を特使として米国に派遣した。池田訪米の目的は、ウォルター・S・ロバートソン極東担当国務次官補と会談をおこなうことであった。このとき池田政調会長に同行した、前出の宮沢氏によれば、「会談にあたって、私たちは一つの作戦を立てた。それは、まず日本経済の実情や社会的風潮をくわしく述べて、大きな防衛計画は不可能であることを説明し、さらにアメリカの援助の見通しを聞かなければ防衛計画の立てようがないという話にもっていこうとした」のであった。日本側交渉者が、こうした作戦をたてた理由としては、「開始早々、防衛計画が唯一の議題であるかのような運びでは、国内の反響が心配されたからであった[*64]」。

交渉の過程で、米国側は三二万五〇〇〇名（一〇個師団）の陸上兵力を要求したのに対して、日本側は一八万名（一〇個師団）という数字に固執した。そのため、同会談では、懸案の日本の防衛力増強の規模について、合意がみられなかった。この点に関連して、ジョン・M・アリソン駐日米国大使による国務省への進言――「われわれは、ある段階において、当面一八万名で合意せねばならないかもしれない。だが、ワシントンで池田に対して米国が圧力をかけた結果と解されるよりも、今後、数週間か数ヶ月のあいだに日本側からもちだされたほうが好ましい」――が大きかったとみてよかろう[*65]。

この会談をふりかえって、宮沢氏は、「このときを最後に、アメリカが膨大な数字を口にして日本に保安隊の増強を要求してくることはなくなった」と語っている[*66]。しかし、この宮沢氏の発言について、安全保障問題にくわしい東京大学の田中明彦教授は、「池田・ロバートソン会談の意義は、宮澤らが自負したように、アメリカの要求を十八万人でくい止めることができたという点にあるのではなく、情勢の如何を問わず、日本の陸上兵力が十八万人にでなければならないとしてしまったことにある」と批判していることを付言しておく[*67]。

ちなみに、池田政調会長らの米国滞在は、一〇月三一日までおよそ一ヶ月にもおよび、そのあいだ計一二回の会談がおこなわれたという。[*68] なお、翌一九五四年三月八日、農産物購入協定、経済的措置に関する協定、投資の保証に関する協定などの付属協定とともに、ＭＳＡ協定が日米間において調印され、同協定は五月一日に発効した。

とはいえ、吉田首相が回想録のなかで記しているように、「援助の受け入れは、おのずと軍隊を持っている国を対象として条文の構成が行われているので、軍隊のない日本の場合は、しっくりゆかぬ点が出て来る。ＭＳＡ援助を受ける他の諸外国は、いずれも軍隊を持っている。その点日本だけが例外である。従って、そのような米国法による援助を受ける以上、日本としては国内法の建前の上でも、何らかの調整を行う必要があった」[*69]。

そのため、吉田首相は、六月二日に、いわゆる防衛二法を可決・成立させた。要するに、「朝鮮戦争が警察予備隊の、講和条約と日米安保条約が保安隊の生みの親とすれば、自衛隊の生みの親はＭＳＡ」であったのだ。[*70] さて、ここで、留意しておきたいのは、防衛二法の作成にあたって、はやい段階から自由党、改進党、日本自由党のあいだで、くりかえし折衝がおこなわれていた事実である。先述したように、この当時、これら三党は、さまざまな点で「内紛を繰り返していた」。しかし、こと、防衛問題という「一点にのみ保守としての存在理由を認めるかのように、見事な一致ぶり」を示した点は、注目にあたいする。[*71] そして、七月一日には、防衛二法が施行され、自衛隊が発足した。なお、参議院において、防衛二法の審議に関連して、六月二日には、「自衛隊の海外出動を為さざることに関する決議」が可決されていることを付言しておく。

いずれにせよ、「我が国は憲法第九条という『戦争の放棄』条項がありながら、陸・海・空の三軍編成の自衛隊という〝軍隊〟をもつことになった」点だけは、忘れてはならない。[*72]

(2) 吉田・アイゼンハワー会談

つぎに、一九五四年一一月九日におこなわれた、吉田首相とアイゼンハワー大統領との日米首脳会談をとりあげる。[*73]

ところで、この首脳会談にさきだつ三月一日、周知のように、第五福竜丸事件が発生した。この事件は、静岡県焼津港のマグロ漁船第五福竜丸が、南太平洋ビキニ環礁の東方一五〇キロメートルの海上で操業していた際、乗組員二三名が、米国の水爆実験による「死の灰」をあび、急性放射能症にかかったことをいう。[*74] この「当時、日本国民は、基本的には米国との友好関係を維持することを強く支持していた」ものの、「五四年の米国のビキニ水爆実験による第五福竜丸の被災等を契機として、国民の一部には反米感情の高まり」がみられるようになった。[*75] 事実、アリソン大使は、「福竜丸」と題する国務省宛の電報（五月二〇日付）のなかで、この事件を契機として、日本国民のあいだに反米感情が拡大していることを指摘した。[*76]

その後、この電報は、吉田首相やウィンストン・チャーチル英首相との首脳会談を直後にひかえたアイゼンハワー大統領へと回覧された。同大統領は、この問題につよい関心を示し、事務当局に対して、対日政策の再検討を指示した。[*77] つまり、「東京の大使館からアリソン大使の名で本省に送られた五月二〇日の電文は、強く大統領の注意を惹くことにより、ワシントン行政府部内にいわば〝日本問題〟を作り出す直接の契機となった」わけだ。[*78]

こうした状況のなかで、吉田・アイゼンハワー会談が開催されたのである。ちなみに、このころ、アイゼンハワー政権は、吉田政権に対して、どのようなスタンスをとっていたのであろうか。たとえば、アイゼンハワー大統領の命を受けた、ロバート・マーフィー国務次官代理が作成した五月二九日付の覚書のなかに、つぎのような記述がみられた。すなわち、「現在の吉田政権は、つねに官僚を統制できているというわけではない。吉田はそんなにながく政権を維持できないであろう。彼は、六月と七月の世界旅行が終われば、引退するのではないかと思う」と。[*79] ところが、一〇月一二日付の駐日米国大使館宛の電報では、吉田の後継者となる可能性をもつ、鳩山、石橋、緒方、池田、岸信介、重光らの名をあげ、そのいずれもが「つよい印象がない」（unimpressive）とし、吉田政権継続への支持を打ちだした。[*80] これに対して、アリソン大使は、一〇月一八日付の電報において、財界の指導者たちが吉田退陣で意見の一致をみていることを紹介し、「米国の利益という観点からは、吉田なしで（あるいは、長老政治家の役割を彼がになう）、広範な保守勢力に基盤をおいた政権のほうが、弱体化した政権のトップに吉田をずっとおいておくよりものぞましい」と述べていた。[*81] この電報のなかで、アリソンが言及した財界の指導者というのは、とりわけ、石川一郎・経済団体連合会（経団連）会長のことをさしている。石川会長は、はやくも九月一七日の時点で、アリソン大使と会談をもち、吉田首相の退陣について言及していた。あわせて、この席で、同会長は、吉田訪米にあたって、米国側がいわゆる「御土産」を用意しないように求めた。その後も、石川会長は、一〇月一九日とその二日後の二一日にアリソン大使と面会するなど、吉田退陣の必要性を米国側に訴えた。結局、アリソン大使に対する石川会長のはたらきかけは、功を奏することとなった。[*82] その証左に、一一月四日付の米国外交文書には、つぎのようなダレス国務長官の発言がみられた。すなわち、「吉田が帰国し、われわれのあたえたものをもとに、政権を持続させようとするほど、多くのものを、彼の訪問中に、われわれは手渡そうと切望していない」と。[*83] したがって、吉田訪米以前の段階で、アイゼンハワー政権は、吉田首相のガバナビリティにかなりの疑念をいだくと同時に、一種の〝見切り〟をつけていたといえよう。

さて、九月二六日、吉田首相は、欧米七カ国（カナダ、フランス、イタリア、バチカン、西ドイツ、イギリス、米国）親善旅行にでかけた。これは、反吉田派が、新党結成準備会を設立した五日後のことであった。このように、吉田倒閣運動が激化した時期に、どうして吉田首相は、二ヶ月にもおよぶ外遊をおこなったのであろうか。大野によれば、「二十九年の『吉田外遊』を機会に引退の花道をつくろうと、私自身がその演出をかってでた」ようである。そして、「吉田さんの側近中の側近である池田勇人、佐藤栄作の両君を招いて、秘かに話し合った。このときの三人の意見は、吉田引退の最大のチャンスは講和会議だったが、それを逸した今日、この外遊以外に当分はない。三人のうちの誰かが、帰国途中の吉田さんをハワイまで出迎えて引退の声明文をそこでつくり、羽田帰国と同時に吉田さんの口から発表してもらう――相談はこのようにしてまとまった」という。[*84] ところが、前出の保利によると、「吉田さんの外遊のねらいは、占領期間中におけるアメリカの対日援助に感謝し、独立、主権回復に対する自由諸国の好意にお礼を言ったうえ、わが国情を説明して、これからの国政の運営について『こうしたい』という方針を明らかにするものだった」という。この記述からは、吉田首相が欧米訪問からもどったのちも、ひきつづき政権の担当に意欲を燃やしていたことがわかる[*85]。

では、吉田首相自身は外遊にあたって、どのような認識をいだいていたのであろうか。同首相は、外遊の理由として、「私が外国を訪問しようという考えは、実は早くからあった。というのは、第二次世界大戦の結果、国際関係はもちろん、各国の国内事情も大きく変動し、いずれの国も新事態に対応するため、それぞれ新政策を打ち建てつゝある情勢であったし、殊にわが国としては、嘗て経験せざる敗戦を喫したあとでもあるので、これら列国の動向を仔細に視察し、これに基いて、日本独自の力を以て復興再建の国策を樹立せんと念願したからである」と述懐している[*86]。この論述からは、今回の外遊の目的が、大野のいうような〝外遊花道論〟であったのか、それとも、保利の指摘する〝政権維持論〟であったのかは定かではない。だが、外遊中の同行記者団とのやりとりに関する吉田首相の回想をみれば、その答えは明らかであろう。すなわち、「新聞記者諸君は、私がこの旅行を終えて東京に帰ったとき、自発的に引退するかどうか、ということが、最大唯一の関心事のようであった。商売とはいえ、実に妙な角度からばかり政治を見たがるものだ。辞めようと思っても、事情がそれを許さなければ辞められるものではないし、辞めまいと思っても、みんなが辞めろというなら、一人でやってゆけるものではない、もちろん私は辞めるつもりはない。辞めるくらいならはじめから外国の事情を見るために出かける必要などはない」と断言しているのだ[*87]。

こうした吉田首相の意向を受けた池田幹事長は、外遊にさきだつ八月一三日、アリソン大使と会談をもち、その場で、吉田首相が「いまなお、日本側で、日米関係の基盤を永続的に進展させることのできる『数少ない人物の一人』である」と述べ、「米国からほんとうの御土産をもち帰ることが吉田にとって絶対必要だ」と力説した[*88]。

だが、先述したように、このときすでに、アイゼンハワー政権は吉田首相に大きな期待をいだいていなかった。それにもかかわらず、吉田首相は、回想録のなかで、「ダレス国務長官など米国首脳者が来日の際にも、雑談中にそういう私の気持を話したこともあったが、それがアイゼンハウワー大統領にも伝えられたとみえて、『もし本当に出かけて来るなら、大いに歓迎したい』という伝言もあった」と記している。[*89] ここからは、明らかに吉田首相の情勢認識の甘さがみてとれる。

ところで、吉田首相は、アイゼンハワー大統領との首脳会談の場において、つぎのように発言した。すなわち、「現在自由国家群側の共産主義侵略に対抗する共同措置において遺憾の点あることとなり。右に関し英国において『イーデン』外相と色々話し合いたるが、その際自分の思い付きとして、『東洋における共産主義侵略に対するカウンター・オフェンシヴの機関として、例えばシンガポールに本拠を置き、極東を理解するマルコム・マクドナルドを長として、日英米（出来れば仏を含み）のソ連通、支那通をここに派遣して情報の交換は固よりラジオ、パンフレット等による適切な対抗宣伝、ひいては千万に上る華僑の獲得等につき現地において常時相談する態勢を執ることとしては如何』と述べたるに対し『イ』は同感の意を表するとともに、英としては何としても米国の同意を得ることが先決問題なれば、貴下の訪米の際、米国政府当局の意向を打診ありたき旨要望あり。自分としてもこれを引受けたる次第なるが貴見如何」と。これに対して、アイゼンハワー大統領は、「一応面白き考案にて、米国側としても出来る丈協力方考慮するに吝ならずと思うが、国務長官にもお話ありたし」と応じた。[*90] 事実、首脳会談終了後に開催されたダレス国務長官との会談においても、吉田首相は、このアイディアをもちだした。同構想を聞いたダレス国務長官は、「creative thinking の案として面白く拝聴せり。……いずれにしても十分研究してみたし」と述べたものの、結局、会談終了後にだされた戦後初の日米共同声明では、これに関して、具体的な言及はなされなかった。ただ、吉田首相によれば、「この共同声明で、私としては、何よりも第一に独立国としての日本のアジアにおける立場を米国が十分に認め、日米両国が対等の立場で、アジアの平和と繁栄を維持し、かつ促進する基本的な方針を宣言したかった。またアジアの自由諸国の経済発展に日本ができる限り協力したい希望を強調し、独立後の日本の積極面を表明したかった。この点は声明の劈頭に謳われている」ということになろう。[*91]

また、この共同声明が完成するまでには、「日米両側の原案を合せて一つのものにしてからでも、少くとも六回書き直した」ようであった。[*92]では、実際に、共同声明のなかのどの部分の文言が書きなおされたのであろうか。一例をあげれば、「東南アジアの繁栄と安全は、侵略的な傾向が中止され、アジアの各民族の間に自由な往来ができるようになってのみ実現する」との文言が「最後の瞬間に姿を消してしまった」ようだ。これは、ダレス国務長官が執拗に取り消しを求めたからであったという。[*93]

ここで、四項目からなる共同声明の内容についてみてみよう。第一番目の部分は、吉田首相が述べたように、日米両国政府の協力のもとでのアジア自由諸国の発展に関する記述がみられる。第二番目の箇所では、吉田首相のことばをかりれば、「日本国民の経済的福祉が自由世界全般にとって重要な問題であるとの認識のもと、米国は日本国民の福祉増進のため採り得る各種の施策につき、今後も好意を以て検討し、日本も貿易を増進し、外国との経済関係の改善に努力し、米国またこれに協力することにつき、原則的な了解に達したのである。その他具体的な経済問題に触れたが、要するに日本国民の生活水準を向上せしめること、すなわち共産主義に対抗するためにも、日本経済を振興することの最大急務なることがそれとなく了解されている」というわけだ。[*94]つづく、第三番目のパートでは、第五福竜丸事件についての米国側の「遺憾の意」が表明された。そして、最後の項目では、「米国によって接収された日本資産の処理」や「琉球および小笠原諸島の地位ならびに元島民の小笠原諸島復帰に関する日本の要望」などがもられた。

では、今回だされた日米共同声明の特色として、いかなる点を指摘することができるであろうか。前出の宮沢氏は、「『防衛問題』に一言もふれていないことが一番大きな特色」であると論じている。[*95]この点については、吉田首相も「いずれにせよ、従来防衛第一主義の態度で臨んだ米国が、アジアの自由と繁栄のためには、何よりもアジアの経済発展が必要であるという点を認識し、防衛問題には特に触れなかったことも、この共同声明の特徴であろう」としていた[*96]。

ところで、アイゼンハワー大統領との会談の前日（八日）に、ダレス国務長官と会談した吉田首相は、「自分はグッド・ウイル・ミッションに来たもので、交渉に来たのではない」と述べていたが、まさにこのことばどおり、今回の吉田・アイゼンハワー会談ではつっこんだ話し合いはなされなかったといえる[*97]。だが、首脳会談終了後におこなわれた第二回吉田・ダレス会談では、ダレス国務長官が、以下のような苦言を呈していた[*98]。

ここ数年来の日米関係をみるに日本側において〝coasting along〟しおり、なり行きに任せて積極的努力足らざるようみられる節あり。遺憾ながら満足なる状態にありとは申難きよう思わる。日本側においていろいろの困難はあらんも今少し日米間の協力態勢を強化する積極的熱意を事実において示さるるならば、米国政府としてもmore helpを与うること容易となるべし。今回のパリ、ロンドン会議において自分の心強く感ぜることは欧州の自由諸国が自主自立の熱意に燃え、諸種の障害を排して建ち上りつつあることなり。日本としても敗戦後の虚脱を脱し、新生の（過去の帝国主義的侵略国家としてに非ず）東洋の一大国、世界自由国家群の有力なる一員として世界の安寧秩序に貢献するためplayするroleの大きなものがある筈なり。何時までも米国に依存することは日本自らの欲するところにも非ず、米国としても最も好まざるところなり。

今回の外遊で、日本の経済再建を重視した吉田首相は、「金を借りて日本の資本主義の力を強めていこうとかなり自覚的にやっていた」[*99]。しかし、うえで示した米国側の認識のために、吉田首相は、ワシントンD．C．においても、さらなる経済的支援や政治的支持を得ることができなかった。そのため、皮肉にも、訪米によって、吉田首相の政治的破滅は確実なものとなった。[*100] 吉田研究の第一人者であるジョン・ダワー氏がいみじくも指摘するように、吉田首相は、「この旅行によって彼（吉田首相）は後日の随想類にわずかの材料を得たが、ぐらついた首相の座を守るために収集しようと期待した政治的手だては何も得られなかった」（カッコ内、引用者補足）のだ。換言すれば、「この旅行によって彼は国内政治の熱気からのがれることができた」だけで、「彼ののぞんだように声望を高めることも、あるいは政敵の酷評を防ぐこともなかった」。[*101]

したがって、吉田・アイゼンハワー会談に対する日本側マスコミの評価はかなり厳しいものであった。たとえば、『朝日新聞』の社説「日米共同声明を読んで」は、「発表された日米共同声明を読んでみると、これが吉田首相外遊のヤマであり、米国訪問の唯一の成果だったということを知るわけであるが、その外遊にはじめから多くの期待をかけなかったものにとっては別段の驚きでもあるまい。ただ日米共同声明の内容は抽象的にすぎ、具体的な成果にとぼしいことだけは、たれの目にも明かであろう」と批判していた。[*102] また、『毎日新聞』も「抽象的な日米共同声明」と題する社説を掲げ、「その内容はまったく抽象的で、新しい事実を発見するのに苦しむようなものである。〝終戦以来の日本に対する米国の協力にお礼をいうためにゆくのだ〟という首相の出発の時の言葉をそのまま受取っていた人は別として、一般には何か出てくるのではないかと多少の期待を持っていたと思われるが、これではあまりにも内容が乏しい」と、『朝日新聞』とおなじ論調で、共同声明の内容を非難していた。[*103]

なお、この点に関連して、第三次吉田内閣期に幹事長をつとめた増田甲子七氏でさえも、「九月二十六日、吉田人気の回復を策し、喚問要求を無視して、あてもない外遊に出かけたのだが、五十余日の海外旅行も目ぼしいお土産を見つけることはできなかった」と、吉田外遊を痛烈に批判した。[*104]

かくして、一一月一七日、「吉田首相は政局不安などどこ吹く風といった顔で羽田空港に着いた」（傍点、引用者）が、[*105] その吉田首相を待ち受けていたものは、〝退陣〟の二文字だけであった。

4 結び

ここで、通算七年二ヶ月におよぶ吉田政治を総括しよう。

まずはじめに、これまで、吉田政治に対して、いかなる評価がなされてきたのかを紹介する。たとえば、杣正夫・九州大学教授は、「彼が戦後史に残した役割を要約すると、（一）占領初期には占領政策の非軍事化、民主化の圧力を最小限にとどめ、旧天皇制の官僚政治をある程度温存しえたこと、つぎに占領後期にはその官僚政治体制を治安・文部・地方自治等に拡大したこと（二）天皇の特別の地位の維持（三）反共主義を軸にした反社会主義治安体制の整備（四）日本の外交・軍事の対米依存体制の設定（五）これら政治的環境を条件にした国家独占資本主義経済の基盤設定」にあるとしている。[*106]

また、『東京新聞』の論説主幹・宇治敏彦氏は、戦後日本の建設にあたって、吉田首相がはたした役割を評価しつつも、「『ワンマン』と呼ばれた独断性の弊害も忘れるわけにはいかない」として、「佐藤幹事長救済のための指揮権発動、逆コースと呼ばれた反動的立法などは、吉田が権力の座に長くあったことの最大の弊害である」と手厳しく批判している。[*107]

さらに、これまでみてきたように、「時代は役者の交代を命じていた」にもかかわらず、吉田首相がこの点を見誤った事実も忘れてはなるまい。つまり、「内によくまとまった国家を代表して外に対するというスケールの大きな政治（『外交』）が吉田の本領であって、千々に乱れた内をまとめるという小さな政治（『内政』）なかんずく『党内政治』）は、彼が軽蔑し、もっとも苦手とするところでもあった。ＧＨＱの権威の下での内政の『凍結』は、その意味で、吉田政治にとっては、好都合な状況であった」のだ。だが、「講和後、凍結されていた内政が溶融し、さらに沸騰し始めてからの吉田の手際は、贔屓目に見ても、見事というわけにはいかなかった」。これは、「第二次大戦を勝利に導いたチャーチルを、英国民は、戦後の首相としては支持しなかった」のとおなじ文脈であった。[*108]

このように、吉田首相をめぐる評価はさまざまであるが、いずれにせよ、宮沢氏が指摘しているように、吉田政治の終焉は、「十年にわたった日米外交史の一つの時代が終った」ことを物語っていたのだけはまちがいなかろう。[*109]

さて、最後に、吉田首相の再軍備観をもとに、吉田政治についての私見を述べてみたい。吉田首相によれば、「私自身は再軍備をしようなどと考えたこともないし、むしろ逆にこれに反対し続けて来たつもりである……一体、私は再軍備などを考えること自体が愚の骨頂であり、世界の情勢を知らざる痴人の夢であると言いたい」とのことである。吉田首相が再軍備につよく反対した最大の理由は、米国のような巨大な軍備を構築しようと、「敗戦日本が如何に頑張ってみても、到底望み得べきことではない」からであった。[*110]

そして、吉田首相は、「自衛隊の生れた年の暮に、芦田君は自衛再軍備促進の意見書を総司令部に提出し、その写しであったか私にも送ってきたが、その頃から再軍備についての質問が国会その他でたびたび出るようになった。しかし、私の見解は変らなかった。自衛の方途については、もちろん考えねばならぬが、再軍備はすべきではないとの主張を続けた」（傍点、引用者）のであった。[*111] だが、吉田首相は、国会での答弁において、「再軍備については、未来永劫しないと私は申しておるのではありません。現下の状況において、これをいたすことはしない、こう申しておるだけの話であります。従って、百年、二百年後までするかしないか、そういうことまでは論じておりません」（傍点、引用者）と述べているように、日本の再軍備を全面的に否定しているわけではなかった。[*112]

しかしながら、吉田首相は、再軍備によって生じる経済面での負担を軽減するためにも、米国との関係を利用しようとしていた。それは、吉田首相が、つぎのように述懐していることからも明らかだ。すなわち、「世界いずれの国も今日独力を以て国を守り得る国はない。米国といえども、共同防衛がその国防の主たる観念である。日米安全保障条約は、この共同防衛の観念を以て作り上げられたものである。現在の日米安全保障条約の生れた当時においては勿論のこと、その後の情勢は、ますますその有効適切なりしことを証明しこそすれ、これを無用視し、反対すべき事態は生じていない」と。したがって、吉田首相のことばをかりれば、「憲法によって戦力保持を禁止されている日本として、講和独立の後に、その国防を米国の巨大なる戦力に託することは、最も自然且つ当然なる順序」となるわけだ[*113]。

かくして、吉田首相の敷いたレールによって、わが国は軽武装・経済重視の路線＝「吉田ドクトリン」をすすむこととなる。だが、これは同時に、米国との関係をことさらに重視する方向＝「米国追随外交」の選択をも意味したのであった。したがって、吉田首相は、数多くの業績をのこした一方で、日本外交に一定の負の遺産ものこしたといえよう。

注

＊1　升味準之輔『戦後政治―一九四五―五五年―』（下巻）（東京大学出版会、一九八三年）、三三四―三三五頁。
＊2　宮沢喜一『東京―ワシントンの密談』（備後会、一九七五年）、一三二頁。
＊3　後藤基夫・内田健三・石川真澄『戦後保守政治の軌跡』（岩波書店、一九八二年）、八六頁。
＊4　大森彌「第四九代　第三次吉田内閣―冷戦下の『講和』と保守支配の原型―」林茂・辻清明編『日本内閣史録　五』（第一法規、一九八一年）、二二四―二二五頁。
＊5　細川隆元監修、猪木正道著『日本宰相列伝⑱　吉田茂』（時事通信社、一九八六年）、二〇一―二〇二頁。
＊6　後藤・内田・石川、前掲書『戦後保守政治の軌跡』、八三頁。
＊7　河野康子『戦後と高度成長の終焉』（講談社、二〇〇二年）、一四八頁。

＊8　内田健三『戦後日本の保守政治』（岩波書店、一九六九年）、四四頁および五五頁。

＊9　このときの人数に関しては諸説あり、六四名とするもの（たとえば、石川真澄『戦後政治史』〔岩波書店、一九九五年〕、六三頁、中村隆英『昭和史　Ⅱ』〔東洋経済新報社、一九九三年〕、四五四―四五五頁および升味、前掲書『戦後政治』〔下巻〕、四一二―四一三頁）、五四名とするもの（たとえば、後藤・内田・石川、前掲書『戦後保守政治の軌跡』、九一頁および冨森叡児『戦後保守党史』〔社会思想社、一九九四年〕、七七頁）、また五一名とするもの（たとえば、細川監修、猪木著、前掲書『日本宰相列伝⑱　吉田茂』、二〇八頁）、あるいは三五名とするもの（たとえば、自由民主党編『自由民主党党史』〔自由民主党、一九八七年〕、六三頁）がある。

＊10　冨森、前掲書『戦後保守党史』、七七―七八頁。

＊11　自由民主党編『自由民主党党史―資料編―』（自由民主党、一九八七年）、一一三二頁。

＊12　冨森、前掲書『戦後保守党史』、九〇―九一頁。

＊13　同上、七二―七三頁。

＊14　河野、前掲書『戦後と高度成長の終焉』、一五九頁。

＊15　冨森、前掲書『戦後保守党史』、七四頁。ちなみに、鳩山一郎が吉田茂首相の〝向米一辺倒〟の姿勢をつよく非難した理由として、朝日新聞社常務取締役をつとめた後藤基夫氏は興味深い指摘をおこなっている。すなわち、「鳩山派は、トータルに吉田を否定する政策に何がよいかを、いつも考えていた。情勢を見て再軍備が受けそうだとなると、それを出す。それと、追放されていた者は、感情的にもアメリカの占領政策に対する反発や怨念があったからね。追放令で政治的な苦痛を感じていたわけだから、向米一辺倒と言われた吉田政治への反対はかなり強く、それがずっと鳩山政策のバックボーンにもなった。占領期につくられた英文で書かれた憲法は改正すべきだというのも、その一つだった」というわけだ（後藤・内田・石川、前掲書『戦後保守政治の軌跡』、八二頁）。

＊16　鳩山一郎『鳩山一郎回顧録』（文藝春秋新社、一九五七年）、五五―五六頁。

＊17　吉田茂『回想十年　二』（中央公論社、一九九八年）、一五六―一五七頁。

＊18　同上、一九一頁。なお、この点に関連して、吉田側近の一人であった保利茂氏は、「よく『吉田は鳩山に譲る気はなかったのだ』と言われるが、鳩山さんの追放解除を決裁した時点では店仕舞いを始められていた。それが、鳩山さんの病状を見極めていくうちに、鳩山さんに譲る気持をあえて抑えるようになったといえるのが、私がタッチして知っ

たいきさつからの確信である」と記している（保利茂『戦後政治の覚書』〔毎日新聞社、一九七五年〕、五六―五九頁）。

＊19 鳩山、前掲書『鳩山一郎回顧録』、一四〇頁。

＊20 同上、九三―九四頁。

＊21 吉田、前掲書『回想十年　二』、一九二頁。

＊22 吉田茂『回想十年　二』（中央公論社、一九九八年）、一〇二―一〇三頁。

＊23 大森、前掲論文「第四九代　第三次吉田内閣」林・辻編、前掲書『日本内閣史録　五』、二一三頁。

＊24 大河内繁男「第五〇代　第四次吉田内閣―ワンマン体制の弱体化―」林・辻編、前掲書『日本内閣史録　五』、二三七―二三八頁。

＊25 升味、前掲書『戦後政治』〔下巻〕、四〇六―四〇七頁。

＊26 自民党編、前掲書『自由民主党党史』、六〇―六一頁。

＊27 細川監修、猪木著、前掲書『日本宰相列伝⑱　吉田茂』、二〇六頁。

＊28 中村、前掲書『昭和史　Ⅱ』、四五四頁。

＊29 ちなみに、吉田首相は、このネーミングについて、「事前に洩れず、新聞にとっては、不意打ちのニュースだったという意味では、抜打ちの語も、あながち当らないことはない」と述べている（吉田、前掲書『回想十年　二』、一九三―一九四頁）。

＊30 鳩山、前掲書『鳩山一郎回顧録』、一一五頁。

＊31 このとき、自由党の林譲治・幹事長、益谷秀次・総務会長らは、鳩山派の一部候補者に対して、資金提供をおこなったという（石川、前掲書『戦後政治史』、六三頁）。

＊32 ちなみに、改進党は一八名増加の八五議席、右派社会党は二七議席増の五七議席、左派社会党はなんと三八議席増の五四議席となった。だが、共産党は、三六の議席をすべて失ってしまった。このほか、労農党：四議席、諸派：七議席、無所属：一九議席という結果となった（中村、前掲書『昭和史　Ⅱ』、四五四頁）。

＊33 ジャーナリストの石川真澄氏によれば、「それ以降一九五五年の保守合同があったあとには、支持がどんどん減ってくる」のであった（後藤・内田・石川、前掲書『戦後保守政治の軌跡』、九三―九四頁）。

＊34 升味、前掲書『戦後政治』〔下巻〕、四一一頁。

＊35　同上、四一一―四一二頁。
＊36　第四次吉田内閣の組閣にあたっては、一週間もの日数がかかっている。これは、吉田派、鳩山派の対立を受けた、「複雑な党内調整の困難さを物語るもの」にほかならない（大河内、前掲論文「第五〇代　第四次吉田内閣」林・辻編、前掲書『日本内閣史録　五』、二三八頁）。
＊37　鳩山、前掲書『鳩山一郎回顧録』、一一六頁。
＊38　中村、前掲書『昭和史　Ⅱ』、四五四―四五五頁。
＊39　吉田、前掲書『回想十年　一』、一九七頁。
＊40　同上、一九八頁。
＊41　自民党編、前掲書『自由民主党党史―資料編―』、一一三〇―一一三一頁。
＊42　大河内、前掲論文「第五〇代　第四次吉田内閣」林・辻編、前掲書『日本内閣史録　五』、二三六―二三七頁。
＊43　吉田、前掲書『回想十年　二』、一九九―二〇〇頁。
＊44　戦後日本政治史研究会編『現代日本政治史年表・解説』（法律文化社、一九八八年）、五五頁。実際、鳩山が自由党への復党を選択した理由としては、第二六回総選挙での結果がかんばしくなかったこと、分党派自由党の財政状態がきわめて悪かったことなどが大きい（細川監修、猪木著、前掲書『日本宰相列伝⑱　吉田茂』、二一一―二一三頁）。
また、このとき、三木武吉、河野一郎ら、いわゆる〝八人の侍〟は鳩山とは行動をともにせず、一二月九日、日本自由党を設立した。なお、同党のたちあげにあたっては、つぎのような声明文がだされた。すなわち、「われらは吉田自由党総裁の反民主的にして独善的態度にあきたらず今春、同党から分党した。しかるにわずか半歳余にして鳩山氏をはじめとする同志諸君は吉田自由党に復帰することになったが、われらは分党の理由がまだ何ら解決していないと信ずるが故にこれらの人と行をともに出来ないことは、まことに遺憾である。われら少数なりといえども、現下政界に横たわる諸弊を改革し、日本再建の基石を築くために、こん身の力をふるわんとするものである」と（自民党編、前掲書『自由民主党党史―資料編―』、一一三一―一一三二頁）。
＊45　自民党編、前掲書『自由民主党党史』、六九―七〇頁。
＊46　鳩山、前掲書『鳩山一郎回顧録』、一四〇―一四一頁。
＊47　保利、前掲書『戦後政治の覚書』、九〇―九四頁。

＊48 大野伴睦『大野伴睦回想録』（弘文堂、一九六二年）、一一六頁。

＊49 後藤・内田・石川、前掲書『戦後保守政治の軌跡』、九二頁。

＊50 このとき、鳩山派は二〇〇〇万円を受けとっておきながら、造船疑獄事件にからんで、佐藤栄作・幹事長をはげしく攻撃した。そのため、佐藤はひどく立腹したという（細川監修、猪木著、前掲書『日本宰相列伝⑱　吉田茂』、二一二―二一三頁）。

＊51 飯塚繁太郎「造船疑獄」株式会社　大学教育社編『現代政治学事典』（ブレーン出版、一九九一年）、六〇二―六〇三頁。

＊52 佐藤榮作著、伊藤隆監修『佐藤榮作日記』〔第一巻〕（朝日新聞社、一九九八年）、一五一―一五二頁。

＊53 吉田、前掲書『回想十年　一』、二〇五―二〇八頁。

＊54 鳩山、前掲書『鳩山一郎回顧録』、一三一―一三二頁。

＊55 芦田均著、進藤榮一編『芦田均日記』〔第五巻〕（岩波書店、一九八六年）、一六三頁。

＊56 堀越作治『戦後政治裏面史』（岩波書店、一九九八年）、四九頁。

＊57 「吉田（茂）ワンマン体制―畠山武氏―」国正武重編『戦後政治の素顔―記者の証言―』（近代文芸社、一九九七年）、四四四―四四五頁。

＊58 吉田、前掲書『回想十年　二』、一六三頁。

＊59 坂元一哉「独立国の条件―一九五〇年代の日本外交―」五百旗頭真編『戦後日本外交史』（有斐閣、一九九九年）、七〇―七二頁。

＊60 波多野澄雄「吉田茂と『再軍備』」財団法人　吉田茂記念事業財団編『人間　吉田茂』（中央公論社、一九九一年）、四四六―四四八頁。

＊61 細川監修、猪木著、前掲書『日本宰相列伝⑱　吉田茂』、二一二頁。

＊62 Michael Schaller, *Altered States: The United States and Japan since the Occupation* (New York: Oxford University Press, 1997), p. 65.

＊63 石井修「相互安全保障法（ＭＳＡ）」川田侃・大畠英樹編『国際政治経済辞典』（東京書籍、一九九三年）、三七七頁。

＊64 宮澤喜一『戦後政治の証言』（読売新聞社、一九九一年）、八三頁。

＊65 *Foreign Relations of the United States, 1952-1954, Vol. XIV, Part 2, China and Japan*, pp. 1544-1546.

＊66 宮澤、前掲書『戦後政治の証言』、九一頁。これは、米国が、日本の防衛力増強に限界があるとの考えをもちはじめたからである。米国のスタンスが変化した背景には、ジョン・M・アリソン大使の的確な状況把握があったことにくわえ、米国が日本経済の脆弱さをひどく憂慮していたことがあったとされる（自民党編、前掲書『自由民主党党史』、六七頁）。

＊67 田中明彦『安全保障―戦後五〇年の模索―』（読売新聞社、一九九七年）、一二五頁。

＊68 細谷千博・有賀貞・石井修・佐々木卓也編『日米関係資料集―一九四五―九七―』（東京大学出版会、一九九九年）、二五二頁。

＊69 吉田、前掲書『回想十年　二』、一七五頁。

＊70 読売新聞戦後史班編『「再軍備」の軌跡』（読売新聞社、一九八一年）、三四六頁。

＊71 大河内繁男「第五一代　第五次吉田内閣―保守内紛と保革対立の錯綜―」林・辻編、前掲書『日本内閣史録　五』、二六四頁。

＊72 藤本一美『戦後政治の争点―一九四五―一九七〇―』（専修大学出版局、二〇〇〇年）、一四二頁。

＊73 同首脳会談の詳細な政治過程については、たとえば、藤本一美・浅野一弘『日米首脳会談と政治過程―一九五一年～一九八三年―』（龍溪書舎、一九九四年）の第二部・第二章を参照されたい。

＊74 阿部松盛「第五福竜丸事件」川田・大畠編、前掲書『国際政治経済辞典』、三八九頁。なお、第五福竜丸事件の詳細については、たとえば、大石又七『ビキニ事件の真実―いのちの岐路で―』（みすず書房、二〇〇三年）や広田重道『第五福竜丸―その真相と現在―』（白石書店、一九七七年）を参照されたい。

＊75 外務省戦後外交史研究会編『日本外交三〇年―戦後の軌跡と展望―』（世界の動き社、一九八二年）、七六―七七頁。

＊76 *Foreign Relations of the United States, 1952-1954, Vol. XIV, Part 2, China and Japan*, pp. 1643-1648.

＊77 *Ibid.*, p. 1648.

＊78 石井修『冷戦と日米関係―パートナーシップの形成―』（ジャパンタイムズ社、一九八九年）、一三三頁。

＊79 *Foreign Relations of the United States, 1952-1954, Vol. XIV, Part 2, China and Japan*, p. 1648. なお、当該文書の記述にあるように、当初、吉田首相の外遊は、六月～七月に設定されていた。しかし、重要法案をめぐる国会審議が難

航したため、吉田首相の外遊日程は九月〜一一月に延期された。

*80 *Ibid.*, pp. 1743-1745.

*81 *Ibid.*, pp. 1746-1748.

*82 中北浩爾『一九五五年体制の成立』（東京大学出版会、二〇〇二年）、一六三―一六四頁。

*83 *Foreign Relations of the United States, 1952-1954, Vol. XIV, Part 2, China and Japan*, p. 1769.

*84 大野、前掲書『大野伴睦回想録』、一一〇―一一一頁。

*85 保利、前掲書『戦後政治の覚書』、八六頁。

*86 吉田、前掲書『回想十年 一』、二二〇頁。

*87 同上、二二〇頁。この点に関連して、戦後日本政治の重要な局面にたちあってきた宮沢喜一氏は、「これが吉田さんの引退の花道だ、と云う人が世の中に多かった。もしそれをそう思っていない人があったとしたら、それは吉田首相自身であったろう」と論じている（宮沢、前掲書『東京―ワシントンの密談』、二八〇―二八一頁）。

*88 *Foreign Relations of the United States, 1952-1954, Vol. XIV, Part 2, China and Japan*, pp. 1704-1705.

*89 吉田、前掲書『回想十年 一』、二二〇頁。

*90 細谷・有賀・石井・佐々木編、前掲書『日米関係資料集』、三〇八―三一〇頁。

*91 吉田、前掲書『回想十年 一』、二六六―二六七頁。

*92 宮沢、前掲書『東京―ワシントンの密談』、三〇八頁。

*93 同上、三一〇―三一一頁。なお、この部分については、もともと、「東南アジアの平和は、日本と中国との間に、抜き難い壁を構えて総ての交渉を断ちきるという方策よりは、むしろ適宜な規制の下に両者の正常な行き来を許すことによって、より早くより良く達せられる」との文言がもられていたものの、国務省の側からクレームがついたという（同上、三〇九―三一〇頁）。

*94 吉田、前掲書『回想十年 一』、二六七頁。

*95 宮沢、前掲書『東京―ワシントンの密談』、三〇七頁。

*96 吉田、前掲書『回想十年 一』、二六七頁。

*97 細谷・有賀・石井・佐々木編、前掲書『日米関係資料集』、三〇七―三〇八頁。

＊98　同上、三一七頁。
＊99　後藤・内田・石川、前掲書『戦後保守政治の軌跡』、八三頁。
＊100　Schaller, *op. cit., Altered States*, p. 76.
＊101　ジョン・ダワー著、大窪愿二訳『吉田茂とその時代』〔下巻〕（中央公論社、一九九一年）、二九七―二九八頁。
＊102　『朝日新聞』一九五四年一一月一二日、二面。
＊103　『毎日新聞』一九五四年一一月一二日、一面。
＊104　増田甲子七『増田甲子七回想録―吉田時代と私―』（毎日新聞社、一九八四年）、二七〇―二七一頁。
＊105　宮澤、前掲書『戦後政治の証言』、九八頁。
＊106　杣正夫「吉田茂内閣（第四五代・第四八代～第五一代）」白鳥令編『日本の内閣　Ⅱ』（新評論、一九八一年）、一二六頁。
＊107　宇治敏彦「吉田茂―戦後日本のレールを敷いた宰相の光と影―」宇治敏彦編『首相列伝―伊藤博文から小泉純一郎まで―』（東京書籍、二〇〇一年）、二三四頁。
＊108　渡邉昭夫「吉田茂―状況思考の達人―」渡邉昭夫編『戦後日本の宰相たち』（中央公論社、一九九五年）、五八頁。
＊109　宮沢、前掲書『東京―ワシントンの密談』、三一四頁。
＊110　吉田、前掲書『回想十年　二』、一八二―一八三頁。
＊111　同上、一八九頁。
＊112　『第十回国会　衆議院会議録　第六号』一九五一年一月二八日、五四頁。
＊113　吉田、前掲書『回想十年　二』、一八三頁および一九〇頁。

第2章

岸・アイゼンハワー会談

1　はじめに――一九五七年の国際情勢を中心に――

一九五七年一月五日、ドワイト・D・アイゼンハワー大統領は、連邦議会の場において、いわゆる「アイゼンハワー・ドクトリン」を発表した（三月九日、連邦議会が決議を採択）。その骨子は、第二次中東戦争とよばれる、「スエズ動乱後の中東で親西側政権を支持するため、経済・軍事援助を与え、さらに『世界共産主義に支配される国からの公然たる武力攻撃に対しては』、現地政権の要請を受けて武力行使を行いうる」というものであった。[*1]

さらに、五日後の一般教書演説では、「第一に、アメリカの死活的利害は世界中にあり、それは東西両半球、すべての大陸に及ぶ。第二に、我々は自由世界におけるすべての国と利害を共有している。第三に、相互利益の関係をつくるためには、すべての国民の権利と平和に対してしかるべき敬意を払う必要がある」と述べ、「地球上のすべての地域におけるすべての自由主義国家（すなわち非共産主義国家）を守らなければならないという負担を自らに課すこととなった」のだ。[*2]

ところが、一〇月四日には、ソ連がはじめての人工衛星スプートニク一号の打ちあげをおこなった。この事実は、「米国民の自尊心を踏みにじり、アイゼンハワーの支持率はいっきょに二二％も低落した」。くわえて、「その直前（八月二六日公表）にソ連が大陸間弾道ミサイル（ＩＣＢＭ）実験に成功していたことは、米国民の衝撃を増した」（カッコ内、引用者補足）のであった。というのは、「大西洋・太平洋にはさまれ、南北戦争以来ほとんど戦場とならなかった米本土が、いまやソ連のミサイルの到達目標になった」からであり、しかも、「一九五九年までにソ連は一〇〇発のＩＣＢＭでアメリカの軍事力を壊滅させることができる、との予測が出された」からであった。[*3] さらに、六月一一日に、米国がおこなったＩＣＢＭアトラスの第一回実験が失敗に終わっていた点も、米国民の心理に大きな影響をあたえていた（一二月一七日、米国は同実験に成功）。この点に関して、アイゼンハワー大統領は、「世間の完全な注視の中で行なわれたわれわれの最初の人工衛星打ち上げの試みは失敗し、政治観測者たちが探知したと称するいわゆるミサイル〝ギャップ〟も出てきた。大衆の不安をつのらせる豊富な刺激があった」と述べている。[*4]

そして、このスプートニク一号の打ちあげやＩＣＢＭ実験の成功などによって、「当時ソ連の核開発が進展して、戦後ずっとアメリカが維持してきた核の優位が後退し、米ソのバランスがいわゆる『核の手詰まり』あるいは『相互抑止』(mutual deterrence) の時代」に突入することとなる。こうしたなかで展開されたのが、「ミサイル・ギャップ」論争である。[*5]

この事態に直面して、民主党のジョン・Ｆ・ケネディ上院議員らが中心となって、アイゼンハワー政権の軍事政策を非難し、同政権に対して、国防費の大幅増と強固なミサイル計画の立案を求めた。さらに、共和党の側からも、これに呼応する動きがみられた。こうしたなかで、一一月三日、ソ連がライカ犬を搭乗させた二号機の打ちあげに成功したことから、米国側では、「核時代における抑止と生き残り」と題する文書（ＮＳＣ五七二四）が作成された。そこには、「核・通常兵力の双方の大規模な増強、全国的なシェルター建設、五年にわたる総額四四〇億ドルの安全保障費の増加」がもりこまれていた。[*6]

ようやく、翌一九五八年一月三一日になって、米国もエクスプローラー一号の打ちあげに成功するものの、そこには、明白なロケットの推力差が存在しており、「（ニキータ・Ｓ・）フルシチョフ首相は、アメリカの人工衛星を夏蜜柑が地球をまわっているようなものだと嘲笑した」（カッコ内、引用者補足）という。[*7]

また、ヨーロッパでは、一九五七年三月二五日、フランス、西ドイツ、イタリア、ベルギー、オランダ、ルクセンブルクの六カ国が、欧州経済共同体（ＥＥＣ）の設立を目的としたローマ条約に調印していた。同条約は、「共同市場（その内部で商品・サービス・人・資本の移動の自由な経済領域）の形成により、経済効率を高め、福祉を向上させるとともに、諸国民の協調を強めることをうたっていた」[*8]。また、同時に、「欧州の原子力産業を発展させるため、原子力の研究・開発を共同で進め、核燃料の供給をおこなうとともに、その管理を目的としている」欧州原子力共同体（ＥＵＲＡＴＯＭ）条約も上記六カ国によって締結された[*9]。

ヨーロッパにおけるこうした動きを、アイゼンハワー大統領は、「心から支持」していた。そして、「ユーラトムを通じて加盟諸国は、例えば原子炉や研究センターを設立するなど、欧州大陸において原子力を建設的な用途に役立てるため、協力することになろう。ＥＥＣ、すなわち欧州経済共同体を通じて、加盟諸国は相互の関税障壁を、漸次撤廃する方向に進むであろう。ローマ条約のいくつかの条項は、欧州とその他の外部世界の諸国との貿易をある程度まで抑制することになるかもしれないが、強力な欧州合衆国の建設ということは、一つの夢であったし、私はいつの日か、それが実現することを期待したのである」と語っているのだ[*10]。このように、「アメリカはこれを、ソ連に対する備えという立場から軍事、政治とならぶ経済の面での〝統合〟の礎石と考えて支持したが二条約の目的は、米ソ両経済圏に対抗できる西ヨーロッパ経済圏の中核体をつくることであり最終的には米ソの影響を脱して、独自の途を求めようとする西ヨーロッパの動きであつた」点に留意しなければならない[*11]。

こうした国際情勢のなかで、わが国において、はじめて、『わが外交の近況』がだされた。そこには、「わが国外交の基調」として、「外交の三原則」＝「国際連合中心」「自由主義諸国との協調」「アジアの一員としての立場の堅持」がうたわれている。そして、このような基調にたつ日本外交が直面する重要課題の一つとして、対米関係調整の問題が指摘されている。つまり、「米国との関係については、同国はわが国が一翼を担う自由民主主義国家群の中心的地位にあり、さらにはわが国の防衛に直接的貢献をなしており、両国間には当然密接な相互協力関係が保たれなければならない。しかしながら、国情を異にする国際間の相互協力は、いうは易くして行うは難い。相互協力はその底に相互信頼があつて始めて可能であり、相互信頼はまた相互理解から生れるものである。岸首相の訪米により日米首脳間の相互理解が遂げられ、信頼と協力との礎が築かれたのであるが、今後さらにこの方向を押し進め、一方これが障害となる懸案を一歩一歩解決しつつ、平等の立場に立つ真の相互協力関係を打樹てて行くこと」が課題というわけだ。[*12]

ここでいう「岸首相の訪米」とは、六月一九・二一の両日、アイゼンハワー大統領との日米首脳会談を目的に、岸信介首相が、米国の首都ワシントンD．C．（以下、ワシントンと略記する）を訪れたことをさす。ちなみに、岸首相は、このときの首脳会談の目的をつぎのように述べている。すなわち、「私は三つのことを考えていた。一つは日米新時代、すなわち日米の関係を全てにわたって対等にするという考え方、第二はアジアにおいてアメリカの積極的な行動を慫慂すると同時に、日本と協力してもらいたいということ、第三は日米の将来にわたる緊密な関係をつくりあげるために、定期的な閣僚会議をもつということです。そういう考えで訪米したわけですが、第一の対等・平等というのは、もちろん日米安保条約を対等なものにするということですね」と。[*13]

では、はたして、岸首相は、アイゼンハワー大統領との会談で、これら三つの目的を達成することができたのであろうか。これが、本章の問題意識である。なお、論述の順序としては、まずはじめに、岸政権誕生の経緯を紹介する。つぎに、岸政権以前の日米安全保障条約改正の動きを検討し、岸・アイゼンハワー会談の概要を論じる。そして最後に、岸政権に対する若干の私見を述べたいと考えている。

2　一九五七年の政治状況

(1) 岸政権の誕生

一九五六年一二月一四日の自由民主党（以下、自民党と略記する）大会において、鳩山一郎首相の後継をきめる総裁選挙がおこなわれた。このとき、立候補したのは、岸幹事長、石井光次郎・総務会長、石橋湛山・通産相の三名であった。第一回目の投票（投票総数：五一一票）では、岸が二二三票を獲得し、一位となった（石橋：一五一票、石井：一三七票）。しかし、一位の票数が過半数を超えていなかったため、決選投票（投票総数：五一〇票）が実施されることとなった。決選投票では、二位の石橋と三位の石井による「二、三位連合」の結果、岸は石橋に七票差で敗北を喫した（石橋：二五八票、岸：二五一票、無効：一票）。このときの総裁選挙について、のちに、岸候補は、「まあ実をいうと、石井・石橋両氏の間、二、三位連合という堅い約束があるということについても、みなあまりはっきり認識していなかったようだし、一回で私が過半数をとれるかどうかについて確信はなかったものの、二回目では二位との間に相当差をつけて勝てると思っていた」と述懐している。[*14]

ところで、この二、三位連合が登場した背景には、石橋陣営の石田博英、三木武夫、そして石井陣営の参謀格である池田勇人の三名が大会前夜に顔を合わせ、「決戦のときは第一回投票で上位の者に票を集める（二、三位連合）約束をしていた」事実があげられる。[*15] ちなみに、この総裁選挙では、岸派が三億円、石橋派が一億五千万円、石井派が八千万円をばらまいたとされ、「この総裁公選こそ、その後の自民党の腐敗した金権政治を決定的にするものであった」。[*16]

なお、一九五六年の総裁選挙の特質について、内田健三・元共同通信社論説委員長は、「この〝総裁公選〟で巨額の金が動き、大臣などのポストの空手形が乱発されたのは周知の事実で〝公選〟と呼ばれながら公職選挙法の適用がなく、しかも選ばれた総裁がそのまま最大の公職＝総理大臣の座につくという仕組みの矛盾があますところなく露呈された。また、この総裁選挙を通じて、それまでは多分に流動的だった党内派閥が、資金と役職両面のしがらみから固定化し、〝党中党〟の実態が確立した」と述べている。[*17] 同様に、政治学者の升味準之輔氏も、「ほとんど足場のない石橋派の策士たちが成功しえたのは、自民党の派閥編成がなお流動的で、構造化されていなかったからであろう。しかし、この総裁選挙の鎬を削る票集めを通じて、派閥的結合が強化され、政権をめざす指導者たちは、派閥培養が必要不可欠であることを知らされたのである」と論じている。[*18] これ以降、自民党では、いわゆる〝八個師団〟が形成されることとなる。

かくして、一九五六年一二月二三日、石橋政権が誕生した。しかし、同政権はわずか六五日間の短命に終わってしまう。これは、石橋首相のことばをかりれば、「一月二十五日、私はとうとうカゼをひいて寝こんでしまった」からであり、しかも、「それ以降は病気が長びくとの医師団の診断」を受けたため、「いさぎよく内閣総理大臣の職を辞任した」のであった。この辞任に際して、石橋首相は、下記のような書簡を発表した。[*19]

私は新内閣の首相として、もっとも重要なる予算審議に一日も出席できないことがあきらかになりました以上は首相としての進退を決すべきだと考えました。私の政治的良心に従います。

また万一にも政局不安が私の長期欠席のため生ずることがありましては、これはまたまったく私の不本意とするところであります。私の総裁として、また首相としての念願と決意は、自民党にありましては党内融和と派閥解消であり、国会におきましては国会の運営の正常化でありました。私の長期欠席が、この二大目的をかえって阻害いたしますことに相成りましては、私のよく耐えうるところではありません。

どうか私の意のあるところをおくみとり下さい。くれぐれも党内融和の上に立ち、党員一致結束、事態の収拾をおねがいしたいのであります。せっかくのご期待にそえませんことは残念この上もありませんが、私はこれがこの際、私をして政界のため国民のためにとるべきもっとも正しい道であることを信じて決意をした次第であります。

そして、翌一九五七年二月二五日、石橋首相のあとをおそって、岸内閣が登場したのであった。この点に関連して、朝日新聞社政治部長をつとめた冨森叡児氏は、つぎのように語っている。すなわち、「石橋が健康で政権を長期にわたって保持することができれば、中国承認とまでゆかなくても、日中関係はかなり前進したと思われる。その結果、日中国交正常化はずっと早く実現し、中ソ対立、米中関係など極東の国際情勢に日本が重要な一石を投ずることになっていたに違いない。憲法改正をねらい、中途半端な日米安保条約改定を強行した岸内閣はあるいは誕生しなかったかもしれず、自民党内でハト派がいますこし力をもち保守政治の流れもおのずと別の方向に伸びていったと思われる」（傍点、引用者）と。[20]

いずれにせよ、かつて総裁選挙において辛酸をなめた岸が待望の首相の座を手にしたのであった。このように、「岸氏が戦後政界に復権（一九五二年四月）してわずか五年足らずで政権を得たのはなぜ」なのか。その理由として、安保改定交渉研究の第一人者である原彬久・東京国際大学教授は、「岸氏が戦後政界の再編すなわち保守合同の完成に主導的役割を果たした」点と「鳩山一郎氏の後継首班と目されていた緒方竹虎氏の急死と石橋首相の『病気退陣』」をあげている。つまり、原氏によれば、「独立回復早々の日本政治に保守統合を実現して五五年体制をもたらした岸氏の行動力が『岸政権』誕生を早めたことは確かである。同時に、総理候補ないし総理として自分の前を走っていた人物が急逝あるいは病臥したことが、岸氏を意外にも早く総理に押し上げていったということなのである」。[21]なお、これら二つの〝ツキ〟にくわえて、日本経済新聞社政治部次長をつとめた大日向一郎氏は、重光葵の急死を指摘している。これは、「もしも石橋首相が再起不能とすれば、政治的基盤はそれほどではないとはいえ、一応後継者として名前のあがる人だった」からだ。[22]

さて、総理のポストを手中におさめた岸首相は、このときの心境について、つぎのように語っている。[23]

内閣総理大臣の地位が現実のものとなったとき私は「さあ、これから大いにやるぞ」といった力みかえる気持ちも、任務の重さを考えてオズオズする気持ちもなかった。つい先ごろの総裁公選で、七票の差で敗れたとはいえ、党内の半数は私を支持しているという自信の裏付けがあったし、それに石橋首相が病気で一回も登院できなかったので、臨時代理の私は、首相の施政方針演説と外相としての外交演説の両方を行い、いわば〝総理の座〟は経験済みといってよかった。緒方さんの急死で私が次期総裁候補に擬せられたとき、「羽翼未だ整わず」と感じた戸惑いはなかった。党内もまた世間一般も、私の総理大臣就任を当然と受け取っていたし、岸内閣は全くスムーズに誕生した（傍点、引用者）。

はたして、岸首相がいうように、国民は、同政権の登場を「当然と受け取っていた」のであろうか。たとえば、三月一〇・一一の両日に、朝日新聞社が実施した世論調査によれば、「石橋さんがやめて、岸さんが新しく総理大臣になりました。あなたは、岸さんが総理大臣になって、よかったと思いますか。よくなかったと思いますか」との問いに対して、「よかった」と回答したのは、わずか三三％であった。過去の同種の調査では、鳩山政権時が四〇％、石橋政権時が四一％との結果がでており、国民が岸政権の誕生を「当然と受け取っていた」とはいいがたい。[*24] この背景には、「岸の戦前の経歴と、戦後の岸の言動にみられる政治姿勢が、国民に岸政権の出現が過去の国家体制への逆行をもたらすのではないかとの警戒心を生んだ」ことが大きい。[*25] また、この当時、新聞記者のあいだでも、「そんな空気が反映していた」という。[*26] ちなみに、「社会党は、保守合同以来保守党内閣は一度も総選挙を行わず、鳩山、石橋、岸内閣へと政権の移動を行ったことは、民主政治の本質に反するとして、二月二十七日、衆議院に衆議院解散要求に関する決議案を提出したが、翌二十八日に否決」されている。[*27]

こうした日本国内の反応とは異なり、米国側の外交官たちは、岸政権の誕生を喜ばしいことと、評価していたようだ。というのは、米国にとって、前任者の石橋首相が「イデオロギー的には保守であっても、ナショナリスト的傾向がつよい」人物であったからだ。[*28] しかも、その石橋政権が中華人民共和国との関係改善に積極的な姿勢を示していただけに、「岸首相が共産主義の中国を承認しないという態度を鮮明にし、しかも財界主流とも結びつきが強かった」事実は、米国側にとって、歓迎すべきことであった。[*29]

さて、岸首相は、就任直後、第二六回通常国会の場において、所信表明演説をおこなった。演説の冒頭、岸首相は、つぎのように語った。すなわち、「私は、去る二月四日、内閣総理大臣臨時代理としてこの壇上におきまして、石橋内閣の施政の方針を申し述べたのでありますが、当時病気静養中でありました石橋前首相は、今回、その政治的信念に従われまして辞意を表明されたのであります。その結果、はからずも、不肖私が、国会の指名により、内閣総理大臣の重責をになうことになりました」と。そして、「新内閣におきましては、石橋内閣の施政の方針を継承するものであります。ことに、昭和三十二年度予算案につきましては、政府は、これを引き継ぎ、責任をもってその実施に当りたいと考えております」との考えを披露したのであった。[*30]

このことばにあるように、岸首相は、さきの総裁選挙で争った石井を無任所国務相にくわえたほかは、石橋内閣のメンバーをすべて継承した（その後、岸首相が、〝自前の〟内閣を組織するのは、米国訪問から帰国したのちの七月一〇日のことであった）。さらに、自民党内の「党役員も石橋総裁のもとでの顔ぶれがそのまま引き継がれてゆくこととなった。岸としては石橋首相から政権の禅譲を受けたという事情や、通常国会の会期中であったことをも考慮し、新人事によって党内の混乱が生ずるのを極力避けようとした」のだ。[*31]

また、岸首相は、このときの所信表明演説において、「私は、また、石橋前首相と同じく、何よりもまず国会運営の正常化に寄与したいと存ずるのであります。各党間においてできるだけ多く話し合いの場を作り、もって国会の運営を民主主義の原則に従って円滑に行うことは、国会に対する国民の信頼を高めるゆえんでありまして、また、国民がひとしく期待するところであります」と語っている。[*32] この岸首相のことばどおり、「発足後一年余りの岸政権は全くの低姿勢であった」。[*33] 事実、「社会党を刺激するおそれのある法案は、提出を見あわせ、提出済みの法案も社会党に異論があるものは、無理に成立させようとしなかった。国会は、一九五七年度予算をはじめ主要法案を成立させて、比較的平穏に五月一九日閉会」のはこびとなった。[*34] こうした低姿勢の理由としては、「岸の党内での基盤がなお弱かったこと」にくわえ、「岸政権が総選挙の洗礼を受けていないという事実」を指摘することができよう。[*35]

だが、岸首相が「憲法解釈では時折『タカ派』的な体質をのぞかせた」こともまた事実である。[*36] その好例が、五月七日に開かれた参議院内閣委員会での以下のようなやりとりである。ややながくなるが、正確を期すためにも、質疑応答をそのまま紹介しよう。[*37]

○秋山長造・議員：私は核兵器と憲法の問題についてごく率直にお尋ねをいたします。まず第一にお尋ねしたいことは、一体日本の自衛隊が核兵器を持つということは日本の憲法に違反するものである、こう私考えるのですが、総理大臣の御見解を伺いたい。

○岸首相：核兵器という言葉で用いられている各種の兵器を、私はことごとく技術的に承知いたしませんけれども、名前が核兵器であればそれが憲法違反だ、秋山委員のお考えはそういうふうなようでありますが、そういう性質のものじゃないのじゃないか。一方から言えば、われわれは、やはり憲法の精神は自衛ということであり、その自衛権の内容を持つ一つの力を備えていくというのが、今のわれわれの憲法解釈上それが当然できることである。しこうしてそれぞれ科学の発達等からやはり兵器の発達というようなものにつきましては、科学的の研究をしていかなければならぬという建前におきまして、いつまでも竹やりで自衛するという性格のものではなかろう。しかし今日いわゆる核兵器という言葉で言われておるその中心をなす原水爆のごときもの、これは当然われわれは自衛権の内容としてそういうものを持つということは、憲法上許されないということについては、私も異論ないのでございますけれども、今言っておる科学的の技術的の研究なり、発達というものと見合せて、あくまでも憲法の精神であるところの、われわれは他から侵略される場合において、その侵略を阻止するという性格のもの以上を持つということは、これは憲法が禁止しておることであり、憲法に反することである。そこのにらみ合せの問題でありまして、ただ核兵器と名がつくから一切いけないのだと、こういうことは私は行き過ぎじゃないかと、こう思っております。

○秋山議員：総理大臣は、核兵器というときわめてばく然としたでたらめな名称のように、呼び名のようにおっしゃるけれども、核兵器という以上はおのずからその性格なり範囲などというものはきまったものだと思う。何でもかんでも核兵器といえるものではない、核兵器だから核兵器だ。現に政府自身がイギリスやソ連、アメリカに対して核実験の中止の申し入れをなさったり、あるいは実験の禁止についての国際的なアッピールをなさっておる。書面を見ましても、これは当然のごとく核兵器々々という言葉を使っておられるじゃありませんか。にもかかわらず今ここで質問をすれば、一がいに核兵器といってもその内容はいろいろだ、というきわめてぼやかした御返事しかいただけないということは、私ははなはだ不満なんだ。その点について政府あるいは総理大臣は、核兵器々々と口ぐせのように言っておられる。その核兵器というものはどういうものを言っておられるか、その点をはっきりしていただきたい。

○岸首相：私どもが強く諸外国に向って、ことに英、米、ソ連に向ってその実験の禁止を要望しておるのは、言うまでもなく原水爆と一般に言われておる、今実験をやろうとしておるが、そういうものでありまして、そういうものに対する何については、私どもは強く反対をし、またそういうものを持つということは、日本の自衛隊に許されないということにおきましては、私どもは秋山君のお考えと同一な考えを持っております。しかしずいぶん誘導兵器の研究を自衛隊においてもいたしております。しかしその誘導兵器がことごとく核兵器であるかどうかということについては、これはずいぶん議論があるようであります。私はそういうような、今自衛隊で研究をしておるような誘導兵器を研究をし、あるいはそのうち日本の自衛力のために持つというようなことは、これは決して憲法に違反しておると、こういうふうには見ておらないのであります。

○秋山議員：私の質問しておるのは、自衛隊がたとえばエリコン誘導弾なるものの研究をやるということとは別の問題なんです。これは核兵器そのものについての質問をしておる。だから今日まで総理大臣以下核兵器には絶対反対だ、現にマクミラン首相に対する書簡においても、核兵器の生産、使用及び実験、とにかく一切を禁止すべきだという呼びかけをやっておられるわけなんです。にもかかわらずそういう呼びかけの裏にはただし書きがついておって、ただし自衛の範囲内なら、あるいは攻撃的でない、きわめて小型の防御的なものなら、日本さえも、世界に例のないと言われておる平和憲法を持っておる、その日本の平和憲法からでさえもあえて違反じゃないというようなただし書きがついておるようなことでは、これはもう政府がいかに口で核兵器の生産、使用、実験を行うのをやめろということを世界に訴えられたところで、これはただ今の国民感情に対する私はジェスチュアにすぎぬ、あるいは外国に対しても単なる一時的の、思いつきの感情論にすぎないという結果に私はなるのじゃないかと思うのですが、その点はどうお考えなんですか。端的にお伺いしますが、自衛の範囲内ならば、あるいはきわめて小型のものならば、あるいは防御的なものならばというようにワクさえつけば、核兵器を用いてもあえて憲法違反ではないというようにお考えになっているのかどうか。

○岸首相：先ほど来お答え申し上げておりますように、この日本の憲法の精神は自衛ということに限られているのでありますから、従ってこの自衛のワク内において、いろいろな科学的の進歩と申しましても、われわれの持つところの兵器は制約されることは私どもは当然であると思います。そこで今御質問になっております、核兵器とこう称せられているところのものは、今発達の途上にありますので、いろいろな場合を予想しなければならないのでありまして、ただ核兵器という名前がつくから、原子力をどういう形において用いているものでもこれは一切いかぬ、というように窮屈に考えるということは、われわれがむしろ自衛力の増強について量より質ということを考え、われわれはやはりこの近代的科学技術の発達に即応した有効な兵器をもって、自衛を全うしなければならぬという見地から申しますと、今日われわれの普通に核兵器と考えられている原水爆やこれを中心としたようなもの、これはもっぱら攻撃用の性格を持っているものであると思いますが、そういうものを用いてはならないことはこれは当然でありますけれども、ただ言葉だけの観念でもって、核兵器と名前がつけばいかなるものもこれは憲法違反と、こういう法律的解釈につきましては、今私がお答え申し上げましたように、その自衛力の本来の本質に反せない性格を持っているものならば、原子力を用いましても私は差しつかえないのじゃないか、かように考えております。
○秋山議員：私は重大な御発言を今初めて聞くんですが、原子力を用いた兵器でも自衛の範囲内ならばかまわない、これはその通りなんですか。原子兵器を用いてもいいのですか、自衛ということならば。
○岸首相：私は科学の発達から見ますと、今火薬でいろいろなわれわれが一つの兵器を動かすとか、あるいは原子力で潜水艦が動かされるというような、一つのエネルギーとして原子力を使うというようなことが、今後発達についてはやはり予想されるであろうと思います。しかし今言っているように、一つのこの原子力それ自身がその破壊力といいますか、原水爆みたいなような形でなしに用いられる場合もあるんだろう、いろいろな発達の前途を考えてみると、ただわれわれがこの核兵器という、原子力が用いられるとか、あるいは誘導性の兵器であるとかというようなことでこれはきめられない。問題はわれわれがあくまでも自衛力の範囲であり、自衛力というワクを越えないということが、自衛権の範囲を越えないということが憲法の精神であって、やはりそういう意味における科学の発達というもの、技術の発達というものについてそれを一切制約するというものではなしに、自衛権という本来の本質ですべての兵器というものの性格をきめるべきものである、かように考えております。

上記のように、岸首相は、「自衛権の範囲内であれば、核兵器の保有が可能」との旨の発言をおこなっている。これは、四月二五日に、同委員会の場で、小滝彬・防衛庁長官によって示された政府統一見解――「現在、核兵器といわれているものは、原水爆が代表的なものであるが、その他のものも、伝えられるところによれば、多分に攻撃的性質を持つもののようである。そうとすれば、この種の核兵器をわが国がみずから持つことは、憲法の容認するところではないと考えられる」—と齟齬をきたすものであった。[*38] そのため、社会党は、五月一七日、内閣不信任決議案を提出したが、同決議案は、否決されてしまっている。

さらに、岸首相は、はじめての所信表明演説のなかで、「私は、国民大衆の理解と納得の上に立つ政治こそ民主政治の正しい姿であると信じますがゆえに、常に国民大衆と相携えて民族の発展と世界平和への貢献を期したいと念願してやまないものであります」と述べている。[*39] だが、その後の警職法（警察官職務執行法）や安保改定をめぐる岸首相の政治手法をみていると、その政権運営が、「民主政治の正しい姿である」、「国民大衆の理解と納得の上に立つ政治」とはほど遠いものであることがわかる。

（2）ジラード事件

岸政権が誕生した一九五七年の時点で、「米軍は、日本本土で四百五十七か所、合計百平方キロの施設を利用し、約一万七千人の陸上部隊を駐留させていた」。そのため、内灘事件や砂川事件など、「駐留米軍をめぐって数々の問題が起こっていた」のだ。[*40]

こうしたなかで発生したのが、ジラード事件である。この事件は、一月三〇日、ウィリアム・S・ジラード三等特技兵が、群馬県相馬ケ原の米軍演習場で薬きょうひろいをしていた女性（坂井なか）を射殺したことに端を発する。「軍の演習中、ジラードほか一名は、演習場内移動中の部隊に属する機関銃その他を守るよう命令を受けて演習場にいた際、たまたま弾拾いのため演習場内に立ち入っていた日本人婦人二名に空の薬莢を投げ与えてこれを拾わせ、さらに傍らの穴を指してその中に拾いに行くように誘い、婦人が穴の中にいる時、にわかに出ていけと呼号しながら、銃に備え付けの手榴弾発射装置に空の薬莢を詰めて発射し、婦人一名（坂井なか、四六歳）を死に至らしめた」のだ。[*41] もともと、この事件は、「それ自体においてはそれほど特異な内外の耳目をしよう動させるような事件」ではなかったようだ。だが、最終的には、「日米間の国際問題にまで発展してしまつた」のだ。[*42]

ちなみに、相馬ケ原の米軍演習場では、「前年の一一月には不発弾を持ち帰って分解しようとした親子二人が暴発で死亡、事件直前の一月中旬には砲弾の破片で青年一人が死んだ」経緯があった。しかし、「村人は『運が悪かった』というだけ」で、「薬きょう拾い熱は一向に衰えなかった」のだ。事実、「事件当日も、演習開始のころから六、七〇人が演習場内に入り、ある者は演習中の米兵につきまとい、ある者は散兵線の前に飛び出し、ある者は射撃直後のやけた軽機関銃の周囲に群がり、先を争って空薬きょう拾いに熱中していた。あまりの激しさに、演習がスムーズに行えず、危険になったため、米軍は午後から空包射撃に切り替えたほど」であったという。そのため、「米兵が射ったらしいが、演習中の事故で警察は手の出しようがない」との雰囲気が大勢をしめていたという。そうしたなかで、前橋地検の小縄快郎・検事が、「演習中といっても必ず米軍に裁判権があるわけではない」と論じ、「徹底捜査を主張した」のであった。[*43]

この事件をめぐって、米軍側は、「ジラードの行為は公務遂行中の行為であるとする証明書を出したが、日本側はこれに反証があるとし、三月六日この事件は行政協定にもとづく日米合同委員会に付託された」。同委員会の場において、「米側は、『ジラードの行為は命令の範囲に属する時間と場所の限界内の行為であるから、行為自体は甚だ適当を欠いているが、〝公務上〟の行為であり、従って米側に第一次裁判権がある』と主張」し、他方の「日本側は『ジラードの行為は与えられた命令の遂行の範囲を実質的に逸脱しているから、行政協定にいう〝公務遂行中〟の行為ではない。従って日本側が第一次裁判権を有する』」と述べたのであった。難航した議論のすえ、「五月一六日合同委員会は、以上の点における双方の立場は留保したまま、アメリカから『本件については裁判権を行使しない』との通告を日本側にすることとして解決することで合意が成立した」のであった。[*44]

このように、「アメリカはジラードの裁判管轄権を放棄する義務はなかったが、条約の手続きに従って自発的に放棄した」背景には、アイゼンハワー大統領が認めているように、「日本の裁判所の量刑は米軍当局のそれより一般的に軽かった」事実があげられよう。[*45] だが、多くの米国民の認識は、これとは異なっていた。米国民のあいだには、「真珠湾攻撃から連想される日本の野蛮性と、日本の裁判の公正さに対する疑義」があり、「日本はまだ野蛮で民主的な裁判制度をもたない後進国に映っていた」のだ。[*46] そのため、「合同委員会の決定が発表されると、被告を日本側の裁判に委ねることに対してアメリカ国内に強い反響があり、国防長官は五月一七日いち早く本件の詳細な再審査を行なうまで被告を日本側に引渡さないと声明」するまでにいたった。[*47] これに対して、「前橋地検は一八日深夜、ジラードを傷害致死罪で前橋地裁に起訴したが、ニューヨークタイムズが社説で『明白な失策であり、日本の世論に屈したもの』と国防省を非難、在郷軍人会が騒ぎ出し、ジラードの出身地であるイリノイ州議会が引渡反対を決議するなど、引渡反対の米国の世論は高まるばかり」であった。[*48]

ところで、このころ、岸首相の米国訪問が予定されていた。民主党のサム・レイバーン下院議長は、アイゼンハワー大統領に対して、岸訪米を中止するよう求めたという。だが、アイゼンハワー大統領は、これを拒絶した。その理由について、同大統領は、つぎのように語っている。すなわち、「わが国は日本との関係で新しい局面にはいろうとしていた。過去十八ヵ月に、日本は七十二ヵ国と政治的関係を回復していた。日本はまた経済的健康も取り戻していた。条件が変わってきたため、日本政府はアメリカとの関係で再調整を求めていた。極左の社会党は力を得ており、日本の新聞は左翼的論説を数多く掲載していた。ダグラス・マッカーサー二世大使は私にアメリカが日本と〝協力しなければ〟、五年以内に日本は〝間違った方向に進むだろう〟と判断していると報告した」からだ。そして、結局、アイゼンハワー大統領が、「岸訪米を計画通り進める決意」をしたのは、周知のとおりである。[*49]

こうしたなかで、「被告ジラードの家族から米連邦地方裁判所に対してジラードに対する人身保護令状発出請求の訴訟が提起された」のだ。これに対して、同裁判所は、六月一八日、「『人身保護令状はその理由がないとして発出を拒否するとともに、『被告はアメリカの軍法会議に付せらるべきであるから、その身柄を日本側に引渡すことを禁ずる』との判決を下した」のであった。[*50] 今回の判決は、「合同委員会の決定を尊重するというアメリカ政府の決定を実行不能にするものであり」[*51]、「裁判を楽観していた米政府は、窮地に立った。このままでは、行政協定が無意味になり、日本の世論を激高させ、日米関係が悪化する」おそれが多分にあった。そこで、米国政府は、「直ちに連邦最高裁に上告、巻き返しに出た」[*52]。

これを受けた連邦最高裁は、「暑中休暇を取り止めて緊急審理の末、七月十一日、安保条約及び行政協定は適法に成立したもので、本件に関する軍当局の裁量は右の条約、協定に規定された範囲内の適法の裁量であり、憲法上、法令上何らの障害は存しないとの決定をくだし、さきの連邦裁判所の判決を破棄した」のだ[*53]。ちなみに、「この判決は、関与した八裁判官の全員一致による意見だった。これで、ジラードを日本で裁く障害はなくなった」ことになる。だが、「引渡問題が裁判に持ち込まれることが伝えられたとき、ウィルソン国防長官が、わざわざ『日本は良い司法制度をもっている。われわれは、ジラードが公正に裁かれると思っている』と声明を発表したり、ウォーレン最高裁長官が、判決宣告後に『日本の裁判は極めて公正に行われるものと確信する』と付け加えた事実は、アメリカ人一般の日本の裁判に対する認識ぶり」を示している。しかも、「判決を伝えるアメリカ各紙は、みなトップ扱い。前橋地裁の河内雄三・裁判長の『公正な裁判を行う』という談話も大きく載った」のだ[*54]。これらの事実は、米国民がいかに日本の裁判制度に不信感をいだいていたかを端的に物語るものである。

さて、前橋地裁は、一一月一九日、ジラードの行為に対して、「わざわざタマ拾いを招き寄せてはこれを追い払うが如きことは到底公務の執行とは考えられない」し、「軽機関銃などの警備の任務の執行とはおよそかけはなれた主観的にも客観的にも何の関連もない全く被告人個人の一時の興味を満足させるための度を過ごした一つの悪戯としか考えられない」として、「被告人を懲役三年に処する。ただし、この裁判確定の日から四年間右刑の執行を猶予する」との判決をくだした[*55]。この判決をめぐって、日本国内では、「刑が軽すぎる」との声も聞かれたが、検察側は、一二月三日、控訴を断念している。

かくして、「日米の世論を一〇か月余にわたってわきたたせた事件に終止符が打たれ、ジラードは一二月六日、事件禍中に結婚した日本人妻、はる（旧姓末山）を連れて横浜港から米軍用船で帰国した」のであった。[*56] 同時に、「〝駐留軍の地位にかんする〟協定にたいする不当な攻撃は流産し、忘れられた」のであった。[*57]

ところで、近年公開された外交文書によれば、五月二一日に、ダグラス・マッカーサー二世駐日米国大使が、東南アジア訪問中の岸首相の首相臨時代理である石井副総理を訪ね、米国側が決定した裁判権の不行使の撤回を伝えたという。このとき、石井副総理は、即答を避けた。だが、翌二三日の夜になって、外務省から同大使のもとへ、「合同委員会の決定を『御破算』にすれば、『我国世論に与ふる影響測り知れず』」との回答がもたらされている。こうした動きにくわえて、駐米日本大使館の下田武三・公使は、二二日、石井副総理宛ての極秘公電を送り、「現在の国民感情の沸騰は完全に棚上げせられる」として、「公正なる世界法廷（国際司法裁判所）の判決を待つこと」（カッコ内、引用者補足）を提案しているのが注目される（だが、結局、外務省は、二四日の公電で、この提案をしりぞけている）。[*58]

いずれにせよ、「日米両国内ではげしい論議をまき起こしたこの事件が、その後の日本国内での基地反対闘争や安保体制批判の運動を高揚させる一要因となったことは否定できない」事実である。[*59] だが、同時に、この事件への対処をめぐる交渉のなかで、岸首相は、マッカーサー大使とのあいだで、堅固な信頼関係を構築していくこととなる。そして、その後の安保改定交渉にあたって、「岸はこれを最大限に利用することとなる」のだ。[*60]

3　安保改定の萌芽と日米関係

(1)　岸政権以前の安保改定の動き

周知のように、「日米安全保障条約の改定はかねてから日本政府にとっての懸案事項であり、改定への政府の動きが初めて具体化したのは鳩山内閣時代であった」[*61]。その意味において、一九五五年八月二九日〜三一日の三日間にわたっておこなわれた重光外相とジョン・F・ダレス国務長官との会談は、安保改定交渉の序曲と位置づけられよう。現に、その後、安保改定を実現する岸も、「そもそも岸さんにとって、安保改定というものを多少とも現実の問題として意識し始めたのはいつ頃からですか」との問いに対して、「総理になる前つまり鳩山内閣の幹事長（日本民主党）をしておったときに、実は安保改定のことを意識的に考えるようになりました。ときの外務大臣は重光葵さんでしたが、鳩山内閣は重光さんをアメリカに派遣するわけです。一九五五年の夏（八月）でした」と証言している[*62]。

だが、留意しておきたいのは、今回の重光・ダレス会談の最大の目的が、日米安保条約の改定交渉それ自体ではなく、国際連合への加盟をはたすためにも、「当時進行していた日ソの国交回復交渉、つまり日ソ関係をよくするということについてアメリカの了解を十分求めて、アメリカがそれについて誤解したり異論を持ったりすることのないよう説得すること」にあったという事実だ[*63]。そのため、この会談に同席した岸は、「誰も安保条約に触れるような演説が出るとは予想していなかった」と述べているし[*64]、河野一郎・農相も、「いまさらここで安保条約の改定をいきなり持ち出してみたところで、アメリカがこれを聞いて、それはよかろうというかどうか。さらにそのためにこの日米会談がうまく行かないことにでもなれば、われわれが意図した会談の目的にそわないことにもなる」と論じていた[*65]。

ところで、重光外相は、これ以前の段階においても、訪米を企図していた。それは、一九五五年四月のことであった。だが、重光外相のこの提案は、ダレス国務長官によって、しりぞけられた。というのは、「吉田〝親米〟政権から鳩山〝自立〟政権への移行は、アメリカにとって警戒すべき変化」であり、米国は、「日米安保体制というくびきをフルに駆使して、鳩山の自主外交路線を牽制」する必要にせまられていたからだ。「その端的な現われ」として、重光外相の希望が受け入れられなかったというわけだ[*66]。また、この点に関して、「ダレスは、重光外相が、ソ連からもっとよい条件をひきだすための手段として、米国との安保条約改定の可能性をもちいようとし、その一方で、米国からうまみを得るための材料として、ソビエト側との交渉の脅威をふりかざしていると疑っていた。その結果、一九五五年四月に、重光がソビエト側との会談の直前に、ワシントン訪問を願いでたとき、ダレスは同氏との会見を断った」と述べる識者もいる。[*67]

その後、米国側は、八月二九日〜三一日の重光・ダレス会談の設定に同意した。ダレス国務長官との会談にのぞむ重光外相の基本的スタンスは、どのようなものであったのか。外交史家の坂元一哉氏によると、「重光の基本認識は、吉田が結んだ安保条約は不平等条約であり、国民の独立心を傷つけ、日本の保守政治を不安定にし、日米協調発展の妨げになるというもの」であり、「吉田が結んだ安保条約の問題点である国民の独立心との折合いの悪さを、安保改定によってきっぱり是正しよう」と考えていたようであった。[*68]

そこで、会談の席上、「米国から安全保障条約改定の約束をひきだすことに、みずからの名声をかけていた」重光外相は、[*69]「安保条約が非常に不平等であること、日本側としては条約を対等なものに直したいということをダレスを前にして発言した」のだ。この重光外相の提案は、ダレス国務長官にとって、「意外だった」ようで、同長官は「ほとんどそれを取り上げなかった」。要するに、「日本の現在の状況からいって、アメリカとの間に対等の安保条約を結ぶなんて、日本にそんな力はないではないか、といって噛んで吐き捨てるようにダレスが答えた」のであり、同長官は、「木で鼻をくくるような無愛想な態度で重光さんの提案を一蹴したわけ」であった。[*70]

このように、ダレス国務長官が、重光外相の提案に応じようとしなかった理由について、前出の原教授は、「日本における防衛努力の不足」と「日本の憲法が海外派兵を許さず、日米対等の相互防衛条約を不可能にしているということ」の二点をあげている。[*71] 事実、前者に関して、「今は日本は自衛力を保有している」と述べた重光外相に対して、ダレス国務長官は、「その自衛力は適切ではない」と断じていたのだ。また、後者についても、重光、ダレス、両氏のあいだで以下のような会話がくりひろげられたという。[*72]

ダレス：日本は米国を守ることができるか。例えばグアムが攻撃された場合はどうか。
重光：そのような場合は協議すればよい。
ダレス：日本の憲法は日本自体を守るためにのみ防衛力を保持できるというのが、その最も広い解釈だと考えていた。
重光：しかり。自衛が目的でなければならないが、兵力の使用について協議できる。
ダレス：憲法が許さなければ意味がない。
重光：自衛である限り協議ができるとのわれわれの解釈である。
ダレス：それは全く新しい話だ。日本が協議によって海外出兵できるとは知らなかった。
重光：日本は海外出兵についても、自衛である限り協議することはできる。日本がこれを承認するか否かは別である。

上記の両者の会話をみるかぎり、「日本国憲法における海外派兵の禁止を熟知しているダレスの応対」は、「重光のこの無謀なまでの発言をむしろたしなめるかのようであった」といってよい。[*73]

これらの理由にくわえて、ダレス国務長官が、重光外相に対して、手厳しい態度をとった背景には、同長官のつぎのような認識も関係していた。すなわち、「根本的な問題は、今度の交渉で、譲歩をして、われわれが鳩山政権に政治生命をあたえたいと思うほど、同政権が強固であるかどうかだ。万一、近い将来、同政権が崩壊しそうであるのなら、われわれは、明らかに、賭け金をひきあげる次期政権と対峙するだけで、弾薬をつかいはたす意味がない。かつて、われわれが吉田にしたのとおなじように、慎重にことをはこぶのがのぞましいかもしれない」というものである。[*74]

さて、この光景を目のあたりにした岸は、どのような感想をもったのであろうか。同氏によれば、「私は、ダレスのいうこともっともだと思いました。日本はやはりみずからが自分の国を防衛する建前をもって自立していかなければならないし、防衛力自体を強化していかなければならないと感じました。しかし、いくら防衛力を強化したって、ソ連に対抗するだけのものを日本単独で持つということは、これは不可能ですよ。また、そんなことをすべきでもない。やはり日米安保体制を合理的に改めなければならない。その前提として日本自身の防衛という立場を強化するとともに、日米安保条約を対等のものにすべきだ、という感じをそのとき私は持ちました」とのことだ。[*75]

だが、前出の坂元氏によれば、この会談に対する重光外相自身の評価は、岸のものとは異なり、かなりたかいものであったという。[*76]それは、会談終了後の共同声明のなかに、以下の文言がもりこまれたからのようである。[*77]

日本が、できるだけすみやかにその国土の防衛のための第一次的責任を執ることができ、かくて西太平洋における国際の平和と安全の維持に寄与することができるような諸条件を確立するため、実行可能なときはいつでも協力的な基礎にたつて努力すべきことに意見が一致した。また、このような諸条件が実現された場合には、現行の安全保障条約をより相互性の強い条約に置き代えることを適当とすべきことについても意見が一致した。

坂元氏の指摘によると、この共同声明のなかにある「西太平洋」ということばをはじめに提起したのは、重光外相であったという。実際、「会談前に国務省が準備していたと思われるアメリカ側の共同声明案には、『西太平洋における』という記述も、また相互防衛条約への言及もない」のであった。要するに、「重光は、一般的な意味で、安保条約を相互的なものにしたいのなら西太平洋の安全ぐらいには貢献できるように努力せよ、と一方的に説教されて帰ってきたわけではなく、自分自身の具体的な改定案の方針をダレスに提示し、その方針の一部を

『西太平洋における……』というように抽象的な形ながら共同声明に盛り込ませ、『より相互性の強い条約に置き代える』という言葉を引き出すことに成功したのである。そのことが重光のかなり強気な自己評価の根にあった」わけだ。[*78] この文脈において、「日米関係を本当に基礎のある、将来に向って変らないような強固な基盤をもったものにするには、アメリカ軍が日本内地で勝手気儘な振舞いをしているようではいかん」との考えにもとづき、[*79] 安保改定を交渉のテーブルにのせようとした重光外相の対応には、評価すべき点もみられる。

なお、当初発表された共同声明の文言は、「日本ができるだけすみやかに祖国防衛の第一義的責任を負い、かつ西太平洋における国際の平和と安全の確保に貢献しうるような諸条件を、実行可能な協力的基礎に立って確立するため努力すべきことについて意見の一致をみた。さらに、このような諸条件が実行された場合には、現行の安保条約はさらに相互的性格のものにおきかえることが適当である旨意見の一致をみた」と記されていたようだ。この一節をめぐって、米国側では、「日本は将来の海外派兵を約した」との報道がなされ、物議をかもすこととなった。そして、「駐米日本大使館は共同声明の仮訳文訂正という苦肉の策をとり、『声明中の〝かつ〟は、英文では〝アンド〟であり〝かくて〟と訳するのが正しい。つまり前半の〝祖国防衛の第一義的責任〟に重点があり、そのための自衛力増強をすれば、それが結果として後半の〝西太平洋の防衛分担〟となるという意味である』と説明」し、この状況をきりぬけたという。[*80]

ところで、この会談によって、保守合同がうながされたという点は、特筆されよう。「アメリカに対して保守合同を説明するため」[*81]、訪米団にくわわった岸幹事長は、重光・ダレス会談に同席し、「長官が現在の安保条約は暫定的なもので適当な時期には更改すると言われたことに感謝する。国民生活、経済生活の安定が第一。強力な安定政権が必要で、真剣に保守合同に努力している。これが完成すれば経済計画を推進でき、経済力の増進に応じて自衛力の増強も可能となる。そうなれば当然、米軍撤退や現行条約改正も可能となる」と述べ、保守合同へ向けての意気ごみを米国側に披露したのであった。[*82]「米ソ冷戦激化のなか共産主義にたいする防壁としての『強い日本』を要求」したダレス国務長官にとって、岸の決意表明は歓迎すべきものであり、「『強い日本』を構築するための『強い保守』、すなわち保守合同による保守単一政党結成への期待を岸らに直接表明した」。そのダレス国務長官のことばを受けた岸幹事長は、帰国直後から、「それまで三木（武吉）・大野会談で了解されていた『総裁公選』を一蹴するかのように、『鳩山初代総裁』、『年内合同』という思い切った独自構想を打ち出していった」。こうした岸の動きは、「アメリカ側から『保守合同』支持の追い風を受けた彼の昂然たる自信のあらわれ」以外のなにものでもない[*83]。かくして、一九五五年一一月一五日、保守合同が実現し、自民党が誕生する。

最後に、「この時期、日本の多くの政治家がそうであった」ように、「外国の政治家にはほとんど知己がなく、国際的には全く無名だった」岸が、今回の訪米で、「初めてアメリカの首脳部との折衝ができたことは、二年後の岸内閣下で展開される安保改定に至る岸外交の出発点として、注目すべき出来事」であったことを付言しておく[*84]。

(2) 岸・アイゼンハワー会談

(a) 訪米のための「御土産」

周知のとおり、「岸外交の基本方針が『自主外交』であり、その目玉が対米不平等条約、つまり日米安保条約と行政協定の改定にある」ことは、明白であった。そのため、総理就任後、「すぐにも訪米して安保改定を申し入れたいのが岸の本音であった」にちがいない。だが、岸首相は、「事を急がず慎重に構えた」のだ。それは、かつて、重光・ダレス会談に同席した際に、「安保改定を切り出し、冷たくあしらわれた経過を承知していた」からにほかならない。「そこで岸は五七年五月、とりあえず東南アジア六カ国訪問の旅に出る」（傍点、引用者）ことを決意した[*85]。

岸首相自身、この点について、「私は総理としてアメリカへ行くことを考えていた。それには東南アジアを先きに回って、アメリカと交渉する場合に、孤立した日本ということでなしに、アジアを代表する日本にならなければいけない、という考えで行ったわけです」と語っているし[*86]、べつの機会にも、「私がアメリカに行くには、非常に準備したんですけれども、現職の総理がアメリカへ行くその前に、東南アジアを回って、とにかく『アジアの日本』というものをバックにしたいという考えがあった」と言明している[*87]。このように、「岸首相のアジア訪問外交の狙いの一つが来るべき対米交渉のための有効な布石を打つことにあった」のはもちろん、「岸訪問旅行の他の一つの目的が、『神武景気』を迎えて好調の日本経済の海外市場開拓の努力にあったことも明白であった[*88]」。

五月二〇日に羽田空港を飛びたった岸首相は、ビルマ、インド、パキスタン、セイロン、タイ、中華民国の六カ国を歴訪し、六月四日に帰国した。この東南アジア六カ国訪問に際して、岸首相は、「東南アジア開発基金構想」を提示した。これは、「対米自主を獲得するためには不可欠の条件」であり、「アジア・ナショナリズムを尊重しつつ、反共を基礎として東南アジアを一つの経済圏につくりあげようという構想であった[*89]」。ここで、「岸におけるアジアへのこうしたアプローチが、日本を盟主とするかつての彼の『大東亜共栄圏』思想ないし『大アジア主義』と必ずしも矛盾するものでないこと」には、留意しておく必要があろう[*90]。

では、岸首相のこのアイディアは、好意的に受けとめられたのであろうか。岸首相によれば、「当時の日本はまだそれだけの実力を持っていないから」、このアイディアに対して、東南アジア諸国は、「一つの構想としてだけ受け取った」（傍点、引用者）にすぎなかったようだ[*91]。しかも、「インドやビルマは、開発基金の受け入れが政治的なヒモつきとなると警戒的だった[*92]」。

なお、岸首相は、その後、一一月一八日から一二月八日にかけて、南ベトナム、カンボジア、ラオス、マラヤ、シンガポール、インドネシア、オーストラリア、ニュージーランド、フィリピンの九カ国を公式訪問している。

さて、「東南アジア歴訪で訪米のための外交面での布石を終わった岸首相には、国内でまだ整えなければならない条件が残されていた[*93]」。それは、訪米をひかえた岸首相が、「日米安保条約改定という大きな課題を前に、日本の『国防方針』と『第一次防衛力整備計画』という〝おみやげ〟をカバンに入れておかねばならない」というものであった。[*94]

東南アジア歴訪の出発日（五月二〇日）当日に閣議決定された「国防の基本方針」は、以下のようなものであった。[*95]

国防の目的は、直接及び間接の侵略を未然に防止し、万一侵略が行われるときはこれを排除し、もつて民主主義を基調とするわが国の独立と平和を守ることにある。この目的を達成するための基本方針を次のとおり定める。

一、国際連合の活動を支持し、国際間の協調をはかり、世界平和の実現を期する。

二、民生を安定し、愛国心を高揚し、国家の安全を保障するに必要な基盤を確立する。

三、国力国情に応じ自衛のため必要な限度において、効率的な防衛力を漸進的に整備する。

四、外部からの侵略に対しては、将来国際連合が有効にこれを阻止する機能を果し得るに至るまでは、米国との安全保障体制を基調としてこれに対処する。

こうして、「自衛隊の〝憲法〟とも言うべき」国防の基本方針を決定することにより、[*96]岸首相は、「アメリカに外貨借款を要請するための国内体制の整備を意図した」[*97]。ちなみに、この国防の基本方針は、いまなお『防衛白書』に掲載されている。その理由として、戦後政治の動向にくわしい北岡伸一氏は、「民主主義、国際連合、国際協調を重視し、愛国心の高揚、漸進的な防衛力の向上を掲げ、日米安保体制への依拠を明言するなど、今日にでも通用する内容だからである」と論じている。[*98]

くわえて、岸首相の訪米を直前にした六月一四日、国防会議で作成された、「第一次防衛力整備計画」＝「防衛力整備目標について」が、閣議了解されている。この内容は、下記のとおりである。*99

(一)「国防の基本方針」にしたがい、国力国情に応じた必要最少限度の自衛力を整備するため、さしあたり三三年度から三五年度(一部三七年度)までの三ヵ年につき、防衛力整備計画を策定する。

(二)この計画においては、陸上自衛隊については、三五年度末、最少限六管区隊、四混成団、自衛官一八万人、海上自衛隊については、三七年末艦艇約一二万四〇〇〇トン、航空機約二〇〇機、航空自衛隊については、三七年度末飛行部隊三三隊、航空機約一三〇〇機を整備することを目標とする。

(三)この目標は次の点に留意して作成された。

イ　各種新式武器については、自衛のため必要な限度で、当面研究開発の面に力を注ぐとともに、重要装備品について逐次その改善を図る。

ロ　装備品の整備については、国内生産によるもののほか、艦艇および航空機の一部をはじめ、なお相当部分につき米国からの供与を予定する。

(四)この目標は、内外情勢の推移等に伴って、随時再検討せられるものとし、特に科学技術の進歩に即応して、新式武器の研究開発の促進ならびに編成および装備の刷新を図り、もって防衛力の質的充実を期する。

(五)この目標の達成に当たっては、常に経済の安定を害しないように留意し、特に年次別の増勢については、財政事情を勘案し、民生安定のための諸施策との均衡を考慮しながら弾力的に決定する。

(六)防衛力の整備と相まって、防衛産業の整備について所要の措置を講ずる。

かくして、「日本の防衛計画の基本方針が決定され、最初の長期防衛計画も策定された」が、安全保障問題にくわしい田中明彦氏のことばをかりれば、その策定過程には、「日本の現実の安全保障という観点がほとんどみられない」。要するに、「一体何を脅威として、それにいかなる手段で対処しようとしているかの議論が、この過程でほとんどなされていない」のだ。これは、「岸の思考過程の中では、国防の基本方針にしても一次防にしても、何か具体的な安全保障上の脅威に対処するために必要だとみなされたのではなく、日米安保改定のための条件（日本にもやっとそれなりの防衛体制が整いつつあることをアメリカに示すという条件）として整備された」からであった。[*100]

（b）岸・アイゼンハワー会談

岸首相は、今回の日米首脳会談の目的をどこにおいていたのであろうか。岸首相の証言によれば、「占領は形式的には終わったが、実質的にはその残滓というか残った澱みたいなものが日本人の頭にあるんです。私はこう思ったんです。友好親善の日米関係を築くためには、いまいったような占領時代の滓みたいなものが両国間に残っていてはいかん。これを一切なくして日米を対等の地位に置く必要がある、ということです。いままでの占領時代の色を一掃して日米間の相互理解、相互協力の対等関係をつくり上げる、これがこの会談の目的であった」。そして、「こうした考え方の具体的問題として安保条約の改正と沖縄問題があった」わけだ。[*101]なお、この点に関連して、前出の田中氏は、「国の独立と他国との対等をシンボリックに示す必要と、国内における反基地感情が背景」となり、訪米する岸首相にとって、「日米安保改定自体も、日本にとっての新たな脅威が生じたから改定の必要があるというのではなく、独立の完成という象徴的な目的と、現在の安全保障体制（日米安保に依存する中で軽武装でいくという体制）および保守党体制に対する国民の支持を維持するという目的のために望まれた」と述べている。[*102]

ところで、一次防が閣議了解された日の『毎日新聞』に、「訪米の岸首相に望む」吉田茂・元首相の考えが掲載された。そのなかで、吉田元首相は、以下のように記している。[*103]

安保条約、行政協定の改正などについて意見が出ているようだ。しかしわたしは、これに手をふれる必要はぜんぜんないと信ずる。いまのままでのとおりで一向差支えない。条約を結んだ以上は互いに信頼をもって守ってこそ国際条約といえる。そうしてこそ国の信用は高まるわけである。安保条約をなぜ変えなければならないか。いかなる事情があるかというとなにも変わりはしない。共産主義国は依然として存在しているのだしそれが脅威であること確かだ。日本経済の基本方向も変わりはない。国と国との関係はそうネコの目のように変わるはずはない。条約というのは必ず対等かというと必ずしもそうではない。不平等の条約がたくさんある。たとえばアメリカとイギリスとの関係をみるがいい。イギリスはアメリカから資金の援助を受けている。またアメリカの兵隊はイギリスにいるけれどもイギリスの兵隊はアメリカにはいない。しかしながらいろいろな意味で今日は共同防衛、集団防衛の時代なのである。このような現実において、条約というものは対等のものもあるが不平等の条約もあって、それを結ぶことによって国の利益になるならわたしは喜んでその条約を結ぶ。下宿屋の二階で法律論をたたかわしているようなことで政治はやれない。

このように、「外交官である吉田にしてみれば、平和憲法の制約で相互防衛の義務を負えないのに、不平等性の改定を申し入れれば、米側から必ず代償を要求されることを予感しており、集団防衛の時代には、そのような危ない橋まで渡って不平等条約にめくじら立てること自体が時代おくれであるとの判断があった」ことがわかる。[*104]

ちなみに、岸首相は、吉田政権時に締結された日米安全保障条約について、つぎのように述べている。[*105]

戦後米ソ関係が悪化して昭和二十五年には中ソ同盟が締結され、日本及び日本の同盟国に対し中ソ両国は共同で軍事行動に出ることになった。このような情勢のなかで占領軍が引き揚げるとなると、日本は中ソ両国の前に丸裸で放り出されることになる。そうなったら日本はどうなるか、当時の吉田首相は非常に心配され、日本の防衛を一切米国に頼むことにした。それが日米安保条約で、独立したといっても国の基本である防衛を他国にお願いするという情ない話だが、当時としてはやむを得なかったのである。憲法でどんなに平和愛好を宣言しても、それで一国の安全が保たれると考えるような無責任、非現実的な総理大臣は世界中に一人もいない。

ただ、日本の方から頼んだ条約であるから米国が一方的に権利を行使して義務は何ら負わない形になったのは致し方なかった。米国は条約上日本防衛の義務がなく、彼らが必要とする基地についても日本政府の関与するところが少なく、思うままに勝手な行動ができることになっていた。米国にしてみれば「日本は自分を守るために何ひとつ犠牲を払わないのだから文句を言うな」という気持ちだったのであろう。

さて、六月一六日に羽田を発った岸首相は、ワシントンに「着いたその日（一九日）に、ホワイトハウスにアイゼンハワーを表敬訪問した」（カッコ内、引用者補足）。[*106] そして、その日の午後に、岸首相は、アイゼンハワー大統領とゴルフをおこなった。岸首相によれば、「これがその後の会談に非常に役立った」とのことである。[*107] というのは、「そういうことが着いた日にあったために、緊張した気持がほぐれて、翌日からの会議がスムーズにいった」からだ。[*108]

では、岸・アイゼンハワー会談の模様について紹介していこう。外務省の発表によると、一九日におこなわれた第一回目の会談では、「二時間に亘って防衛問題と安保条約問題、領土問題（沖縄問題）、東南アジア開発問題、通商問題一般および中共貿易問題等の議題について懇談した」とされる。[*109] また、このときの会談はおよそ一時間におよんだが、岸首相は、通訳の時間を入れて、「四十分ぐらい話した」という。[*110] 席上、岸首相は、「たとえ、日本国民の大部分が、米国に対して友好的であるとしても、これは、現在の状況がいつまでも継続するのに満足しているということをかならずしも意味するのではない」と述べ、安保条約の問題を切りだした。すなわち、「安保条約が調印されたときといまでは、状況が異なっている。当時、われわれは軍隊を保持していなかったが、いまや自衛隊がある。また、当時は、米国が防衛の全責任を負っていた。だが、いまでは責任分担をしている。さらに、われわれは国連の一員である。これらのちがいが存在するという事実によって、今回、両政府が当該条約を吟味することは正当化される」と。そして、再検討したい具体例として、岸首相は、①在日米軍の配備に関して日本側と協議すること、②安保条約になんらかの期限をもうけることをあげた。[*111]

最終的に、安保条約に関連するこれらの課題は、以下のように共同声明にもられた。[*112]

日米両国間の安全保障に関する現行の諸取極について討議が行われた。合衆国によるその軍隊の日本における配備および使用について実行可能なときはいつでも協議することを含めて、安全保障条約に関して生ずる問題を検討するために政府間の委員会を設置することに意見が一致した。同委員会は、また、安全保障条約に基いて執られるすべての措置が国際連合憲章の原則に合致することを確保するため協議を行う。大統領および総理大臣は、千九百五十一年の安全保障条約が本質的に暫定的なものとして作成されたものであり、そのままの形で永久に存続することを意図したものではないという了解を確認した。同委員会は、また、これらの分野における日米両国の関係を両国の国民の必要および願望に適合するように今後調整することを考慮する。

なお、岸首相は、この共同声明のなかで、「日米両国が、日米安保条約の改定に取り組むことを公式に確認した」ことについて、「私の政治生命をかけた大事業がこのときスタートした」と、のちに、述懐している。[*113] だが、周知のように、その後、設置された日米安全保障委員会は、「安保条約実施上の問題について話合うには適当な場であったとしても、条約改訂と云うような日米両国間の大きな外交問題を扱う場ではなかった」し、ましてや、

「安保改訂問題がこの委員会で議論されると云う様なことはなかった」のだ。したがって、「一九五七年六月に岸総理が口火を切った課題が、総理の大号令で具体的に動き出す迄にはなお一年余りの時間が必要であった」ことに留意する必要がある。[*114]

つぎに、領土問題について言及する。岸首相は、アイゼンハワー大統領に対して、「米国にとって、沖縄が有力な基地であるのを日本国民は知っており、極東の安全のために存在する基地に異を唱えてはいない」といいつつも、「しかしながら、それが軍事基地であるというだけの理由から、なぜ、米国が沖縄の政治的権限と施政権を保持する必要があるのかを日本人は理解していない。日本人は、沖縄が最終的に日本に返還されると思っている。だが、米国が施政権を有することの根拠は不明確であり、しかも、返還の期日が明らかにされていない」と述べた。また、小笠原諸島について、岸首相は、元島民の墓参の問題を提起している。[*115] そして、共同声明には、以下のような文言が記された。[*116]

総理大臣は、琉球および小笠原諸島に対する施政権の日本への返還についての日本国民の強い希望を強調した。大統領は、日本がこれらの諸島に対する潜在的主権を有するという合衆国の立場を再確認した。しかしながら、大統領は、脅威と緊張の状態が極東に存在する限り、合衆国はその現在の状態を維持する必要を認めるであろうことを指摘した。大統領は、合衆国が、これらの諸島の住民の福祉を増進し、かつ、その経済的及び文化的向上を促進する政策を継続する旨を述べた。

上記の「共同声明のくだりは、アメリカが沖縄への施政権を永久に保有するものではないこと、そしてアメリカが沖縄島民の生活水準向上に意欲をもつことを同国みずから日本に表明することによって、日本側の沖縄返還要求をひとまずかわそうとするものであった」(傍点、引用者)。このように、米国側が沖縄返還問題で厳しい態度をとったのは、「極東戦略における沖縄の価値に拘泥する同国軍部の見解を最も強く反映した」結果である。[*117] 事実、第二回岸・アイゼンハワー会談が開催された六月二一日に作成された統合参謀本部議長のための覚書には、「米国が沖縄にいつづける唯一の目的は、日本や他の自由諸国にとって死活的に重要な、極東の安全を維持するためである。極東に緊張と脅威の情勢が存在するかぎり、米国による沖縄管理は、つづけなければならない」との認識が明示されている。[*118] つまり、これは、「この時期の米国政府が一方で国務省を中心として沖縄に対する日本の関心を考慮しつつ、他方で陸軍省が米国による統治正常化のための制度的基盤を整備するという政策を展開していたこと」の一端を示している。[*119]

ところで、岸首相によれば、「沖縄に対する潜在主権の問題で最後の調整があった」ために、共同声明の発表は、予定より大幅に遅れてしまったとのことである。具体的には、「いままで沖縄における日本の『潜在主権』をアメリカ側が公式の場で、しかも首脳間で責任をもって表明したということはないんですよ。だから、共同声明という形でこれを入れることは、アメリカ側としてはなかなかの問題であったわけです。しかし今回、それを何とか公式の文書にしたんです。それからもう一つは、日本に『潜在主権』がある以上は、沖縄における民政に関連して日本政府は予算を計上する、という問題でした。ダレスはこういうんだ。アメリカ側が施政権をもっているのだから、日本政府は沖縄にこうして欲しいという希望があれば、それを取り上げるか取り上げないかはアメリカ側で決めるし、また必要があればアメリカ側で予算をつける、とね。これに対して私はこう主張しました。本来沖縄は日本側に主権があるのだから、しかもそこにいるのははっきり日本人である。そういう前提からすると、沖縄の民政について日本政府として知らん顔はできない。やはり日本政府としても、ある程度の予算を計上したい。これが私の言い分でした」というわけだ。だが、岸首相とダレス国務長官の意見のへだたりがなかなか解消されなかったため、「結局のところ、沖縄の問題については大統領に相談して決めようということになった」ようだ。そのため、二一日の岸・アイゼンハワー会談において、最終的な調整がはかられた。岸首相によると、アイゼンハワー大統領は、つぎのように語ったという。すなわち、「自分ではよく分からんが、法律的にはアメリカが施政権を持っているんだから、ダレス君のいうほうが正しいのではないか。しかし、岸君が日本政府を代表して日本国民の大変な期待を背にしてきているんだから、何か手土産ぐらいのことは考えてやったらどうなんだ」と。[*120]

では、東南アジア開発基金構想は、どのようにあつかわれたのであろうか。この構想をもちだした岸首相に対して、アイゼンハワー大統領は、「われわれの富は、無限というわけではない。東南アジアに経済援助をおこなうという計画は、支持できるが、現実的で実用的なものでなければならない」との苦言を呈した。[*121] これは、ダレス国務長官との会談においてもおなじような反応であったらしく、岸首相はつぎのように述べている。すなわち、「私はアメリカでダレスに、東南アジアの現実を大いに強調した」ものの、「東南アジアに対するアメリカの認識はまだあまりなくて、日本自身の経済力が弱かったことを考えれば、そういうことを発言するのはまだ早かった」と。[*122] 岸首相は、この構想が時期尚早であったため、米国側の全面的な支持を得ることができなかったと考えていたようであるが、現実には、同構想は、「カネはアメリカが出せ、使い方はオレに任せろという虫のいい考え」であったため、[*123] 米国側が好意的な態度を示さなかったのも当然といえよう。

このほか、共同声明には、以下の文言が明記された。[*124]

合衆国は、日本の防衛力整備計画を歓迎し、よつて、安全保障条約の文言および精神に従つて、明年中に日本国内の合衆国軍隊の兵力を、すべての合衆国陸上戦闘部隊のすみやかな撤退を含み、大幅に削減する。なお合衆国は、日本の防衛力の増強に伴い、合衆国の兵力を一層削減することを計画している。

これは、首脳会談でのアイゼンハワー大統領の発言――「われわれは、在日米軍の駐留によって、日本に関してだけでなく、米国に関しても問題が発生していることを認識している。われわれは、のぞまれないところにいようとは思わない。われわれは、米軍撤退の開始を考慮する覚悟ができている」―を受けたものである。[*125]同大統領のことばの背後に、前出のジラード事件が大きく影響していたことはまちがいない。アイゼンハワー大統領の回顧録には、以下のような記述がみられる。すなわち、「この事件（＝ジラード事件）はある一国の軍隊が他の国の領土に駐留するときどうしても避けられないまさつを再び示したものだった。私はフォスター（＝ダレス国務長官）に、論理的にいってなすべきことは日本からわが軍隊を撤退させることだといった。私としては日本に戦闘師団をとどめておく戦略的必要性を認めなかった。段階的な撤退を始めるのが賢明かもしれないともダレスにほのめかした。その後の会談で私は外国に駐留しているアメリカ軍―どうしても占領軍とみなされがちである―の数を減らす必要を重ねて強調した。撤退計画は直ちに実施された」（カッコ内、引用者補足）と。[*126]ちなみに、『ニューヨーク・タイムズ』紙は、この共同声明の文言に関して、「タイミングという点では申し分なかった」として、たかい評価をあたえていたことを付言しておく。[*127]

こえて、岸首相とアイゼンハワー大統領の二回目の顔合わせは、二一日に実現した。このとき、両首脳は、「二十分に亘り懇談し、今までの会談を概観して、所見を交換した」とのことである。[*128]

ところで、岸首相の訪米が実現した背景には、マッカーサー大使のはたした役割がきわめて大きいとされる。同大使は、すでに、二月二五日付の国務省宛の電報において、「岸はとても誠意があり、友好的である」点に注目し、「岸にとって可能であれば、大統領が五月の訪米を歓迎するであろうと、同氏に会って、非公式に知らせたい」と述べている。[*129]そして、マッカーサー大使は、三月一四日の岸首相との会談の席上、五月八日から一〇日までの訪米要請をおこなっている。[*130]さらに、四月一七日になると、同大使は、日本が中立主義に移行するのをふせぐためにも、「必要なのは、できるかぎり早急に、日本との関係をほかの同盟国とのような対等な基盤にもとづくものにする」ことであり、「合衆国政府が対日基本政策を根底から再検討すべき」ことをうながす内容の電報を国務省に宛てて送っている。[*131]

マッカーサー大使の尽力もあって、「安保条約に関する討議の開始をためらっていた」ダレス国務長官は[*132]、六月一二日、アイゼンハワー大統領に対して、つぎのような覚書を送付した。すなわち、「安保条約は、これまで日米関係の状況を十分に反映してきた。しかしながら、日本との関係の再調整を提案するイニシアティブをとり、現行の安保条約にとってかわるとわれわれの考える相互安全保障の取り決めに向けて作業することを岸氏に提示するときがやってきたと思う」と[*133]。

また、このとき、はじめて、「首相訪米に際して演出というか、PRをやった」といわれている。その例が、「アイクとゴルフを一緒にし、ヤンキー・スタジアムで始球式をするとか、それからどこかの大学から名誉学位をもらって演説をするとか」「『ニューズ・ウィーク』の表紙に登場するとか」である[*134]。この点については、岸首相も、「総理としてアメリカへ行くというのは初めてのことですから気になることがある。つまり例のないことだから、アメリカへの事前のPRということがある。前にも名前を出したのですがハリー・カーンがやってくれた。実際総理が海外へ出ていくということに対してのPRということは重要視したことですね。どういうふうにアメリカが印象をもつか、もたせるか、というようなことでね、平沢和重、私の伜や川辺君を別働隊でPRの仕事にまわしたのです。それはハリー・カーンの企画によるものでした」と述懐している[*135]。

ちなみに、岸首相が名前をあげた平沢和重氏によれば、「つまったスケジュールにこのゴルフの予定をはめ込むのはいろいろと苦労があった」ようで、「兎に角、三日間の滞在なのだから、重要会談その他、時間的にはめ込む餘地がないくらいぎっしりと予定がつまっていることだし、ゴルフは一種の遊びじゃないか、そういう不真面目なことじゃ、という意見もアメリカ側の一部にあり、日本側の一部にもあった」らしい。それにもかかわらず、両首脳のゴルフが実現したのは、アイゼンハワー大統領の〝鶴の一声〟があったからだという。この点に関連して、平沢氏は、「これは私の推察なのだけれど、アイクをしてそういう心境に至らしめたものは、くり返すようだが、ジラード事件の真最中といったような対日国民感情の悪化している情勢の中に訪ねて来た岸さんにいやな思いをさせてはいけない、これは俺のお客さんなのだ、これだけ俺がもてなしているんだから変な真似はしてもらいたくない―といった意味も含めた国民に対するゼスチュアでもあったと思う」と述べている。[*136]

それでは、今回の岸・アイゼンハワー会談をめぐっては、どのような評価がなされているのであろうか。

日米関係研究の第一人者である神谷不二氏は、つぎのような評価をくだしている。すなわち、「岸内閣以前の日米関係は何といっても、長い占領時代とそれに続く占領後遺症がまだ色濃く漂っている時代だった。支配者と被支配者、後見人と被後見人、保護者と被保護者、そういう日米上下の関係がすべての面にあった時代である。そうした関係に代って日米対等の関係をこれから作ってゆこう、そういう姿勢を打出したところに岸訪米の意味があった」と。[*137]

また、前出の原教授は、「この日米首脳会談は、第一に岸内閣の諸政策とりわけ『安保改定』へのきっかけを掴んだという意味で、第二に日米首脳間の個人的信頼関係を構築し得たという意味で、そして第三に『サンフランシスコ体制』打破という岸氏年来の戦後史的課題を、それも政治的、実務的手法でアメリカ側に投げかけたという意味で重要であった」と論じている。[*138]

このように岸・アイゼンハワー会談をたかく評価する意見がある反面、「アイゼンハワー大統領との首脳会談では、岸首相は沖縄の施政権の返還、小笠原島民の帰島、日米安保条約の改定および日米経済協力の推進などを要望したものの、安保条約の再検討のための日米委員会の設置を別にすれば、特にみるべき成果はなかった」（傍点、引用者）との手厳しい評価をくだす識者がいることにも留意する必要がある。[*139]

最後に、このときの会談の二つの〝副産物〟について、付言しておこう。その一つは、「岸首相がこの会談の際ダレス国務長官から、『国連安全保障理事会の非常任理事国に立候補しないか』と勧められたこと」であり、もう一つは、「首相訪米に同行していた福田（赳夫）党政調副会長が米国輸出入銀行から一億七千五百万ドル及び世界銀行から一億二千五百万ドル合計三億ドルの借款をとりつけることに成功したこと」（カッコ内、引用者補足）であった。[*140]

4 結び

ここで、岸政権に対する評価を紹介しよう。

政治学者の北岡氏は、「戦後の総理大臣を論ずる場合、岸信介を避けることは出来ない。保守合同、安保改定を始めとして、岸が戦後政治に残した足跡は間違いなく大きい」として、岸首相の役割をたかく評価している。[*141]

また、国際政治学者の花井等氏は、「岸信介首相といえば、新日米安保条約と安保闘争の混乱が思いうかぶが、池田勇人内閣以降に現実化する高度成長の時代、いわば経済発展が政治混迷を跳ねのけてしまう時代への基盤づくりを進めたことを忘れてはならない。この点の確認がとくに必要である」と力説し、経済面における岸首相の役割をたかく評価している。くわえて、同氏は、「戦前の商工省で産業合理化に取り組んだ統制論者で、商工官僚の雄ともいうべき岸信介」が、「戦後の復興からの高度成長への橋渡しとなったこの時期に国政を担った」事実に着目し、「偶然というにはあまりにも意味深い。まさに『歴史の舞台』と『社会的要求』が彼のために用意されていた」とまで述べている。[*142]

さて、日米首脳会談を終えて帰国した岸首相は、七月一〇日、内閣改造をおこなう。内閣改造にあたって、岸首相は、「新内閣の施政の具体的方針については、今後速かに決めたいと思うが、私は、常に国民の要望に耳を傾け、広く世論を聴き、施政に誤りのないことを期している。国民諸君の御協力と御鞭撻を期待してやまない」（傍点、引用者）との談話を発表している。[*143]だが、その後の警職法や安保改定をめぐる国会論議をみていると、岸首相の政治手法がいかにこの談話とかけはなれたものであるかがわかる。

いずれにせよ、「戦前の大国の栄光を取り戻すことが自分の使命」と確信してやまない岸首相は、[*144] 盟友の藤山愛一郎・外相とともに、一九六〇年一月一九日の日米新安全保障条約の調印、さらには同年五月二〇日の衆議院本会議場での強行採決へと突きすすんでいくのであった。

注

＊1 石井修「アイゼンハワー・ドクトリン」川田侃・大畠英樹編『国際政治経済辞典』(東京書籍、一九九三年)、九頁。なお、「当初からアイゼンハワー・ドクトリンがソ連の脅威を強調するあまり、複雑な中東の政治情勢を反映したものであるのかどうかを疑問視する声が多かった」点に留意する必要があろう(高松基之「アイゼンハワー・ドクトリン」株式会社 大学教育社編『現代政治学事典』(ブレーン出版、一九九一年)、三頁)。

＊2 ヘンリー・A・キッシンジャー著、岡崎久彦監訳『外交』(下巻)(日本経済新聞社、一九九六年)、一四九頁。

＊3 松岡完『二〇世紀の国際政治—二度の世界大戦と冷戦の時代—』(改訂増補版)(同文舘出版、二〇〇三年)、二四五頁。

＊4 仲晃・佐々木謙一・渡辺靖訳『アイゼンハワー回顧録 二』(みすず書房、一九六八年)、二〇一頁。

＊5 岩島久夫「ミサイル・ギャップ論争」川田・大畠編、前掲書『国際政治経済辞典』、六一四—六一五頁。

＊6 佐々木卓也「冷戦の変容とアメリカの蹉跌」佐々木卓也編『戦後アメリカ外交史』(有斐閣、二〇〇二年)、九一—九二頁。

＊7 松岡、前掲書『二〇世紀の国際政治』(改訂増補版)、二四四頁。

＊8 田中素香「欧州経済共同体(EEC)」川田・大畠編、前掲書『国際政治経済辞典』、六〇—六一頁。

＊9 長尾悟「欧州原子力共同体」大学教育社編、前掲書『現代政治学事典』、九七—九八頁。

＊10 仲・佐々木・渡辺訳、前掲書『アイゼンハワー回顧録 二』、一一二頁。

＊11 『朝日年鑑』(一九五八年版)、三三五頁。

＊12 外務省編『わが外交の近況』(一九五七年)、七—一〇頁。

＊13 岸信介・矢次一夫・伊藤隆『岸信介の回想』(文藝春秋、一九八一年)、一八〇—一八一頁。

＊14　同上、一五七頁。
＊15　石川真澄『戦後政治史』（岩波書店、一九九五年）、八〇頁。
＊16　万一、これらの数字をかなりひくく見積もったとしても、岸派で一億円、石橋派で六千万円、石井派で四千万円がもちいられたといわれる（渡辺恒雄『政治の密室』〔雪華社、一九六六年〕、三〇頁）。
＊17　内田健三『戦後日本の保守政治』（岩波書店、一九六九年）、一〇一頁。
＊18　升味準之輔『現代政治―一九五五年以降―』〔上巻〕（東京大学出版会、一九八五年）、三四頁。
＊19　石橋湛山「私の履歴書」日本経済新聞社編『私の履歴書』〔第六集〕（日本経済新聞社、一九五八年）、九四―九六頁。
＊20　冨森叡児『戦後保守党史』（社会思想社、一九九四年）、一一七頁。
＊21　原彬久編『岸信介証言録』（毎日新聞社、二〇〇三年）、一〇八頁。
＊22　大日向一郎『岸政権・一二四一日』（行政問題研究所、一九八五年）、三五頁。
＊23　岸信介『岸信介回顧録―保守合同と安保改定―』（廣済堂出版、一九八三年）、二八九―二九〇頁。
＊24　『朝日新聞』一九五七年三月一八日、一面。
＊25　三沢潤生「第五六代　第一次岸内閣―『石橋後継内閣』から『岸自前内閣』へ―」林茂・辻清明編『日本内閣史録五』（第一法規、一九八一年）、三八六頁。
＊26　「自民党支配と『六〇年安保闘争』―一柳東一郎氏―」国正武重編『戦後政治の素顔―記者の証言―』（近代文芸社、一九九七年）、八四―八五頁。
＊27　衆議院・参議院編『議会制度百年史―国会史―』〔上巻〕（大蔵省印刷局、一九九〇年）、七六六頁。
＊28　Michael Schaller, *Altered States: The United States and Japan since the Occupation* (New York: Oxford University Press, 1997), pp. 123-126.
＊29　藤本一美・浅野一弘『日米首脳会談と政治過程―一九五一年～一九八三年―』（龍溪書舎、一九九四年）、七四―七五頁。
＊30　『第二十六回国会　衆議院会議録　第十三号』一九五七年二月二七日、一〇一頁。
＊31　三沢、前掲論文「第五六代　第一次岸内閣」林・辻編、前掲書『日本内閣史録　五』、三八二頁。
＊32　『第二十六回国会　衆議院会議録　第十三号』一九五七年二月二七日、一〇一頁。

＊33　冨森、前掲書『戦後保守党史』、一二六頁。
＊34　升味、前掲書『現代政治』〔上巻〕、三九頁。
＊35　三沢潤生「第五七代　第二次岸内閣―対決に終始し新安保実現―」林・辻編、前掲書『日本内閣史録　五』、四〇五―四〇六頁。
＊36　三沢、前掲論文「第五六代　第一次岸内閣」林・辻編、前掲書『日本内閣史録　五』、三八八頁。
＊37　『第二十六回国会　参議院内閣委員会会議録　第二十八号』一九五七年五月七日、一―二頁。
＊38　『第二十六回国会　参議院内閣委員会会議録　第二十六号』一九五七年四月二五日、一頁。
＊39　『第二十六回国会　衆議院会議録　第十三号』一九五七年二月二七日、一〇一頁。
＊40　田中明彦『安全保障―戦後五〇年の模索―』〔読売新聞社、一九九七年〕、一六八頁。なお、慶應義塾大学教授の草野厚氏が指摘するように、ナショナリズムを背景とした、これらの反基地闘争によって、日米安保条約破棄を求める運動がまきおこり、安保改定の動きが促進された点にも留意する必要がある〔草野厚『日米安保とは何か―その成立から新ガイドラインまで―』〔PHP研究所、一九九九年〕、四一頁〕。
＊41　吉澤清次郎監修『日本外交史―講和後の外交Ⅰ　対列国関係（下）―』〔第二九巻〕〔鹿島研究所出版会、一九七三年〕、二七―二八頁。
＊42　『判例時報』〔第一三一号〕、四頁。
＊43　田中二郎・佐藤功・野村二郎編『戦後政治裁判史録　③』〔第一法規、一九八〇年〕、八五頁および八八―八九頁。
＊44　『朝日年鑑』〔一九五八年版〕、二〇七―二〇八頁。
＊45　仲・佐々木・渡辺訳、前掲書『アイゼンハワー回顧録　二』、一二七頁。
＊46　田中・佐藤・野村編、前掲書『戦後政治裁判史録　③』、九一頁。
＊47　吉澤監修、前掲書『日本外交史』〔第二九巻〕、二八頁。
＊48　田中・佐藤・野村編、前掲書『戦後政治裁判史録　③』、九一頁。
＊49　仲・佐々木・渡辺訳、前掲書『アイゼンハワー回顧録　二』、一二七頁。
＊50　『朝日年鑑』〔一九五八年版〕、二〇八頁。
＊51　吉澤監修、前掲書『日本外交史』〔第二九巻〕、二九頁。

＊52　田中・佐藤・野村編、前掲書『戦後政治裁判史録　③』、九三頁。
＊53　吉澤監修、前掲書『日本外交史』〔第二九巻〕、二九頁。
＊54　田中・佐藤・野村編、前掲書『戦後政治裁判史録　③』、九四頁。
＊55　斎藤真・永井陽之助・山本満編『戦後資料　日米関係』（日本評論社、一九七〇年）、八八―九一頁。
＊56　田中・佐藤・野村編、前掲書『戦後政治裁判史録　③』、九七頁。
＊57　仲・佐々木・渡辺訳、前掲書『アイゼンハワー回顧録　二』、一二九頁。
＊58　『朝日新聞』一九九四年一一月二日、七面。
＊59　三沢、前掲論文「第五七代　第二次岸内閣」林・辻編、前掲書『日本内閣史録　五』、三八九頁。
＊60　北岡伸一「戦後日本外交の形成―講和以後の吉田路線と反吉田路線―」渡邉昭夫編『戦後日本の形成』（日本学術振興会、一九九六年）、六七頁。
＊61　吉澤監修、前掲書『日本外交史』〔第二九巻〕、三〇頁。
＊62　原編、前掲書『岸信介証言録』、一二二頁。
＊63　同上、一二一頁。
ちなみに、鳩山一郎首相は、この訪米について、「誰か然るべき人物を訪米させ、私の本当の考え方を十分、米国首脳部に納得させることが必要であると考えた」と述べている（鳩山一郎『鳩山一郎回顧録』〔文藝春秋新社、一九五七年〕、一六二頁）。
＊64　岸・矢次・伊藤、前掲書『岸信介の回想』、一三一頁。
＊65　河野一郎『今だから話そう』（春陽堂書店、一九五八年）、九六頁。
＊66　内田、前掲書『戦後日本の保守政治』、一一七頁。
＊67　Schaller, *op. cit., Altered States*, p. 114.
＊68　坂元一哉『日米同盟の絆―安保条約と相互性の模索―』（有斐閣、二〇〇〇年）、一四一頁。
＊69　Schaller, *op. cit., Altered States*, p. 114.
＊70　原編、前掲書『岸信介証言録』、一二一―一二二頁。べつの回想録においても、岸信介首相は、このときの模様について、「ダレスは噛んで吐きだすように、重光君、偉そうなことを言うけれど、日本にそんな力があるのかと一言のも

とにはねつけたというのが実状ですよ」と、同趣旨のことを述べている（岸・矢次・伊藤、前掲書『岸信介の回想』、一三〇頁）。

＊71 原彬久『日米関係の構図—安保改定を検証する—』（日本放送出版協会、一九九一年）、三九頁。

＊72 『朝日新聞』二〇〇一年七月一六日、五面。

＊73 原、前掲書『日米関係の構図』、四一頁。

＊74 *Foreign Relations of the United States, 1955-1957, Vol. XXIII, Part 1, Japan*, p. 87.

＊75 原編、前掲書『岸信介証言録』、一二三頁。

＊76 坂元、前掲書『日米同盟の絆』、一四二—一四三頁。

＊77 細谷千博・有賀貞・石井修・佐々木卓也編『日米関係資料集—一九四五—九七—』（東京大学出版会、一九九九年）、三四八—三五〇頁。

＊78 坂元、前掲書『日米同盟の絆』、一四七—一五〇頁。

＊79 岸・矢次・伊藤、前掲書『岸信介の回想』、一三一頁。

＊80 内田、前掲書『戦後日本の保守政治』、一一八—一一九頁。

＊81 中北浩爾『一九五五年体制の成立』（東京大学出版会、二〇〇二年）、二四三—二四四頁。

＊82 『朝日新聞』二〇〇一年七月一六日、五面。

＊83 原彬久『岸信介』（岩波書店、一九九五年）、一七五頁。

＊84 足立利昭『自民党人物風雲録—吉田茂から大平正芳まで—』（アス出版、一九八三年）、二三三—二三四頁。

＊85 冨森、前掲書『戦後保守党史』、一三一—一三二頁。

＊86 岸・矢次・伊藤、前掲書『岸信介の回想』、一六七頁。

＊87 原編、前掲書『岸信介証言録』、一三二頁。

＊88 三沢、前掲論文「第五七代　第二次岸内閣」林・辻編、前掲書『日本内閣史録　五』、三九〇頁。

＊89 樋渡由美「岸外交における東南アジアとアメリカ」近代日本研究会編『協調政策の限界—日米関係史・一九〇五〜一九六〇年—』（山川出版社、一九八九年）、二一六頁。

＊90 原、前掲書『岸信介』、一九〇頁。

＊91　岸・矢次・伊藤、前掲書『岸信介の回想』、一七三頁。
＊92　大日向、前掲書『岸政権・一二四一日』、八一頁。
＊93　自由民主党編『自由民主党史』（自由民主党、一九八七年）、二二三頁。
＊94　読売新聞戦後史班編『「再軍備」の軌跡』（読売新聞社、一九八一年）、四一二頁。
＊95　http://www.ndl.go.jp/horei_jp/kakugi/txt/txt01269.htm（二〇〇五年八月三〇日）。
＊96　読売新聞編、前掲書『「再軍備」の軌跡』、四〇八頁。
＊97　三沢、前掲論文「第五七代　第二次岸内閣」林・辻編、前掲書『日本内閣史録　五』、三九一頁。なお、財政経済政策への手直しを目的とした、「総合緊急対策要綱」も、これとおなじ文脈から、六月一四日に閣議決定されている（升味、前掲書『現代政治』〔上巻〕、四〇頁）。
＊98　北岡伸一『自民党―政権党の三八年―』（読売新聞社、一九九五年）、八三頁。
＊99　http://www.ndl.go.jp/horei_jp/kakugi/txt/txt01273.htm（二〇〇五年八月三〇日）。
＊100　田中、前掲書『安全保障』、一五九頁および一七二頁。
＊101　原編、前掲書『岸信介証言録』、一三六頁。
＊102　田中、前掲書『安全保障』、一七〇頁および一七二頁。
＊103　『毎日新聞』一九五七年六月一四日、一面。
＊104　冨森、前掲書『戦後保守党史』、一三四頁。
＊105　岸、前掲書『岸信介回顧録』、三二八頁。
＊106　岸・矢次・伊藤、前掲書『岸信介の回想』、一八一頁。
＊107　岸、前掲書『岸信介回顧録』、三三一頁。
＊108　岸・矢次・伊藤、前掲書『岸信介の回想』、一八二頁。
＊109　「特集二　岸総理の米国訪問」外務省編『わが外交の近況』〔一九五七年〕、一四頁。
＊110　『毎日新聞』一九五七年六月二〇日（夕）、一面。
＊111　*Foreign Relations of the United States, 1955-1957, Vol. XXIII, Part 1, Japan*, pp. 369-372.
＊112　「特集二　岸総理の米国訪問」外務省編『わが外交の近況』〔一九五七年〕、四五頁。

＊113　岸、前掲書『岸信介回顧録』、三二三頁。

＊114　東郷文彦『日米外交三十年』（世界の動き社、一九八二年）、四七頁。

＊115　*Foreign Relations of the United States, 1955-1957, Vol. XXIII, Part 1, Japan*, p. 372.

＊116　「特集二　岸総理の米国訪問」外務省編『わが外交の近況』〔一九五七年〕、四五―四六頁。

＊117　原、前掲書『日米関係の構図』、九八頁。

＊118　小笠原諸島についても、「戦略的な安全保障上の考慮から、今後は〝旧島民〟の移住や本土送還を許可すべきではない」との考え方が記されている（新原昭治編訳『米政府安保外交秘密文書―資料・解説―』〔新日本出版社、一九九〇年〕、六四―六五頁）。

＊119　河野康子『沖縄返還をめぐる政治と外交―日米関係史の文脈―』（東京大学出版会、一九九四年）、一五八頁。

＊120　原編、前掲書『岸信介証言録』、一四〇―一四一頁。

＊121　*Foreign Relations of the United States, 1955-1957, Vol. XXIII, Part 1, Japan*, p. 375.

＊122　岸・矢次・伊藤、前掲書『岸信介の回想』、一七三頁。

＊123　大日向、前掲書『岸政権・一二四一日』、八〇頁。

＊124　「特集二　岸総理の米国訪問」外務省編『わが外交の近況』〔一九五七年〕、四五頁。

＊125　*Foreign Relations of the United States, 1955-1957, Vol. XXIII, Part 1, Japan*, p. 374.

＊126　仲・佐々木・渡辺訳、前掲書『アイゼンハワー回顧録　二』、一一七頁。

＊127　*The New York Times*, Jun. 23, 1957, p. E8.

＊128　「特集二　岸総理の米国訪問」外務省編『わが外交の近況』〔一九五七年〕、一四頁。

＊129　*Foreign Relations of the United States, 1955-1957, Vol. XXIII, Part 1, Japan*, pp. 270-271.

＊130　*Ibid.*, p. 272. その後、四月四日の岸首相とダグラス・マッカーサー二世大使との会談で、六月の訪米が確定した（*Ibid.*, p. 274.）。なお、訪米の日程が変更になったのは、「日本側は五月一八日までは国会の会期中のため、六月を希望する旨を答えた」からであった（石丸和人『戦後日本外交史　Ⅲ―発展する日米関係―』〔三省堂、一九八五年〕、二二三頁）。

＊131　*Foreign Relations of the United States, 1955-1957, Vol. XXIII, Part 1, Japan*, pp. 277-279.

＊132　Schaller, *op. cit., Altered States*, p. 131.

＊133 *Foreign Relations of the United States, 1955-1957, Vol. XXIII, Part 1, Japan*, pp. 346-349.

＊134 後藤基夫・内田健三・石川真澄『戦後保守政治の軌跡』（岩波書店、一九八二年）、一五六―一五七頁。

＊135 岸・矢次・伊藤、前掲書『岸信介の回想』、一八一頁。なお、現実には、吉田茂首相が、一九五一年九月四日にハリー・S・トルーマン大統領と、そして、一九五四年一一月九日にドワイト・D・アイゼンハワー大統領と、米国において首脳会談をおこなっている（くわしくは、浅野一弘『日米首脳会談と「現代政治」』（同文舘出版、二〇〇〇年）を参照されたい）。

＊136 平澤和重「岸訪米の一演出者として―岸・アイク会談舞台裏のプロデューサーとして活躍した演出覚え書―」『文藝春秋』（一九五七年九月号）、八七頁。

＊137 神谷不二『戦後史の中の日米関係』（新潮社、一九八九年）、九六―九七頁。

＊138 原編、前掲書『岸信介証言録』、一〇九―一一〇頁。

＊139 藤本一美『戦後政治の争点―一九四五―一九七〇―』（専修大学出版局、二〇〇〇年）、一八四頁。

＊140 自民党編、前掲書『自由民主党党史』、二二五―二二六頁。

＊141 北岡伸一「岸信介―野心と挫折―」渡邉昭夫編『戦後日本の宰相たち』（中央公論社、一九九五年）、一二二頁（なお、北岡伸一氏によれば、「岸については、すでにいくつか優れた研究がある」ものの、「岸研究の決定版はまだ書かれていない」とのことである。その最大の理由として、同氏は、資料面の制約を指摘している。すなわち、「現在、多くの研究が、インタビューとアメリカの外交文書に依拠しているが、インタビューの方は客観性と信憑性に問題があるし、外交文書の方は、未公開部分が多く、とくに日本側文書はほとんど未公開なので、バランスの取れた研究は難しい」というわけだ（同上、一二二―一二三頁））。

＊142 花井等『戦後日本を築いた宰相たち―吉田茂から田中角栄まで―』（ネスコ、一九九六年）、九八―一〇〇頁。

＊143 内閣制度百年史編纂委員会編『内閣制度百年史』（下巻）（大蔵省印刷局、一九八五年）、三四七頁。

＊144 中村隆英『昭和史 Ⅱ』（東洋経済新報社、一九九三年）、四八八頁。

第3章

佐藤・ジョンソン会談

1 はじめに

佐藤栄作首相は、一九六五年八月一九日に沖縄を訪問した際、「沖縄が本土から分かれて二〇年、私たち国民は沖縄九〇万のみなさんのことを片時たりとも忘れたことはありません。本土一億国民は、みなさんの長い間のご労苦に対し、深い尊敬と感謝の念を捧げるものであります。私は沖縄の祖国復帰が実現しないかぎり、わが国にとって戦後が終わっていないことをよく承知しております」とすることばをのこしている。

このことばを嚆矢として、佐藤首相は沖縄返還に向けての動きを本格化させていく。佐藤首相のこの発言に対して、沖縄の祖国復帰運動のリーダーであった屋良朝苗氏は、「感慨深く聞いた。復帰はいよいよ近い、と思った」と述べ、佐藤首相の沖縄訪問を「とうとうたる大河となっていた」復帰運動の〝クライマックス〟ととらえていた。[*1]しかしながら、米国統治下の沖縄研究の第一人者である宮里政玄氏は、佐藤首相の訪沖の目的を〝本土と沖縄の一体化〟にあるとみた。ここでいう一体化とは、「沖縄の施政権返還を目指している」ものではなく、「沖縄住民が自由陣営の防衛のために、そして本土と沖縄自体の安全のために、『価値ある犠牲』をはらうことを意味した」というわけだ。それゆえ、佐藤首相は、那覇空港での演説において、「沖縄が極東における平和と自由を守るうえにおいて重要な役割を果たしていることをくり返し強調した」のであった。[*2]

これをみても明らかなように、佐藤政権下の沖縄返還をめぐる政治過程への評価は一様ではない。そこで、本章においては、上記のような認識をふまえつつ、佐藤政権と米国との関係について、沖縄返還を中心に論じてみたいと考えている。論述の順序としてはまずはじめに、佐藤政権誕生までの経緯を概観する。そして、総理に就任した佐藤首相の政策課題について言及する。つぎに、戦後の日米首脳会談終了後にだされた日米共同声明の文言をもとにして、佐藤政権までの沖縄返還をめぐる日米交渉の歴史を紹介する。つづいて、佐藤首相とリンドン・B・ジョンソン大統領による二回の首脳会談を軸に佐藤政権下の沖縄について検討をくわえる。最後に、日米関係の文脈から佐藤政権の意義について若干の私見を述べてみたい。

2 佐藤政権の誕生

(1) 池田から佐藤へ

一九六四年一〇月二五日、喉頭ガンのため病気療養中であった池田勇人首相は、辞意を表明した。この日は、同月一〇日から開催されていた東京オリンピックの閉会式の翌日であった。

ちなみに、池田首相は、一九六四年の春、満枝夫人に対して、「人間というのは、花道というものがある。人に惜しまれて辞めてゆくのでちょうどいいんだ。IMFとオリンピックを立派にやったら辞める。だれにもいっちゃいかんぞ」と述べていたとされる。[*3] くしくも、池田首相は、みずからのことばどおり、病におかされながらも、九月七日にはIMF東京総会開会式に、また一〇月一〇日には東京オリンピックの開会式に出席したのち、辞意の表明をおこなっている。[*4]

池田首相の辞意表明を受けて、後継者争いが本格化した。その選定に関しては、川島正次郎・副総裁と三木武夫・幹事長の二名が党内調整にあたり、それにもとづいて池田首相が後継指名をおこなうという手はずとなっていた。当時、自由民主党（以下、自民党と略記する）内で候補者として名前があがっていたのは、佐藤、河野一郎、藤山愛一郎の三名であった。だが、藤山は、財界からの反発がつよく、競争圏内からもれてしまう。また、河野に関しても、池田の〝恩師〟である吉田茂・元首相のつよい反対があったため、佐藤有利との空気が流れていた[*5]。そうしたなかで、河野は藤山との連合を模索する。しかし、前幹事長の前尾繁三郎（池田派）はこの案への協力姿勢を示さず、結局、「河野は佐藤と二人で決戦しなければならぬハメとなった。両者の支持勢力は四対六というかたちで、佐藤の優位は日ましに動かないもの」になっていったのである[*6]。

そして、一一月九日、川島副総裁と三木幹事長は病床の池田首相を訪ね、その後継候補として佐藤の名をあげた。これを受けて、池田首相は、佐藤を後継総裁に指名し、ここに四年四ヶ月におよぶ池田政権が幕を閉じることとなる。池田首相の側近の一人であった宮沢喜一氏のことばをかりれば、「池田内閣は六〇年安保の混乱を収拾し、所得倍増計画によって日本の経済大国への道をきりひらいた。しかし、沖縄返還や中国問題は解決することができなかった」のだ[*7]。周知のように、これら二つの未解決課題のうち、前者の沖縄返還が達成されるのは、池田のあとをおそった佐藤政権下においてである。

(2) 佐藤政権の政策課題

一九六四年一一月九日、佐藤政権がスタートした。これが、七年八ヶ月にもおよぶ長期政権のはじまりであった。政治評論家の多田実氏は、このときの印象をつぎのように語っている。佐藤政権の「発足時の姿は前政権の継承―党内融和第一の、個性を無理に殺した低姿勢そのものであった。その発足時のスタンスから、この佐藤内閣が、のちに沖縄返還を実現し、超長期政権として君臨する内閣になると予測した人は当時だれもいなかったといってよい」と[*8]。この指摘は、たいへん興味深いものである。もっとも、この点については、〝党人派〟の代表格であり、反佐藤の急先鋒でもあった河野が一九六五年七月に急死したことの影響が大きい。さらに、おなじ党人派の大野伴睦もその前年（一九六四年）五月にすでに世を去っていた。このように、「佐藤に敵対する強いライバルがいなくなった幸運」（傍点、引用者）があったことも、佐藤長期政権の一因といえよう[*9]。さらに、佐藤長期政権の背景として、吉田元首相という〝大きな後ろ盾〟の存在を指摘するむきもある[*10]。いずれにせよ、こうした諸要因の結果、カリスマ性にかけるといわれた佐藤が、皮肉にも戦後最長の政権を築きあげたのだ。[*11]

ところで、佐藤首相は、同月二一日の所信表明演説において、「新しい内閣に課せられた使命は、まことにきびしいものがあります。私は、当面、流動する内外の諸情勢に対応して、前内閣の諸施策を正しく発展させるとともに、長期的な展望のもと、急ぎつつも、あせらず、勇断をもって、国政を進めてまいりたいと存じます。ことさらに新しきを求め、国政の安定をそこなうがごときことは、私のとらざるところであります」と述べた。[*12] このことばからもわかるように、佐藤首相は官房長官ポスト以外の全閣僚を留任させた。官房長官には、鈴木善幸にかわって、自派の橋本登美三郎を登用した。このような佐藤の人事について、政治評論家の冨森叡児氏は、「喉から手が出るほどやりたい人事をあえて手をつけず、状況の熟するのを待つというのは、……佐藤一流の政治技術である」と述べている。[*13]

しかしながら、〝寛容と調和〟を基本姿勢とする佐藤首相は、この所信表明演説のなかで、つぎのようにも語っている。すなわち、「中国問題をはじめとする外交政策の樹立、日韓問題、ＩＬＯ条約の批准、経済成長に立ちおくれた社会開発の推進、物価問題など、当面、政府の解決すべき内外の重大な諸懸案が山積しており、政府は、国民の協力のもとに、全力をあげてこれらの解決に取り組んでまいる決意であります」と。[*14] これらの課題は、池田首相が「意識して避けていた政治的な問題」であり、佐藤首相は、「建前としては池田路線の踏襲であった」が、[*15]「〝何もしない池田政治〟との違いを実証する」ために、[*16] 諸問題の解決に向けて尽力したのであった。とりわけ、日韓問題、ＩＬＯ条約の批准は、就任から一年のあいだに解決がはかられた。そこで、それらの経緯について言及してみたい。

まずはじめに、日韓問題である。佐藤首相は、この問題に関して、おなじ所信表明演説のなかで、「日韓問題については、すみやかな国交正常化を望む両国国民大多数の願望を背景とし、将来にしこりを残さないよう、公正、妥当な内容をもって諸懸案の早期妥結に努力する方針に変わりありません。私は、日韓両国が相互に理解と信頼を深め、国交正常化が一日も早く実現できることを心から望んでおります」との方針を示していた。[*17]「国交正常化が一日も早く実現できることを心から望んでおります」とのことばどおり、一九六五年二月二〇日には、訪韓した椎名悦三郎・外相と李東元・外務部長官とのあいだで、日韓基本条約の仮調印がおこなわれた。そして、六月二二日には、日韓基本条約の正式調印が東京でなされたのであった。[*18] ちなみに、この日韓基本条約の締結までには、じつに一四年あまりの歳月が費やされており、そのあいだに開催された日韓間の会談は、首脳・実務レベルをあわせると、一五〇〇回を超えるという。[*19]

しかし、所信表明演説のなかにある、「将来にしこりを残さないよう、公正、妥当な内容をもって諸懸案の早期妥結に努力する方針に変わりありません」という部分に関しては、大きな禍根をのこしたようであった。すでに、佐藤首相自身、この点は織りこみずみであったようで、日韓基本条約が正式調印された日(六月二二日)の日記には、「然し批准国会ともならば一騒動か」と記している。[*20] この佐藤首相のことばどおり、一一月一二日の衆議院における日韓基本条約の承認と関係三法案の処理をめぐって、国会は紛糾する。当時、社会党は、同基本条約の承認によって、朝鮮半島が南北に分断されるとの論陣をはっていた。そうしたなかで、佐藤首相は、社会党の反対をおしきって、〝強行採決〟という手段を選択した。これについて、朝日新聞社政治部次長をつとめた堀越作治氏は、以下のように述懐している。若干ながくなるが、そのときの模様を鮮明に伝えているので紹介しておこう。すなわち、「実はその時、私は衆院本会議場二階の記者席にいた。突然、議長席のうしろのドアが開かれると、カメラのフラッシュを浴びた船田(中)議長が多数の衛視と自民党議員に担がれるようにしながら、どどっと入ってきた。議場は社会党席の怒号とこれに対抗する自民党の叫声で騒然とし、議長が何をいっているのか全く聞き取れない。ただ、上気した赤ら顔と、口がぱくぱくしているのが見えただけだ。それもほんの一分間だったろう。自民党席が何度か立ち上がったと思うまもなく『バンザイ』の連呼で一巻の終わりになってしまった。これはどういいつくろっても、『議会』などとよべるしろものではなかった」(カッコ内、引用者補足)と。[*21]

つぎに、ILO条約の批准に注目したい。佐藤首相は、はじめての所信表明演説で、「ILO八十七号条約については、できる限り早期に批准したいという政府の基本方針には変わりなく、目下関係案件の調整に努力しております」と述べている。[*22] ILO八七号条約とは、結社の自由および団結権の保護に関する条約のことであり、もともと一九五八年の春闘の際に解雇された全逓労組の幹部が、日本政府の行為が同条約違反にあたるとして、ILOに提訴したことに端を発している。当時の郵政省は、「解雇された組合幹部をかかえる全逓は、法律に違反する組合である」として、団交に応じなかったという。世界的な潮流からみて、佐藤首相自身、同条約の批准には総理就任以前から賛意を表明していたようだ。しかしながら、同条約を批准するためには、公労法や地公労法の改正が必要であった。だが、これらの法律の改正が、労働運動の激化につながることを懸念した自民党保守派は、同条約の批准に反対の立場をとった。そこで、佐藤政権は、在職専従者や管理職の範囲などに関して、厳しい条件を付した。これに対して、今度は、社会党の側から猛反発が生じた。結局、政府は、一九六五年四月一五日の衆議院ILO特別委員会で強行採決をおこなった。[*23]

ちなみに、この日の佐藤首相の日記には、「作戦をねった末、特別委員会でILO並に干係法案を、一括委員会通過。即ち本会議後四時過ぎ委員会を開く。議事に入る前に社会党の暴行で大橋（武夫）委員長負傷。大した事はないがやり方が気にくはぬので大げさにとりくむ。……社会党も最初の暴行で作戦たゝず、当方に泣きを入れ審議に入る体［態］勢をとる。そこですかしつゝ開会。直ち［に］採決。あっけにとられたまゝ全部終了。矢張り役者が揃ふとこんなもの。然し本会議はこれでは開けぬ。暫らく時間をかせぐ他ない」（カッコ内、引用者補足）との記述がみられる。[*24]

佐藤首相にとって、第三番目の課題が、農地報償法案のあつかいであった。これは、かつての戦後改革の一環としておこなわれた農地改革によって、土地を手放した旧地主層に対して、政府が補償金をだすという内容のものであった。社会党は、同法案をつよく非難していた。こうしたなかで、当該法案の審議過程でも、強行採決という方法がとられた。それは、一九六五年五月一三日の衆議院内閣委員会の場においてであった。委員会での強行採決翌日の佐藤首相の日記には、「国会、地主報償法案で内閣委員会が採決を強行し、その為社会党ともむ。一度は話がついた様だが、いざとなると矢張り党の面目があるらしい。然し委員会を終へた方が勝ち。今後は会期延長の問題あるのみ」（傍点、引用者）と記されている。[25] そして、会期延長に際しても、自民党の単独採決によって、決着をはかっている。これについて、佐藤首相は、「議長席に船田君ありて単独才［採］決ながら多数出席して延長を議決する」（一九日）と述べている。[26] この単独採決に関して、佐藤首相は、二〇日、「昨日の延期議決を巡り世評を気にしたが大した事はない」（傍点、引用者）と、いい放っている。[27] さらに、佐藤首相は、参議院で同法案が可決された二八日、「参議院で地主報償法案の中間報告遂に成立。多年の懸案次々に解決を見る。愉快なり」（傍点、引用者）と、日記に記している。[28]

このように、佐藤首相は、池田政権以来の懸案であった日韓基本条約の調印、ＩＬＯ八七号条約の批准および農地報償法の成立といった成果をあげていった。だが、これら三つの懸案を処理するにあたって、佐藤首相は〝強行採決〟という手段を選択した。そこには、佐藤首相自身がいだいていた信念――「多数党の政策が少数党の理不尽な妨害を受けて実行出来ないことは、民主主義の根幹を危うくする」――が大きく影響していたことはまちがいなかろう。[29] しかしながら、強行採決による国会審議での大混乱の責任をとって、当時の船田中・衆議院議長は、一九六五年一二月一九日、議長職を辞することとなった。これに関して、たとえば、前出の堀越氏は、「佐藤内閣になってから、与野党対決案件はすべて自民党の力による強行採決の連続で、もう野党側の議長不信が限界を超えていたのだ。佐藤という人は、信念をもった仕事師ではあったが、その目的達成のためには議長に犠牲を強いることなど全く意に介しなかった。かつて幹事長時代に、国会内に警官隊を導入してまで条約などを強行可決させた体質が首相になってもちっとも変わらないどころか、むしろ強まってきたようにさえ見える」と、痛烈な批判をあびせている。[30]

そして、佐藤首相＝「タカ派」の図式が恒常化していくこととなった。事実、佐藤首相は、これら三つの重大案件以外にも、国民祝日法を改正し、戦前の紀元節である二月一一日を建国記念日とすることにつとめた。こうした「相つぐ異例の多数決万能、強行づくめの国会運営の手法は、この政権に対して野党側に〝非民主的な権力型政権〟というイメージを強烈に植えつけ、保革対決を増幅していく原因となった」と指摘するむきもある。[*31]しかし、こうした佐藤首相の政権運営について、「池田政権のアンチテーゼの『実行内閣』であることを強く印象づけようとした」だけであって、「その後の佐藤政権は不思議に党内右派の期待にこたえていない」とし、その好例として、靖国神社法案をめぐる佐藤首相の「本気で強行突破を図ろうとしなかった」点をあげる識者もいる。[*32]いずれにせよ、「佐藤内閣は、実行性というプラス・イメージとともに、『高姿勢』、右寄りというマイナス・イメージをも抱え込むことになった」ことだけはまちがいない。[*33]

ところで、つぎつぎと懸案の処理にあたった佐藤首相ではあったが、所信表明演説のなかでもふれている、中国問題に関しては、大きな成果をあげることができなかった。もっとも、台湾派の佐藤首相の「周辺には、池田内閣の対中国政策を容共として批判する人たちが少なくなかった」ために、[*34]同政権下での中国問題の進展を期待するのは困難であったといえる。とりわけ、佐藤首相が、はじめての所信表明演説をおこなった一九六四年一一月二一日、第九回日本共産党大会に招待されていた彭真・北京市長の日本入国申請を拒否したことによって、この問題への期待は急速にうすれていくこととなった。さらに、一〇月一六日に、中国がはじめての核実験の成功を発表していたことも、事態を複雑にしていた。そのため、中国との国交回復は、つぎの田中角栄内閣の登場を待たねばならなかった。しかしながら、佐藤首相にとって、中国との関係改善のチャンスがなかったわけではない。それは、首相就任以前の一九六四年一〇月ごろのことであり、周恩来首相が第三国で会談をもつことに肯定的であるとの情報を佐藤派の久野忠治・衆議院議員をつうじて得たのである。だが、このころは池田首相の病気退陣説が流れていたこともあって、微妙な国内情勢をふまえたうえで、この好機をいかそうとはしなかった。佐藤首相の首席秘書官をつとめた楠田實氏は、この点に関して、「もし当時佐藤・周会談が実現しておれば、ニクソン政権のキッシンジャー外交とはまた違う意味で、日本の外交路線に大きな変化を与えたであろうということは疑うべくもないことである」と述懐しているのが注目にあたいする。[*35]

つぎに、内政面についてふれておこう。佐藤首相は、初の所信表明演説のなかで、「戦後二十年を迎えようとしている現在、国際社会と同様、国内社会も変動と転換の時期に差しかかっております。このような時期に国政を担当するにあたって、私は、人間尊重の政治を実現するため、社会開発を推し進めることを政策の基調といたします」との決意を披露していた。[*36] さらに、つづけて、同首相は、「経済開発と均衡のとれた社会開発は、福祉国家の建設を目ざす各国の共通の課題であります。経済と技術が巨大な歩みを見せ、ともすれば人間の存在が見失われがちな現代社会にあって、人間としての生活の向上発展をはかることが社会開発であります。経済の成長発展は、社会開発を伴うことによって国民の福祉と結びつき、真に安定し、調和のとれた社会をつくり出すことが可能であります。私は、長期的な展望のもとに、特に住宅、生活環境施設等社会資本の整備、地域開発の促進、社会保障の拡充、教育の振興等の諸施策を講じ、もって、高度の福祉国家の実現を期する考えであります」と述べ、「社会開発」の必要性を説いた。[*37]

このように、佐藤首相は、社会開発をキーワードとして、高度経済成長によって生じたひずみの解消をめざしたのであった。この社会開発の推進のために、佐藤首相は、一九六五年二月、各界から六三名もの有識者を集め、「社会開発懇談会」を発足させている。同懇談会は、同年七月に中間報告を、そして、一二月一日には最終報告書を提出している。同懇談会の作業のはやさからも、佐藤首相が社会開発にかけた意気ごみの一端をうかがい知れよう。しかしながら、社会開発懇談会の最終報告は、「大胆な政策提案は出ずに、無難な総論と総花的で平凡な具体的提案しか生み出しえなかった」のである。国際政治学者の高坂正堯氏は、この理由について、つぎのように語っている。すなわち、「超大型の懇談会が成果を上げないであろうことは、〝人事の佐藤〟であれば判っていたはずである。彼は沖縄の返還交渉のようになにかを実現しようと決意していたときには、そのような懇談会は作っていない。多分、佐藤はこの段階では官僚制を十分には掌握していなかったのかもしれない。少なくとも、彼の思考を助けるブレーンと官僚制をつなぐものがなかったように思われる。だから、重要施策だということで常識的に豪華スタッフからなる懇談会を作ったのではなかろうか」と。[*38]

以上、一九六四年一一月二一日の佐藤首相によるはじめての所信表明演説をもとに、同政権の特質の一端について述べてきた。ここで、留意しておきたいのは、この所信表明演説のなかに、「沖縄」という文字がいっさいみられないことである。では、佐藤首相が、ライフワークともいうべき沖縄返還を意識しはじめたのはいつごろからであろうか。次節においては、佐藤政権と沖縄返還のかかわりについて検討してみたい。

3 沖縄返還をめぐる経緯―日米共同声明をもとに―

(1) 佐藤政権以前の「沖縄」

(a) 吉田政権下の「沖縄」

佐藤政権下での沖縄返還問題をとりあげるのにさきだって、それ以前の政権において沖縄がどのように位置づけられてきたのかについて、日米首脳会談後に発表される共同声明をもとに概観する。

戦後第一回目の日米首脳会談は、吉田首相とハリー・S・トルーマン大統領とのあいだで、一九五一年九月四日におこなわれた。これは、「対日平和条約」締結を目的として開催されたサンフランシスコ講和会議の開会式終了後にもたれたものである。吉田・トルーマン会談は、両首脳のあいさつ程度のものであったとされ、具体的に沖縄問題への言及はなされていないとされている。[*39]だが、このサンフランシスコ講和会議の席で締結された対日平和条約・第三条には、「日本国は、北緯二十九度以南の南西諸島（琉球諸島及び大東諸島を含む。）、孀婦岩の南の南方諸島（小笠原群島、西之島及び火山列島を含む。）並びに沖の鳥島及び南鳥島を合衆国を唯一の施政権者とする信託統治制度の下におくこととする国際連合に対する合衆国のいかなる提案にも同意する。このような提案が行われ且つ可決されるまで、合衆国は、領水を含むこれらの諸島の領域及び住民に対して、行政、立法及び司法上の権力の全部及び一部を行使する権利を有するものとする」と規定された。しかし、周知のとおり、米国は沖縄を信託統治におくとの提案をせずに、結局、みずからの手で沖縄の統治にあたった。そのため、一九五二年四月二八日の同条約発効後、「一九七二年の沖縄返還まで、この日（四・二八）は沖縄の多くの人々にとって日本復帰の希望を表明する象徴的な日となっていた」のである。[*40] また、沖縄返還交渉にくわしい河野康子・法政大学教授は、「第三条の存在は講和条約に対し負のシンボルを与え、このことを通じて講和条約を機軸とする戦後外交そのものに対しても負のシンボルを与え続けたのである」と指摘している。[*41]

こうしたなかで、たとえば、一九五三年一一月には、リチャード・M・ニクソン副大統領が沖縄を訪れ、「アメリカは、共産主義者の脅威があるかぎり沖縄を保持する。沖縄を放棄することは、アメリカのアジア撤退と同然である」と発言している。このことからも、米国が沖縄を「キー・ストーン・オブ・ザ・パシフィック（太平洋の要石）」と位置づけていたことは明白である。[*42] したがって、このころ、沖縄返還実現の可能性は皆無に等しかったといわざるを得ない。

さて、戦後第二回目の日米首脳会談は、一九五四年一一月九日に吉田首相とドワイト・D・アイゼンハワー大統領とのあいだで開催された。首脳会談後に発表された共同声明では、「現下の国際情勢にかんがみての琉球および小笠原諸島の地位ならびに元島民の小笠原諸島復帰に関する日本の要望などについて検討が行われた」との み記されたにすぎなかった。[*43] この会談の前日、吉田首相は、ワシントンD．C．のナショナル・プレス・クラブで、米国記者団および外国特派員団の質問を受けていた。そのなかで、「沖縄や千島、歯舞を返還してほしいと思うか」との問いが投げかけられ、同首相は、「沖縄は現在米国が自由アジア防衛のため真に必要としているのを認める。かかる必要がなくなれば、必ずや返還されるものと私は信じている。千島、歯舞はソ連の手にあり、彼らも返還する意思は持っていないようだ。国交がないから交渉の手段がない」と応じた。[*44]

（b）岸政権下の「沖縄」

第三回目、第四回目の首脳会談は、岸信介首相とアイゼンハワー大統領のあいだでおこなわれた。第三回目の首脳会談（一九五七年六月一九・二一日）初日、岸首相は、アイゼンハワー大統領に対して、「日本人は、沖縄が最終的に日本に返還されると思っている。だが、米国が行政権を有することの根拠は不明確である。しかも、返還の期日が明らかにされていない」との不満を述べた。しかし、アイゼンハワー大統領は、これに関する明言を避けている。[*45] そして、この首脳会談終了後の共同声明には、「総理大臣は、琉球および小笠原諸島に対する施政権の日本への返還についての日本国民の強い希望を強調した。大統領は、日本がこれらの諸島に対する潜在的主権を有するという合衆国の立場を再確認した。しかしながら、大統領は、脅威と緊張の状態が極東に存在する限り、合衆国はその現在の状態を維持する必要を認めるであろうことを指摘した。大統領は、合衆国が、これら諸島の住民の福祉を増進し、かつ、その経済的及び文化的向上を促進する政策を継続する旨を述べた」との文言が明記された。[*46] なお、岸・アイゼンハワー会談にさきだって、日本側が事前に米国側に提示していた共同声明の案文には、「沖縄施政権の日本返還期日を十年後とし、住民の権利を尊重する」との文言が記されていたという。[*47] ところが、結局は、上記のような文言で日米間において決着がはかられた。このときの模様について、岸首相はつぎのように述懐している。若干ながくなるが、首脳会談の場でのやりとりが鮮明に伝わるので引用しておこう。[*48]

> 潜在主権ということを文書で明確にしたのは、この時が初めてです。私が記憶しているのは、ダレスと意見が一致しなかった問題があるんだ。それは、沖縄に対する日本の潜在主権は認めるが、沖縄の民生や、沖縄

県民の福祉について、日本政府もある程度予算を出して施策を講ずるという問題に対して、ダレスは施政権はアメリカにあるのだから、それは認められない、と言う。沖縄の民生の必要上、こういうことをしてくれということがあれば、日本がアメリカ政府に要求して、アメリカが相当だと思えば、われわれのほうの予算でやる、というわけです。
それで結局ダレスが、アイゼンハワー大統領のところで、その問題を決めようと言い出して、アイクのところへ行って話をしたんです。その時にアイクの言ったことが記憶に残っているんですが、俺は軍人だからよくわからんが、話の経緯では、どうも法理論的にいうと、ダレス君の言うほうが正しいように思う。しかし、日本の総理がせっかく来たのだから、多少理屈に合わなくても、色をつけてやらなければいけないんじゃないか、と言ったんです。それで結局は、ダレスが実際上私の主張を認めてくれた。ただ共同声明に出すのはいかんということで、事実問題としては私が日本に帰ってきて、わずかな金だったが、日本の予算のなかの何億円かを、沖縄県民の福祉に計上するようになったんです。

こうした米国側の対応について、前出の河野氏は、「岸内閣期に見られた沖縄に対する日本の関与は、その後に比べれば限定的なものであったことも事実である」としつつも、「沖縄問題に関する日米関係における転機であって、後に池田内閣期に本格化する日米協調政策への方向が岸内閣期に生じつつあったことを示唆するものであった」と評価している。[*49]
第四回目にあたる一九六〇年一月一九・二〇日の首脳会談は、日米新安全保障条約の調印を最大の目的としていたこともあり、会談後にだされた共同声明のなかには、「沖縄」という文言は記されていない。[*50]

(c) 池田政権下の「沖縄」

一九六一年六月二〇・二一両日の池田首相とジョン・F・ケネディ大統領による会談では、沖縄問題が話しあわれている。席上、池田首相は、日本側が沖縄の施政権返還を求める意図のないことを表明するとともに、現在の枠組みのなかで沖縄の住民の経済的な要望を満たすことが重要であると強調した。そして、沖縄の住民が本土復帰を求める動きの背景には、税負担の重さがあるとして、日本政府が財政援助をおこなうと述べた。これに対して、ケネディ大統領は賛意を表明したという。[*51] こうした議論を受けて、共同声明には、「大統領と総理大臣は、米国の施政権下にあるが、同時に日本が潜在主権を保有する琉球および小笠原諸島に関連する諸事項に関し、意見を交換した。大統領は、米国が琉球住民の安寧と福祉を増進するため一層の努力を払う旨確言し、さらに、この努力に対する日本の協力を歓迎する旨述べた。総理大臣は、日本がこの目的のため米国と引続き協力する旨確言した」と記されたのであった。[*52] また、このときの首脳会談において、池田首相は、「日本では、国内への核兵器のもちこみに対する反対がかなりつよい。それゆえ、米国が沖縄を核兵器のための基地として維持していく必要性を十分理解している」とも述べていたことは注目にあたいする。[*53]

池田・ケネディ会談から九ヶ月ほどたった一九六二年三月一九日、ケネディ大統領は、つぎのような声明を発表した。すなわち、「私は、琉球が日本本土の一部であることを認めるもので、自由世界の安全保障上の考慮が、沖縄が完全に日本の主権の下に復帰することを許す日を待望している。それまでの間は、すべての関係者が寛容と相互理解の精神で対処しなければならない事態にある。私は、アメリカがこの精神を表明し、琉球住民に対するアメリカの責任を今までよりも効果的に果たし、さらに琉球諸島が日本の施政下に復帰することとなる場合の困難を最も少なくするために、いくつかの特定の措置を取るよう指令した」と。そして、その措置として、①プライス法を改正し、六〇〇〇万ドル以内に制限されている琉球諸島への援助を拡大する、②米軍および琉球政府が雇用している琉球人に対する給与、公衆衛生、教育、福祉の水準を日本本土の相当地域のレベルにまで引き上げる、③琉球の経済開発のための借款資金を増額する、④琉球への援助供与に関する明確な取り決めを作成するため、日米間で協議を開始する、⑤米国がかならずしも保留しておく必要のない行政機能をいつ、いかなる状況下でいままで以上に琉球政府に委譲できるかを検討する、⑥琉球住民の個人的自由を不必要に制限していると考えられる諸統制について検討をくわえる、の六点が示された[*54]。また、この日署名された「琉球列島の施政に関する改定行政命令」によって、民生官が軍人から文民に、そしてこれまで高等弁務官による任命であったものが大統領による任命へと変更された。

その後、池田首相は、一九六三年一一月二五日に、ジョンソン大統領と会談をもっているが、これはケネディ大統領の葬儀に参列した際の「弔問外交」の一環であり、実質的な懸案に関する議論はなされていない。

(2) 佐藤政権下の「沖縄」

(a) 「Sオペ」と沖縄返還

佐藤首相が沖縄返還を意識しはじめたのはいったいいつごろからであろうか。その契機となったのが、一九六四年一月一五日にスタートした「佐藤オペレーション」(=「Sオペ」)とよばれる組織である。同組織は、もともと一九六三年七月の自民党総裁公選での佐藤候補の政策づくりをになうことを目的として発足したプロジェクトチームで、新聞記者、若手官僚、学者からなった。Sオペのキャップには、佐藤派きっての政策通といわれる愛知揆一・議員が就任した[*55]。そして、このチームが、「沖縄問題を日米間のパートナーシップの中でとらえて、日本は米国に対して沖縄問題を要望する。そのかわりに誠意をもって沖縄に関する特別の基地協定を遵守するという考え方を、このとき初めて具体的な政策課題にした」のであった[*56]。そして、この基本方針をもとに、五月五日、第一次討議報告書がまとめられた。そのなかで、沖縄問題に関して、「まず日米の交渉で、施政権返還を文書をもって正式に米国に要求する(いままでに、これが正式な文書で行なわれたとはきいていない)。沖縄問題は、米国の良心にとって痛い問題であり、米国の世界戦略としても沖縄保持の重要性は薄らいでいる。そのつぎの手続としては、日本の与野党間で了解をつけ、米国の各界に働きかけ、沖縄にかぎった日、米、琉の軍事基地協定を暫定的に結んで、沖縄の施政権返還を実現する段取りを検討する」との文言がもられた。だが、最終的に、六月二七日に発表された「明日へのたたかい」と題する綱領的文書には、沖縄についての記述が削除されていた。これは、「外交を国内政争の具にしないという判断からであった」という。[*57]

ところで、先述したように、一九六四年一一月二一日、佐藤首相ははじめての所信表明演説をおこなっているが、そこでは沖縄に関する言及がなされなかった。では、佐藤首相が総理就任後、国会内において、沖縄ということばをはじめて口にしたのはいつのことであろうか。[*58] それは、一一月二四日のことであり、社会党の成田知巳氏の質問―「総理は一昨昨日の所信表明で沖縄問題についてはただの一言も触れておられませんが、沖縄の人々のこの祖国復帰の運動にどのように力を尽くそうとしておられるのか、特に総理みずから現地視察におもむくらいの決意があってしかるべきだと思いますが、総理はいかがお考えでしょうか」―に対する答弁においてであった。佐藤首相の答弁は、以下のようなものであった。すなわち、「沖縄の問題につきましてるるお話がございました。大体所信表明にこの大事な沖縄を一言も触れないのはけしからぬというようなお話がございましたが、沖縄の松岡主席に私も会いまして、よく事情も伺い、また、基本的方針に何ら変わりのないことをるる説明しておきました。皆さま方も御承知のように、沖縄の潜在主権はすでにアメリカの認めておるところであります。できるだけ早期にこれが実現を期すべくわれわれが努力しておるのでございますが、今日、これを直ちに要求することが効果を生ずるやいなや、ここはとくと考えさしていただきたいと思います」（傍点、引用者）と。[*59] また、翌二五日の今澄勇氏（民社党）の質問に対しても、「沖縄の住民も、できるだけ早く、一日も早く祖国に復帰したい、かような念願を持っておられます。ただ、私は、ただいまの段階におきまして、あるいは経済的、社会的、あるいはその自治権の拡大等におきましてまず努力することが、将来日本への復帰を容易ならしめるものではないか、かように考えまして、予算的措置なども講じておるような次第でございます」（傍点、引用者）とだけ発言している。[*60] 佐藤首相による、これら二つの発言からは、当初、Sオペで考えられていたような「日米の交渉で、施政権返還を文書をもって正式に米国に要求する」というつよい決意は読みとれない。もっとも、政治家は公の場において本心をかくす傾向がある。とはいえ、野党側からの厳しい追及にもかかわらず、佐藤首相の答弁の内容が沖縄の施政権返還までつっこんでいない点をみると、佐藤首相がこの時期、沖縄返還を本気でみずからの政治課題にしようと考えていたとは断言しづらい。

(b) 第一回佐藤・ジョンソン会談

一九六五年一月一二・一三日、佐藤首相とジョンソン大統領による日米首脳会談が開催された。[*61] この会談の日程に関して、駐日米国大使をつとめたエドウィン・O・ライシャワー氏によると、佐藤首相は「できるだけ早いジョンソン大統領との会談を望んでいた」ようだ。だが、米国政府からは、「一九六五年六月までは日程が一杯」との回答があったため、ライシャワー大使が一九六四年一一月に「強硬な電報でもっと早い日取りを要求」した。その結果、一九六五年一月一二・一三両日に佐藤・ジョンソン会談がセットされることとなった。[*62]

かくして、同首脳会談では、「単に日米間の問題に止らず、広く世界一般、特に中国及びヴェトナムを中心とする問題について率直な討議が行なわれた。その結果、日米両国は、今後真の意味でのパートナーとして、世界、特にアジアの平和と繁栄のため、協調して努力するという新しい関係に入ることとなった」のだ。[*63]

懸案の沖縄問題に関しては、「大統領と総理大臣は、琉球及び小笠原諸島における米国の軍事施設が極東の安全のため重要であることを認めた。総理大臣は、これらの諸島の施政権ができるだけ早い機会に日本へ返還されるようにとの願望を表明し、さらに、琉球諸島の住民の自治の拡大及び福祉の一層の向上に対し深い関心を表明した。大統領は、施政権返還に対する日本の政府及び国民の願望に対して理解を示し、極東における自由世界の安全保障上の利益が、この願望の実現を許す日を待望していると述べた。両者は、琉球諸島の住民の福祉と安寧の向上のため、今後とも同諸島に対する相当規模の経済援助を続けるべきことを確認した。両者は、琉球諸島に対する援助に関する日米間の協力体制が円滑に運営されていることに満足の意を表明し、現存する日米協議委員会が、今後は琉球諸島に対する経済援助の問題にとどまらず、引き続き琉球諸島の住民の安寧の向上を図るために両国が協力しうる他の問題についても協議しうるように、同委員会の機能を拡大することについて、原則的に意見の一致をみた。大統領は、旧小笠原島民の代表の墓参を好意的に検討することについて同意した」という文言が共同声明のなかにもりこまれることとなった。[*64] つまり、米国側は、基地の軍事行動の自由が制限されない範囲において、沖縄に関する日米協議委員会の役割を拡大することを認めたのであった。[*65] しかしながら、日米協議委員会の役割が増大したといっても、このことは、同委員会の場において、沖縄返還問題が討議されるということを意味していない。要するに、日米協議委員会の役割拡大の最大の目的は、沖縄の現状維持であって、「沖縄の政治的問題が深刻化しないように日米両国が話し合って解決すること」にあったといえよう。[*66]

したがって、このときの首脳会談において、ジョンソン大統領は、わずかな譲歩しかしなかったというわけだ。[*67] それにもかかわらず、佐藤首相は、日本人記者団との会見の場で、沖縄問題に関して、「予想以上にというか、予想通りというか、とにかくうまく行ったと思っている」と述べ、満足の意を表していた。[*68] 事実、佐藤首相は、みずからの日記にも、「記者と会見、コムミニケについてなり。十三項目あるが何れに重点ありやに答へて、我方は沖縄、小笠原」と記しており、沖縄問題での前進を喜んでいたようである。[*69]

いずれにせよ、「政権をとってまだ日の浅いジョンソン米大統領と、政権を担当したばかりの佐藤首相との日米首脳のこの時期の顔合わせは、その後の佐藤長期政権の日米協調を基軸とする対外政策のいわば〝スタンス〟を決めるものとなった」ことも また事実である。[*70]

ところで、佐藤・ジョンソン会談終了後の一三日午後、ディーン・ラスク国務長官主催によるお別れ昼食会がおこなわれた。この席上、同長官は佐藤首相に対して、「沖縄はかへしてもいゝ」と述べたとされ、ラスク長官のこの発言は、注目にあたいする。[*71]

（c）沖縄返還に向けての動き（一九六五年〜一九六七年）

本章の冒頭で紹介したように、佐藤首相は、一九六五年八月一九日、沖縄を訪問し、「私は沖縄の祖国復帰が実現しないかぎり、わが国にとって戦後が終わっていないことをよく承知しております」とする有名なことばをのこした。そして、この沖縄訪問を契機として、佐藤首相が沖縄返還を本格的に意識しはじめるようになった[*72]。その証左に、佐藤首相は、沖縄から帰京した直後の閣議（二七日）で、沖縄の法的地位の検討を課題とする「沖縄問題閣僚協議会」の設置を決定した[*73]。しかしながら、同協議会は総理府総務長官を座長とするものであり、この段階では、佐藤政権において、沖縄問題は「最重要事項というよりも、総理府レベルの問題としてとどまった」といっても過言ではない[*74]。

こうした状況のなかで、ベトナム戦争がいちだんとエスカレートしていく。そのため、沖縄返還の実現の可能性がひくいとみた森清・総理府総務長官は、一九六六年八月一九日、アルバート・ワトソン高等弁務官との会談において、教育権のみの分離返還を提案し、さらに、九月一日には、私的諮問機関として沖縄問題懇談会（座長：大浜信泉・前早稲田大学総長）を発足させた。だが、その後、教育権分離返還構想に終止符がうたれた。それは、一九六七年一月一九日に、佐藤首相がいわゆる「大津談話」を発表したからである。滋賀県大津市での記者会見における佐藤首相の発言は、これまで模索されていた教育権の分離返還を否定するもので、施政権の一括返還を標榜するというものであった[*75]。そして、八月一日には、佐藤首相は、沖縄問題懇談会を首相の諮問機関へと格上げし、名称も沖縄問題等懇談会とあらためた[*76]。同懇談会は、一一月一日、「ここ両三年の内に施政権の返還時期を決定することの合意をみることが望ましい」とした中間報告をまとめ、佐藤首相に提出した。

（d）第二回佐藤・ジョンソン会談

佐藤首相は、ジョンソン大統領との会談にさきだち、東南アジア諸国を訪問した。これは、ジョンソン大統領のつぎのような考えを佐藤首相が知ったからであった。すなわち、日本側が沖縄と小笠原に関して、米国側の「前向きな動き」を求めるならば、それにみあっただけの代価をはらうべきである、と。そして、佐藤首相は、米国の政策に対する忠誠ぶりを示すべく、諸外国の訪問を実行にうつした。なかでも象徴的であったのは、サイゴン訪問であった。[*77]というのは、ベトナム戦争のさなかにサイゴンを訪問するということは、日本が米国のベトナム政策を全面的に肯定するということにつながるからだ。そのため、日本国内においては、野党をはじめ、数多くの反対があったことはいうまでもない。それにもかかわらず、佐藤首相はジョンソン大統領の意向を尊重することを選択した。つまり、佐藤首相は、そのような代価を支払ってまでも、ジョンソン大統領に沖縄返還の日程を確定させようとしたのだ。[*78]

しかしながら、訪米した佐藤首相は、首脳会談をひかえて、かなり弱気になっていたようだ。首脳会談前日の佐藤首相の日記をみると、そこには「なかなか難物の様で、明日の会談が気づかはれる」と、正直な心情が吐露されていた。[*79]そして、翌一一月一四日、佐藤首相は、ジョンソン大統領との初日の討議にのぞんだ。日記によれば、「種々話合ひ、最後に当方のメモを渡し、大統領からマクナマラ長官並にラスク長官と相談する様にといはれて今日の会談を打ち切る。約一時間半。然し往復通釈〔訳〕がいるので時間の割には中味は乏しい」とのことであった。[*80]つづく、二日目の会談では、「コムミニケが出来た後だから話はすぐにもすむかと予想してた処、大統領は経済協力について話をほりさげ、なかなかゆづらない。遂一時間と三十分余となる。大団円までには迂余のあるものだ」との感想を日記にのこしている。[*81]ジョンソン大統領が経済協力の討議に多くの時間を割いた背景には、日本の支援への不満があった。事実、首脳会談を間近にひかえたジョンソン大統領は、外交政策の顧問団に対して、ことばのうえだけの支援だけでは不十分であり、中身のある具体策に関心があるとの不平をもらしている。[*82]これは、タイ、フィリピン、韓国、ニュージーランド、オーストラリアといった国々がジョンソンのベトナム戦争に対し、「援助」をおこなっていたにもかかわらず、日本の対米支援はそれらにくらべ、少なかったからである。[*83]

さて、首脳会談後に発表された共同声明には、沖縄問題はどのように記されたのであろうか。若干ながくなるが、正確を期すために当該箇所をすべて引用しよう。[84]

総理大臣と大統領は、沖縄および小笠原諸島について隔意なき討議をとげた。総理大臣は、沖縄の施政権の日本への返還に対する日本政府および日本国民の強い要望を強調し、日米両国政府および両国民の相互理解と信頼の上に立って妥当な解決を早急に求めるべきであると信ずる旨を述べた。総理大臣は、さらに、両国政府がここ両三年内に双方の満足しうる返還の時期につき合意すべきであることを強調した。大統領は、これら諸島の本土復帰に対する日本国民の要望は、十分理解しているところであると述べた。同時に、総理大臣と大統領は、これら諸島にある米国の軍事施設が極東における日本その他の自由諸国の安全を保障するため重要な役割りを果していることを認めた。

討議の結果、総理大臣と大統領は、日米両国政府が、沖縄の施政権を日本に返還するとの方針の下に、かつ、以上の討議を考慮しつつ、沖縄の地位について共同かつ継続的な検討を行なうことに合意した。

総理大臣と大統領は、さらに、施政権が日本に回復されることとなるときに起るであろう摩擦を最小限にするため、沖縄の住民とその制度の日本本土との一体化を進め、沖縄住民の経済的および社会的福祉を増進する措置がとられるべきであることに意見が一致した。両者は、この目的のために、那覇に琉球列島高等弁務官に対する諮問委員会を設置することに合意した。日米両国政府および琉球政府は、この委員会に対し各一名の代表者と適当な要員を提供する。この委員会においては、沖縄と日本本土との間に残存している経済的および社会的障壁を除去する方向への実質的な進展をもたらすような勧告を案出することが期待される。さらに、東京の日米協議委員会は、諮問委員会の事業の進捗について高等弁務官から通報を受けるものとする。さらに、日本政府南方連絡事務所が高等弁務官および米国民政府と共通の関心事項について協議しうるようにするため、その機能が必要な範囲で拡大されるべきことにつき意見の一致をみた。総理大臣と大統領は、小笠原諸島の地位についても検討し、日米両国共通の安全保障上の利益はこれら諸島の施政権を日本に返還するための取決めにおいて満たしうることに意見が一致した。よって、両者は、これら諸島の日本への早期復帰をこの地域の安全をそこなうことなく達成するための具体的な取決めに関し、両国政府が直ちに協議に入ることに合意した。この協議は、この地域の防衛の責任の多くを徐々に引受けるという総理大臣が表明した日本政府の意図を考慮に入れるであろう。総理大臣と大統領は、米国が、小笠原諸島において両国共通の安全保障上必要な軍事施設および区域を日本国とアメリカ合衆国との間の相互協力及び安全保障条約に基づいて保持すべきことに意見が一致した。総理大臣は、小笠原諸島の施政権の返還は、単に両国の友好関係の強化に貢献するのみでなく、沖縄の施政権返還問題も両国の相互信頼関係の枠の中で解決されるであろうとの日本国民の確信を強めることに役立つであろうと述べた。

佐藤首相は、この共同声明に関連して、つぎのように日記につづっている。すなわち、「蓋し吉田、ダレスの二人で桑港条約が出来、更に二人のお芝居で沖縄を第三条で占領を認め、その結果が今日の交渉となったのだ。その二人今やなし。天国で何を語りおるか。今日の地上の共同コムミニケを何と見るか。誠に感無量」と。[*85]この記述からもわかるように、佐藤首相は、政治の恩師である吉田首相が結んだ対日平和条約において未解決であった沖縄返還への道筋をみずからがつけたことに大きな感慨をいだいていた。

なお、この共同声明のなかにある「両三年内」ということばをめぐっては、佐藤首相の密使であった若泉敬・京都産業大学教授が、首脳会談の直前に訪米し、ウォルト・ロストウ大統領特別補佐官（国家安全保障問題担当）とのあいだで秘密交渉をおこなったことは、周知のとおりである。[*86]ところで、佐藤首相が正式の外交ルートではなく、密使を送った理由として、当時の駐日米国大使であったU・アレクシス・ジョンソン氏は、佐藤首相が三木外相に対して、かなりの不信感をいだいていた点が大きいと述懐している。[*87]

また、首脳会談が開催された一九六七年の翌年には、米国において大統領選挙が予定されていたこともあり、沖縄問題での大きな前進は期待できない状況にあった。それにもかかわらず、共同声明のなかに「両三年内」という文言がもりこまれた背景として、日本側が米国のドル防衛政策への協力を表明した点が大きいとする説があることも付言しておきたい。[*88]

4 結び

佐藤首相の首席秘書官をつとめた楠田氏によれば、「沖縄問題というのは、単なる外交問題にとどまらず、最大の政治問題であった」とされる。[*89] もちろん、沖縄問題に、そうした側面がないわけではない。だが、政治学者の福井治弘氏が述べているように、「佐藤の政策としての沖縄返還」は、「一新聞記者により集められ佐藤派の幹部によって主宰される少数の学者、評論家グループによって発案された」ものでしかないとする見方が存在することにも留意する必要がある。[*90]

いずれにせよ、沖縄返還が、佐藤政権最大の政策課題となったことだけはまちがいない。この理由として、同政権のもとで、〝アジア自主外交〟が結実しなかった点を指摘する声がある。これは、佐藤政権下では、中国との関係改善がまったく進展せず、「佐藤内閣の歴史的課題は、おのずと沖縄の返還に収斂していった」ためである。[*91]

こうしたなかで、沖縄返還交渉は、ベトナム戦争の影響を直接・間接に受けて、推移することとなる。[*92] たとえば、一九六三年末からは、米国のベトナム戦争への介入が本格化し、さらに、一九六五年二月からは北爆が開始された。こうした状況からもわかるように、当初、米国にとって、沖縄の軍事戦略上の重要性はきわめてたかかった。そのため、この当時、米国内では、本土復帰をつよく願う沖縄の人々による反抗運動が深刻化することへのおそれがあった。つまり、そうした運動が暴力化してしまうと、沖縄の主要な空軍基地における作戦遂行に支障をきたす可能性があったからだ。さらに、こうした動きが、ひいては、日本国内の基地までも危険にさらすのではないかとの認識があった。[*93]

このように、沖縄返還につよく反対する声が米国内に存在したにもかかわらず、ジョンソン政権が沖縄返還に前向きな姿勢を示した背景には、沖縄を統治する重要性がしだいにうすらいできた点が大きい。たとえば、一九六七年後半になると、空軍の基地が使用できれば、沖縄を日本に返還したとしても、通常戦争の遂行にはほとんど支障がないとする内容の極秘の分析結果が政府内でだされている。[*94]

その後、米国では、一九六九年に入り、ニクソン新政権が誕生し、沖縄返還交渉はあたらしい局面を迎える。つまり、ニクソンは、選挙期間中からベトナムからの撤退を訴えていたため、沖縄の戦略的な価値はさらに低下することとなったのだ。[*95]そして、佐藤首相は、ニクソン政権とのあいだで、懸案の日米安全保障条約の延長、沖縄返還といった課題を解決していく。しかしながら、政治・安全保障面で大きな成果をあげた佐藤首相ではあったが、経済面においては、日米間の摩擦が大きな争点として浮上することとなった。[*96]かくして、日米両国の関係は、あらたなステージ＝競合へと移行していくのである。

注

＊1　屋良朝苗『屋良朝苗回顧録』（朝日新聞社、一九七七年）、七六頁。
＊2　宮里政玄『アメリカの沖縄統治』（岩波書店、一九六六年）、三一三―三一四頁。
＊3　塩口喜乙『聞書　池田勇人』（朝日新聞社、一九七五年）、二二〇頁。
＊4　ちなみに、佐藤栄作は、オリンピックの開会式がおこなわれた一〇月一〇日の日記に、「池田首相も病気をおしての見物。此の世の想出の一つか」と記しており、すでに池田勇人首相の病状が深刻であることを察知していたとみてよい（佐藤榮作著、伊藤隆監修『佐藤榮作日記』〔第二巻〕（朝日新聞社、一九九八年）、一八六頁）。
なお、この点について、朝日新聞社の政治部次長をつとめた堀越作治氏は、「このころ、東大病院耳鼻科の教授が『池田は喉頭ガンだ』と友人に書いた手紙が、なぜか佐藤の手に入った」としている（堀越作治『戦後政治裏面史』（岩波書店、一九九八年）、一〇九―一一〇頁）。
＊5　冨森叡児『戦後保守党史』（社会思想社、一九九四年）、一八二頁。
＊6　伊藤昌哉『池田勇人とその時代』（朝日新聞社、一九八五年）、三〇九頁。
＊7　宮澤喜一『戦後政治の証言』（読売新聞社、一九九一年）、一三二頁。
＊8　多田実「保守安定支配の確立―第四七回国会～第六二回国会―」内田健三・金原左門・古屋哲夫編『日本議会史録五』（第一法規、一九九〇年）、一八七頁。
＊9　石川真澄『戦後政治史』（岩波書店、一九九五年）、一一一―一一二頁。
＊10　後藤基夫・内田健三・石川真澄『戦後保守政治の軌跡』（岩波書店、一九八二年）、二四一頁。
＊11　Dennis B. Smith, *Japan since 1945: The Rise of an Economic Superpower* (London: Macmillan, 1995) , p. 98.
＊12　『第四十七回国会　衆議院会議録　第三号』一九六四年一一月二一日、四三頁。
ところで、佐藤首相は、はじめての所信表明演説について、「処女演説でや丶上りぎみ。参議院は落ちついてまづ成功したが、衆議院演説は上出来でない」と、日記にあらわしている（佐藤著、伊藤監修、前掲書『佐藤榮作日記』〔第二巻〕、二〇〇頁）。
＊13　冨森、前掲書『戦後保守党史』、一八七頁。
＊14　『第四十七回国会　衆議院会議録　第三号』一九六四年一一月二一日、四三頁。

＊15　中村隆英『昭和史　Ⅱ』（東洋経済新報社、一九九三年）、五三九―五四〇頁。
＊16　内田健三『戦後宰相論』（文藝春秋、一九九四年）、五六頁。
＊17　『第四十七回国会　衆議院会議録　第三号』一九六四年一一月二一日、四四頁。
＊18　このとき、あわせて漁業協定、請求権・経済協力協定、在日韓国人の法的地位協定、文化財・文化協定、紛争解決に関する交換公文などに関する調印もおこなわれている（伊豆見元「近くて遠い隣人―日韓国交樹立までの道―」渡辺昭夫編『戦後日本の対外政策』〔有斐閣、一九八五年〕、一七九頁）。
＊19　同上、一六二―一六三頁。
＊20　佐藤著、伊藤監修、前掲書『佐藤榮作日記』〔第二巻〕、二八七―二八八頁。
＊21　堀越、前掲書『戦後政治裏面史』、一二三頁。
＊22　『第四十七回国会　衆議院会議録　第三号』一九六四年一一月二一日、四五頁。
＊23　山田栄三『正伝　佐藤栄作　（下）』（新潮社、一九八八年）、二九頁。
＊24　佐藤著、伊藤監修、前掲書『佐藤榮作日記』〔第二巻〕、二六二―二六三頁。
＊25　同上、二七四頁。
＊26　同上、二七五―二七六頁。
＊27　同上、二七六頁。
＊28　同上、二七八―二七九頁。
＊29　山田、前掲書『正伝　佐藤栄作　（下）』、三一頁。
＊30　堀越、前掲書『戦後政治裏面史』、一二五頁。
＊31　多田、前掲論文「保守安定支配の確立」内田・金原・古屋編、前掲書『日本議会史録　五』、二一七頁。
＊32　冨森、前掲書『戦後保守党史』、一九七頁。
＊33　渡辺昭夫「第六一代　第一次佐藤内閣―『寛容と忍耐』から『寛容と調和』への転調―」林茂・辻清明編『日本内閣史録　六』（第一法規、一九八一年）、一一九頁。
＊34　衞藤瀋吉『佐藤栄作』（時事通信社、一九八七年）、一三〇頁。
＊35　楠田實『首席秘書官―佐藤総理との十年間―』（文藝春秋、一九七五年）、三二―三四頁。

＊36　『第四十七回国会　衆議院会議録　第三号』一九六四年一一月二一日、四四頁。

＊37　同上、四四—四五頁。

＊38　高坂正堯「佐藤栄作—『待ちの政治』の虚実—」渡邉昭夫編『戦後日本の宰相たち』（中央公論社、一九九五年）、一八八頁。

＊39　浅野一弘『日米首脳会談と「現代政治」』（同文舘出版、二〇〇〇年）、一九—二〇頁および四〇—四一頁を参照されたい。

＊40　我部政明『日米関係のなかの沖縄』（三一書房、一九九六年）、九四—九五頁。

＊41　河野康子『沖縄返還をめぐる政治と外交—日米関係史の文脈—』（東京大学出版会、一九九四年）、七頁。

＊42　NHK取材班『NHKスペシャル　戦後五〇年その時日本は—沖縄返還／列島改造—』〔第四巻〕（日本放送出版協会、一九九六年）、二七頁。

＊43　藤本一美・浅野一弘『日米首脳会談と政治過程—一九五一年～一九八三年—』（龍溪書舍、一九九四年）、七〇頁。

＊44　『朝日新聞』一九五四年一一月九日（夕）、一面。ちなみに、このときの様子を佐藤首相は、「一時インターナショナルプレスクラブに出かける。会衆四百に近く、首相に対する一問一答は仲々活潑。一時間半に及び甚しく味［身］の入りたるものであり、答弁も至極要領よく大成功なり。当初は主として中共問題、貿易関係（共産圏との）、次に沖縄、歯舞、千島の帰属の問題（沖縄の返還は国民の要望なるも、共産国の脅威下にありては米国の保護を必要とするので、その為の占領は止むを得ぬと思ふ。然し安全保障の見透しがついた上で早く帰［返］して欲しい。千島関係は実力占領で救済も提訴も出来ず、手の下し様がない）、水爆の実験（民主国として対共産党の為此の種の実験は必要の事と思ふが、日本に害の少い処でやってほしい。米政府も色々配慮してくれてる）、国際政情の不安対策（此の時代に何れの国が政情安定してるか。日本もその五［御］多分に洩れないだけ。帰国後必らず安定さして見せる）、後継者は誰か（誠に不愉快な質問である。余は政治的限界のある事も肉体的限界のあることも知ってるが、後継者は衆望が集まって初めてきまるので、それが民主々義と思ふ）等、時に爆笑、和やかな中にも趣旨を通し、好感を与へ大成功であった」と記している（佐藤榮作著、伊藤隆監修『佐藤榮作日記』〔第一巻〕（朝日新聞社、一九九八年）、二〇五—二〇六頁）。

＊45　*Foreign Relations of the United States, 1955-1957, Vol. XXIII, Part 1, Japan*, pp. 372-373.

＊46　藤本・浅野、前掲書『日米首脳会談と政治過程』、九〇頁。

なお、この共同声明が発表されるまで、米国政府の公式声明のなかで、日本の「残存主権」について言及されたことはいっさいなかったという（河野、前掲書『沖縄返還をめぐる政治と外交』、八一頁）。

＊47 『朝日新聞』一九五七年六月二二日（夕）、一面。

＊48 岸信介・矢次一夫・伊藤隆『岸信介の回想』（文藝春秋、一九八一年）、一八三―一八四頁。なお、この点については、岸信介『岸信介回顧録―保守合同と安保改定―』（廣済堂出版、一九八三年）、三三二―三三三頁においても言及されている。

＊49 河野、前掲書『沖縄返還をめぐる政治と外交』、一五七―一五八頁。

＊50 安保改定の際に、日本側において、沖縄問題で米国側の理解を求めようとする動きがあったものの、結局、安保問題が最優先課題とされた（河野康子『戦後と高度成長の終焉』〔講談社、二〇〇二年〕、二三二頁）。なお、六月一九日におこなわれた岸信介首相とクリスチャン・A・ハーター国務長官との会談では、沖縄問題について簡単にふれられている（*Foreign Relations of the United States, 1958-1960, Vol. XVIII, Japan; Korea*, p. 274.）。

＊51 *Foreign Relations of the United States, 1961-1963, Vol. XXII, Northeast Asia*, pp. 699-700.

＊52 藤本・浅野、前掲書『日米首脳会談と政治過程』、一三二頁。なお、このときの首脳会談の席上、日の丸掲揚問題がとりあげられ、ジョン・F・ケネディ大統領が「復帰要求を抑える効果があるか」との問いを発したのに対して、池田首相は、「沖縄の状況の安定化に役立つ」と述べている（宮里政玄『日米関係と沖縄―一九四五―一九七二―』〔岩波書店、二〇〇〇年〕、二〇四頁）。

＊53 *Foreign Relations of the United States, 1961-1963, Vol. XXII, Northeast Asia*, p. 700.

＊54 斎藤真・永井陽之助・山本満編『戦後資料　日米関係』（日本評論社、一九七〇年）、三〇三―三〇四頁。

＊55 こうしたブレーンによるプロジェクトチームが自民党内に結成されたのは、このときがはじめてという（宮崎吉政『宰相　佐藤栄作』〔新産業経済研究会、一九八〇年〕、一〇七頁）。

＊56 楠田、前掲書『首席秘書官』、二九頁。

＊57 千田恒「明日へのたたかい」楠田實編『佐藤政権・二七九七日』〔上巻〕（行政問題研究所、一九八三年）、四九―六四頁。

＊58 以下では、国立国会図書館が提供する「国会会議録検索システム」をもちいて、「沖縄」というキーワードを挿入し、

検索をおこなった。ちなみに、佐藤首相の総理就任（一九六四年一一月九日）からリンドン・B・ジョンソン政権の崩壊（一九六九年一月二〇日）までのあいだの「沖縄」のヒット件数は、四八件であった。また、おなじ期間を対象に、「沖縄」という語をもちいて検索した場合、その数は一〇六件となった。

＊59 『第四十七回国会　衆議院会議録　第四号』一九六四年一一月二四日、五四頁および五七頁。

＊60 『第四十七回国会　衆議院会議録　第五号』一九六四年一一月二五日、七九頁。

＊61 このとき、佐藤首相は、三木武夫・自民党幹事長の同行を求めている。楠田實氏によれば、これは、「一般的な意味の外交交渉という認識ではなく、自民党政府として最も基本的政策の一つである日米安保条約の取り扱いの問題であるから」とされる（楠田、前掲書『首席秘書官』、六三頁）。

＊62 エドウィン・O・ライシャワー著、徳岡孝夫訳『ライシャワー自伝』（文藝春秋、一九八七年）、四一八頁。また、エドウィン・O・ライシャワー大使によれば、事前に日本側が用意したトーキング・ペーパー（交渉準備書面）は、「分厚い原稿」であり、「なかでも沖縄に関する一連の詳細な要求事項にはびっくりした」とのことである（エドウィン・O・ライシャワー＝ハル・ライシャワー著、入江昭監修『ライシャワー大使日録』〔講談社、一九九五年〕、二二九―二三〇頁）。

＊63 外務省編『わが外交の近況』〔第九号〕、一一〇頁。

＊64 藤本・浅野、前掲書『日米首脳会談と政治過程』、一七〇頁。

＊65 Michael Schaller, *Altered States: The United States and Japan since the Occupation* (New York: Oxford University Press, 1997), p. 189.

＊66 宮里、前掲書『アメリカの沖縄統治』、二四七頁。

＊67 Michael Schaller, "Altered States: The United States and Japan During the 1960s," in Diane B. Kunz, ed., *The Diplomacy of the Crucial Decade: American Foreign Relations During the 1960s* (New York: Columbia University Press, 1994), p. 267.

＊68 内外記者団との一問一答では、「いきなり施政権返還は無理なので自治権拡大などを通じて徐々にやって行きたい」と、今後の抱負を語っていた（『朝日新聞』一九六五年一月一四日〔夕〕、二面）。

＊69 佐藤著、伊藤監修、前掲書『佐藤榮作日記』〔第二巻〕、二二三―二二四頁。しかしながら、のちに、佐藤首相の首

席秘書官をつとめる楠田氏は、同首脳会談における沖縄問題のとりあげられ方に関して、「米側の反応は冷ややかなものであった」と記しているのは、きわめて興味深い（楠田實著、和田純編・校訂、五百旗頭真編・解題『楠田實日記―佐藤栄作総理首席秘書官の二〇〇〇日―』〔中央公論新社、二〇〇一年〕、八七〇頁）。

＊70 千田、前掲論文「明日へのたたかい」楠田編、前掲書『佐藤政権・二七九七日』〔上巻〕、七五頁。

＊71 佐藤著、伊藤監修、前掲書『佐藤榮作日記』〔第二巻〕、二二三―二二四頁。

＊72 升味準之輔『現代政治―一九五五年以降―』〔上巻〕（東京大学出版会、一九八五年）、一六一頁。

＊73 同協議会は、その後顕著な動きをみせることはなかったという（河野、前掲書『戦後と高度成長の終焉』、二二三頁）。

＊74 渡辺、前掲論文「第六一代　第一次佐藤内閣」林・辻編、前掲書『日本内閣史録　六』、二二三―二二四頁。

＊75 この「大津談話」を沖縄返還に対する「首相自身の最初の明確な政策的イニシアチブ」ととらえる識者もいる（同上、一六七頁）。

＊76 「等」の一文字が入ったのは、同懇談会を沖縄問題のみならず、北方領土問題などについても論議する場ととらえていたからである。

＊77 Schaller, *op. cit., Altered States*, p. 205.

＊78 *Ibid.*

＊79 佐藤榮作著、伊藤隆監修『佐藤榮作日記』〔第三巻〕（朝日新聞社、一九九八年）、一七三―一七四頁。

＊80 同上、一七四頁。

＊81 同上、一七五―一七六頁。

＊82 Nancy Bernkopf Tucker, "Threats, Opportunities, and Frustrations in East Asia," in Warren I. Cohen and Nancy Bernkopf Tucker, eds., *Lyndon Johnson Confronts the World: American Foreign Policy, 1963-1968* (New York: Cambridge University Press, 1994), pp. 116-117.

＊83 Timothy P. Maga, *Hands Across the Sea: U.S.-Japan Relations, 1961-1981* (Athens, Ohio: Ohio University Press, 1997), p. 66.

＊84 藤本・浅野、前掲書『日米首脳会談と政治過程』、一九二―一九三頁。

＊85 佐藤著、伊藤監修、前掲書『佐藤榮作日記』〔第三巻〕、一七五―一七六頁。

*86 若泉敬『他策ナカリシヲ信ゼムト欲ス』（文藝春秋、一九九四年）、七七―一二五頁。なお、日米共同声明の文言をめぐっては、これまで日米間で数多くの軋轢がみられた。この点については、浅野一弘「日米首脳会談と文書―文言をめぐる政治的軋轢―」『レコード・マネジメント』（第四二号）を参照。

*87 U・アレクシス・ジョンソン著、増田弘訳『ジョンソン米大使の日本回想』（草思社、一九八九年）、一七四頁。

*88 石井修「日米『パートナーシップ』への道程―一九五二―一九六九―」細谷千博編『日米関係通史』（東京大学出版会、一九九五年）、二一二頁および二一八頁。

*89 楠田、前掲書『首席秘書官』、七一頁。

*90 福井治弘「沖縄返還交渉―日本政府における決定過程―」『国際政治―沖縄返還交渉の政治過程―』（五二号）、一〇五―一〇六頁。

*91 石丸和人『戦後日本外交史 Ⅲ―発展する日米関係―』（三省堂、一九八五年）、二三七―二三八頁。

*92 ちなみに、ベトナム戦争が日本にあたえた影響は、沖縄返還の問題だけではない。この戦争によって、わが国は、貿易および中国問題に関して、ジョンソン政権から数多くの譲歩をひきだすことができた（Schaller, *op. cit., Altered States*, p. 184.）。また、皮肉にも、ベトナム戦争の影響によって、沖縄の経済が活性化したことも事実である（真栄城守定・牧野浩隆・高良倉吉編『沖縄の自己検証―鼎談・「情念」から「論理」へ―』（ひるぎ社、一九九八年）、三六頁）。

*93 Schaller, op. cit., "Altered States," in Kunz, ed., *op. cit., The Diplomacy of the Crucial Decade*, pp. 265-266.

*94 Walter LaFeber, *The Clash: U.S.-Japanese Relations throughout History* (New York: Norton, 1997), p. 346.

*95 Schaller, op. cit., "Altered States," in Kunz, ed., *op. cit., The Diplomacy of the Crucial Decade*, p. 269.

*96 Paul J. Bailey, *Postwar Japan: 1945 to the Present* (Cambridge, Massachusetts: Blackwell, 1996), p. 99.

第4章

佐藤・ニクソン会談

1 はじめに——問題の所在と視角——

一九六九年一月二七日、第六一回通常国会の施政方針演説において、佐藤栄作首相は、つぎのように述べた。[*1]

沖縄の祖国復帰については、早期返還を願う国民世論を背景として、今年こそその実現に向かって大きく前進をはからねばならないとかたく決心しております。私は、今年後半の適当な時期に訪米し、ニクソン新大統領と率直に話し合って、日米両国政府及び国民の相互理解と友好協力のもと、祖国復帰の実現の時期を取りきめたいと思います。その際、沖縄にある米軍基地が、現状において、まず第一にわが国の安全に果たしている役割りと、あわせてわが国のみならず極東の安全保障に果たしている役割りを認識し、国際情勢の推移を見守りつつ、国民の納得のいく解決をはかりたいと存じます。
政府の基本方針である本土と沖縄との一体化については、本土復帰の日に備え、沖縄同胞の意向を十分にくみ入れて推進いたします。沖縄同胞の国政参加については、超党派的な合意によるすみやかな実現を期待するものであります。また、米軍基地の存在から生ずる種々の問題についても、施政権が米国の手にあるという現実に即しつつ、最善を尽くしてまいります。

この佐藤首相の演説に対して、たとえば、『読売新聞』は、社説「期待はずれの施政演説」のなかで、「全体の調子からいって、首相の真意は日本と極東の安全に果たしている沖縄基地の役割を強調したかったもの」であり、「首相演説は、基地現状維持の線で今秋に返還時期のメドを決めたいという方向を示唆しているようにも思える」

と論じている。そして、「それでは国民の圧倒的多数が支持しつづけている『非核三原則』は崩壊するが、それとの関係はどうするのか。核兵器におびえる沖縄住民の不安をどう解消しようというのか。このもう一方のかんじんなことがいっこう明らかでない。首相の所信の中には、国民が期待する方向への転換はないが、逆に国民が望まない方向への大転換なら辞さないといったきらいがある。首相がもう少し幅広く国民の声をきくよう心から望みたい」との注文をつけている。[*2]

いずれにせよ、一九六九年の日本政治にとって喫緊の課題は、沖縄返還であったといっても過言ではなかろう。現に、上記の施政方針演説に対する『毎日新聞』の社説「迫力と具体性が足らぬ─施政方針演説をきいて─」のなかでも、「沖縄問題に対して、『政治生命をかける』はずの首相にとっては、ことしこそ、正念場でなければなるまい」と記されている。[*3]その沖縄返還交渉の妥結をめざして、佐藤首相は万全の体勢を築いていた。その一例が、一九六八年一一月三〇日、自由民主党（以下、自民党と略記する）総裁選挙三選後の内閣改造人事であろう。佐藤首相の首席秘書官をつとめた楠田實氏のことばをかりれば、「三選後の内閣改造については、派閥超均衡内閣と評されたが、佐藤首相の狙いはあくまで沖縄返還問題の仕上げのための人事であった」わけだ。[*4]なかでも、佐藤首相が、「大物・保利茂を官房長官にしたのは、官僚制や政党との対策を考えたもので、沖縄返還がいよいよ詰めの段階に入ったことを反映」していたと語る識者もいるほどである。[*5]

そのため、内閣改造後の第六〇回臨時国会での佐藤首相の所信表明演説（一二月一一日）に、注目が集まっていた。だが、この演説で、佐藤首相は、沖縄問題に関して、つぎのように述べるにとどまった。[*6]

当面の最も大きな外交課題は、沖縄の祖国復帰であります。先般の琉球政府主席選挙においても、一日も早く祖国に復帰したいという沖縄同胞の願望が強く示されました。祖国を離れて二十余年、いまだに外国の施政権下に暮らす同胞の心情を思うとき、私は、沖縄の早期返還を実現するとの決意を新たにした次第であります。

私は、今後とも、米国との相互信頼の基礎に立って、安全保障上の要請を踏まえつつ、沖縄の早期返還実現のため全力を尽くす考えであります。同時に、沖縄と本土との一体化政策を強力に推進してまいります。

この佐藤演説に対して、たとえば、『朝日新聞』は、「首相の所信表明をきいて」と題する社説のなかで、「首相は、先におこなわれた野党との党首会談で沖縄問題に言及し、これまでとってきた『基地は白紙』という態度から一歩踏出してひとつの方向づけを示したい気持をもっていることを示唆した」ものの、「所信表明演説は、この問題についてなにもふれていない。首相は、一歩踏出そうとした足をひっこめてしまったのだろうか」と、手厳しく批判した。[*7] さらに、『朝日新聞』は、所信表明演説のなかの「先般の琉球政府主席選挙においても、一日も早く祖国に復帰したいという沖縄同胞の願望が強く示されました」という発言にふれて、「この演説で示された短い表現の中に、われわれは首相の沖縄問題に対する考え方をある程度つかみとることができる」とした。同紙によれば、「これは主席選挙の意味の一面だけをとりだして強調したものといわねばならない。屋良主席を当選させたのは、『即時復帰』ではなく『即時無条件全面復帰』への沖縄島民の熱望」であり、「首相が『早期返還』だけを取り上げているのは『米国との相互信頼の基礎に立って、安全保障上の要請をふまえ』ようとしているからであって、この発言からみても『本土なみ』ではない基地の機能やあり方が、首相の構想の中にあるように思われる。それは『核つき』ないし『核ぬき自由使用』ということであろう」と断じている。[*8]

ところで、この当時の米国の政治状況はどうなっていたのであろうか。一九六八年三月三一日には、リンドン・B・ジョンソン大統領が、同年一一月五日の大統領選挙への不出馬と北爆の一方的停止を表明している。[*9] その背景として、「ヴェトナムの戦況は兵員、戦費の増大にかかわらず好転せず、アメリカは日増しに泥沼にはまりつつあること」があげられる。そして、それは、「アメリカ各地でヴェトナム戦争反対のデモンストレイション、青年による徴兵カード焼却などが激しく行なわれた」ことや「巨額な戦費が今やアメリカ経済の負担となり、インフレの増進、ドルの流出を招き、経済界の中からも批判があった」ことに、みてとれる。また、同年四月四日には、マーチン・L・キング牧師が暗殺されるなど、米国は、「外における戦争の激化・長期化」にくわえ、「国内においてもアメリカ社会の亀裂・荒廃・暴力化をもたらした」時代にあった。[*10]

こうしたなかで、一一月五日、大統領選挙がおこなわれた。この選挙を制したのは、共和党のリチャード・M・ニクソン候補であった。ニクソン候補は、三一七八万五一四八票（得票率：四三・四二％）を獲得し、三一二七万四五〇三票（得票率：四二・七二％）の民主党のヒューバート・H・ハンフリー候補に僅差で勝利した。[*11]

この選挙の意味について、米国政治にくわしい砂田一郎・学習院大学教授は、「この選挙の大勢を決めたのは、やはりヴェトナム戦争と『法と秩序』という二大争点であった」と論じている。同氏によれば、「終盤でのジョンソンの北爆停止という側面からの支援にもかかわらず、ハンフリーはやはりヴェトナム反戦の立場をとるリベラル左派や青年層の票をつかみ切れなかった」し、また、「『法と秩序』の回復を叫んだニクソンとウォーレスの得票の合計が五七％に達したことは、保守派を中心に国民のかなり幅広い階層の人びとが、犯罪と暴力の横行に対するジョンソン政権の対応に不満を持っていたことを示していた」のである。[*12]

ちなみに、ニクソン候補は、大統領選挙期間中、沖縄返還をめぐって、どのような発言をしていたのであろうか。選挙戦序盤の二月二八日には、ニューハンプシャー州において、「長期的には米国の政策は、沖縄を日本へ返還するということである」「ひとたび日本が指導者の役割りを果たすことを引き受けるならば、沖縄は必ず返還し得る」と言及していた。[*13] さらに、選挙戦終盤におこなわれた、朝日新聞社との会見では、「私が当選したら、沖縄返還について一九六七年十一月十五日の合意を尊重するか、との質問については、六七年の会談で作られた基礎の上に立って前進するつもりであることを保証する。沖縄諸島の返還に関する私の立場は、すでに公にしている。六八年二月二十八日、私は、この問題に対する米外交政策の長期的な取組み方は、沖縄を究極的には日本に返すことができる、ということでなければならない、と指摘した。日本がアジアにおいて、相互依存、地域的協力の方向でリーダーシップを続けるのに見合って、沖縄返還が可能である、というのが私の見解である」と述べていた。[*14] ここでいう「一九六七年十一月十五日の合意」とは、「一九六七年一一月の佐藤総理大臣とジョンソン米国大統領との会談の結果、沖縄の施政権をわが国に返還するとの方針の下に、日米両国政府が沖縄の地位について、共同、かつ、継続的な検討を行なうことが合意された」事実のことである。[*15]

こうしたニクソン候補の発言も手伝って、米大統領選直後の一一月一〇日の『佐藤榮作日記』には、「高瀬君を近く渡米、ニクソンに会はす予定」との文言がみられる。[*16] この記述からもわかるように、佐藤首相は、一刻もはやいうちに、ニクソンとなんらかの接触をこころみようとしていた。そのため、佐藤首相は、岸信介・元首相とニクソンとの会談のセッティングもくろんだようだ。だが、ニクソン自身が、翌一九六九年一月二〇日の就任式以前に、諸外国の賓客と会わないことを明言していたため、岸・ニクソン会談は、実現しないままに終わった。[*17]

さて、本章においては、まずはじめに、佐藤三選の政治過程を分析する。つぎに、一九六九年の日本政治において、沖縄返還問題がどのようにあつかわれてきたかについて、言及する。つづけて、一一月一九日〜二一日におこなわれた佐藤・ニクソン会談の内容を紹介する。そして最後に、佐藤・ニクソン会談に関して、簡単な私見を述べたいと考えている。

2 佐藤三選の政治過程

一九六八年一一月八日、佐藤首相は、自民党総裁選挙三選の意向を表明した。その席上、「三選後に実行する課題は」との問いに対して、佐藤首相は、「私は『沖縄が復帰しない限り、戦後は終らない』といったことがある。

日本は独立し、経済成長は世界第三位というが、固有領土が帰らないうちは完全独立とはいえない。旧領土を復帰させる沖縄と北方領土問題に取組まねばならない。このような領土問題を戦争ではなくて話合いで、平和のうちに片づけるのはすばらしいことだ。沖縄は帰ってくる。私は両三年内にメドをつけるようジョンソン米大統領と話合った。ジョンソン大統領はかわることになったが、これは国と国との話合いであり、最高責任者間の話だから、この沖縄問題は片づけねばならない。沖縄が片づけば、北方領土も片づく時がくる」と語った。このことばからもわかるように、佐藤首相が、三選後の政策の力点を沖縄返還問題においていたことは明らかだ。そのため、「首相は三選後に、沖縄返還問題などで訪米するのか」との質問に、「三選されれば行かねばならないが、その時期が問題だ」と述べ、訪米のタイミングが、「新聞の予想（来年秋）に間違いないと思う」との考えを披露した。[*18] ちなみに、この記者会見が開かれた日の『佐藤榮作日記』には、「愈々総裁三選の立候補宣言の日。即ち九時から一時間官邸で平河クラブを中心に記者会見。思ったより平静に出来た。他と一寸貫禄が違ふか」との心境が吐露されている。[*19]

ここで、佐藤首相に、「一寸貫禄が違ふ」といわれたのは、すでに総裁選挙への立候補を表明していた三木武夫・前外相と前尾繁三郎・衆議院議員の二人であった。三木は、第二次佐藤内閣で外相をつとめていたが、総裁選挙への出馬を理由に、一〇月二九日に辞表を提出し、翌三〇日に、総裁選挙出馬にあたっての所信を表明していた。このなかで、三木は、「佐藤政治が果した役割は決して小さくはなかったが、なんといっても四年の佐藤政治に人心がうんでいることは否定できない。世界は大きく動いている。政局の転換をはかることが日本の政治の沈滞を打開する道である」と述べ、総裁選挙にかけるつよい意気ごみを示した。[*20] また、一方の前尾も、一一月一日、「自由民主党の現体制は、かならずしも国民の期待にそわず、政治の不信さえまねきつつあることは、まことに憂慮にたえない。したがって、この際わが党はみずからの責任に対する真剣な反省の上に立って思い切った体質の改善と政策的な脱皮を図るべきものと確信する」との所信表明をおこなっていた。[*21] その後、一一月一四日にいたって、三木、前尾の両者は、佐藤三選阻止をめざし、いわゆる「二、三位連合」を約した。

そして、その四日後の一八日、大阪入りしていた三木は、地元の政財界人をまえにして、政策大綱を披露した。そのなかで、三木は、「アメリカ側に沖縄問題についての講師を派遣してアメリカ国民の関心と理解を深めたい。基地の態様については『本土並み』を期して交渉する。沖縄住民の生活向上は、返還交渉と並行して常に努力する。佐藤首相は、沖縄返還は自分の手で、とあたかも佐藤さんでなければ解決できないようにいう。そのいきごみは壮とするが、実情を知っているものからすれば、それはいい過ぎである」として、沖縄返還に対する佐藤首相のスタンスを痛烈に批判したのであった[22]。当初、三木は、みずからが佐藤内閣の外相として、沖縄返還交渉にたずさわっていたこともあり、基地のあり方については、「総裁選挙の争点にはしない」との立場をとっていた[23]。だが、外相臨時代理をかねていた佐藤首相が、一五日の外務省での記者会見の際、「『本土なみ』は無理ということか」との記者からの質問に答え、「沖縄が非常に早く返ってくるときは無理だろう」と発言したことによって、その立場を変えたのであった[24]。

これに対して、佐藤首相は、急きょ、予定を変更し、翌一九日、自派の総会に出席し、「沖縄の基地のあり方は、わが党としても基本的問題として取組んでいる。究極的には本土なみの基地でありたいということで党議で決定する方向になるかもしれない。しかし、すぐに『本土なみ』ということは無理だ。三木氏のいわれる意味はよくわからないが、究極的には本土なみでありたいというのならとにかく、交渉に臨む当初から（本土なみ返還を）ふりかざせばむずかしい問題にぶつかる」のであって、三木前外相を「認識不足もはなはだしい」と非難し、さらには、「このような認識の異る人を、つい最近まで外相としていたことは私の不明であった」とまでいきった[25]。三木前外相への憤慨はかなりのものであったらしく、この日の佐藤首相の日記には、「閣議前木曜会の会合に出席して、同志と共に十大政綱を決定し、尚且昨日の三木大阪談話を『ばくげき』する。同志ども大変よろこぶ。政治態度と沖縄の基地問題」（傍点、引用者）との記述がみられる[26]。なお、佐藤首相の日記のなかにある「十大政綱」とは、総裁三選後の〝公約〟であり、①安保体制、②沖縄返還、③法と秩序、④大学制度、⑤都市政策、⑥新農政、⑦経済の安定成長、⑧社会保障、⑨行政改革、⑩党の近代化の一〇項目からなっていた。[*27]

さて、注目の自民党総裁選挙は、二七日におこなわれた。四五四票の投票総数のうち、佐藤首相が二四九票を獲得して、勝利をものにした（三木：一〇七票、前尾：九五票、藤山愛一郎：一票、無効：二票）。[*28] 三選をはした佐藤首相は、三〇日に内閣改造をおこない、つぎのような談話を発表した。[*29]

わたくしは、三たび自由民主党総裁に選ばれた機会に、内閣の全面改造と党の人事一新を断行いたしました。ここに決意を新たにして現下の政局に対処する覚悟であります。

外交においては、沖縄の祖国復帰に全力を尽すとともに、自由を守り平和に徹する基本方針のもと、アジアと世界の平和と繁栄に貢献し、国際社会の重要な一員としてのわが国の責務を果たしたいと考えます。

内政においては、学生問題を当面の最重点として、大学教育の正常化に務め、民主主義社会を破壊する集団暴力から市民生活を守るとともに、物価の安定、過密過疎対策、社会保障制度の充実等のため強力な施策を実施し、国民生活の安定と向上に全力を傾ける決意であります。

国民諸君のご理解とご協力をお願いいたします。

佐藤首相の談話にあるように、当時、沖縄返還という外交上の懸案にくわえ、内政上の最大の課題は、大学紛争への対応にあった。そのため、「総裁三選後の党・内閣の人事は、佐藤が最大の政治課題である沖縄返還交渉を実らせるための布陣であり、同時に大学問題など懸案の国会通過をねらったもの」でもあった。そして、「最も重要な沖縄返還交渉にたずさわる外相に、佐藤は腹心の愛知を起用」し、「また東大紛争の処理を進める文相として、「佐藤が五高時代に世話になった恩師の息子である」、坂田道太・元厚相を登用したのだ。[*30] 大学紛争への対応の重要性については、佐藤改造内閣の官房長官に就任した保利茂も率直に認めている。保利によれば、「大学紛争を鎮静化して沖縄を片づけなければならない。これが当面の内閣の至上課題だと考え、全力を集中することになった」のであり、「どうしても大学問題を鎮静化しつつ、首相を米国へ送り、大統領との会談に持ち込まなければならないということが、当時の私の使命といえば使命だったと思う。そこでまず大学紛争の鎮静化」に乗りだすこととなった。[*31] ちなみに、佐藤政権の大学紛争へのとりくみは、一九六九年八月三日の「大学運営臨時措置法」の成立というかたちで、結実した。ここで留意しておきたいのは、この法案の審議をめぐって、参議院文教委員会では、法案の実質審議に入らないまま、八月二日に、自民党が、「わずか数分間で提案理由説明から採決まで一挙に強行した」こと、さらに、翌三日の参議院本会議での議論も、重宗雄三・議長が、「社会党が出した安井謙副議長不信任案の審議の途中、いきなり国会法一九条（議長の議事整理権）と参院規則八八条（日程変更の手続き）を発動し、わずか二分間で大学法を可決、成立させた」ことである。[*32] この大学運営臨時措置法案が議論された第六一回通常国会（一九六八年一二月二七日〜一九六九年八月五日）において、「自民単独採決が衆議院で十五回、参議院で五回の計二十回、徹夜国会が衆議院で四回、参議院で二回の計六回行われ、衆議院の正副議長が交代を余儀なくされるという異常事態を呈し、五十件に及ぶ法案が未成立に終わった。政府提出法案の成立率は五五・七五％と戦後の第一回国会からこの時までの通常国会における最低の記録となった」ことを付言しておく。[*33]

ところで、佐藤三選への動きが激化していたさなかの一九六八年一一月一〇日には、沖縄において、琉球政府行政主席の直接公選が実施された。結果は、野党統一候補の屋良朝苗・前沖縄教職員会長が、二三万七五六五票を獲得し、自民党の西銘順治・前那覇市長を三万一五五四票の大差でくだした（野底武彦：二一六四票）。この選挙に際して、自民党側は、「本土自民党と実質的に一体となって本土との一体化政策を強力に進めなくてはならない」「アメリカ軍基地は本土並みを目標とする」とした「主席・立法院選挙に臨む重点政策」を策定し、他方の野党側は、「即時無条件全面返還をかちとる」こと、「B52と核基地の撤去を要求して、県民の生命、財産を守り平和な沖縄を築く」ことを柱とした、「革新共闘統一綱領」を決定していた。[*34] したがって、『読売新聞』の社説「沖縄の革新主席に望む」が指摘するように、この選挙結果をみるかぎり、沖縄の人々は、「革新勢力のかかげる『即時無条件全面返還』『核施設を中心とする米軍基地反対』の路線を選んだ」のであって、「いかに沖縄住民が熱烈に祖国復帰を望んでいるかを、率直明快に表明した」選挙であったといえる。[*35] こうした沖縄住民の選択を目にした佐藤首相は、「残念ながら西銘君敗る。復帰問題は一寸むつかしくなるか」との感想を日記にしたためている。[*36] だが、その後、一二月九日に屋良主席と会談した佐藤首相は、同主席の印象について、「人物は良、保守の人選間違ひか」と記しているのが興味深い。[*37]

3　沖縄返還交渉の政治過程

(1) 佐藤・ニクソン会談に向けて

一九六八年度版の『わが外交の近況』には、以下のような記述がみられる。[*38]

沖縄返還交渉の中心課題は、施政権返還後沖縄に残される米軍基地の態様である。現在沖縄にある米軍基地は、米国の戦争抑止力の一環として、わが国およびわが国を含む極東の安全に重要な役割りを果している。政府はこの基地の重要性を十分に認識し、返還後における沖縄を含むわが国全体の長期的安全を損わない形で、沖縄の早期返還を実現するとの基本方針のもとに、米国政府との話し合いをすすめている。

この記述からも明らかなように、沖縄返還交渉における最大のポイントは、返還後の米軍基地のあり方についてであった。とりわけ、「基地にある核兵器をどうするかが焦点であった」のだ。[*39] 周知のように、佐藤首相は、一九六七年一二月一一日の衆議院予算委員会の席において、沖縄返還問題に関する成田知巳・前社会党書記長の質問に答えて、「本土としては、私どもは核の三原則、核を製造せず、核を持たない、持ち込みを許さない、これははっきり言っている。その本土並みになるということなんです」と明言していた。[*40] いわゆる「非核三原則」をかかげた佐藤首相にとって、沖縄の〝核つき〟返還を受け入れることは、みずからの発言の否定を意味していた。そこで、佐藤首相は、基地の態様について、終始、「『白紙』といい続け、時間をかせぎ、状況の熟するのを待った」のだ。そして、一九六九年三月一〇日、佐藤首相は、「突如として白紙に筆をおろす」決断をした。[*41] この日の参議院予算委員会の席上、佐藤首相は、社会党の前川旦・議員の質問に対して、つぎのように答弁したのであった。[*42]

いまの核のメリット、これは、その立場によってそれぞれ違うだろうと思います。私は、いま沖縄が日本に返ってくるという場合に、やはり現地同胞の理解ある支援がなければ、基地の効用は十分発揮できないのだと、これは核の有無にかかわらず、そういうことは必要だと、それはひとり沖縄だけではございません。本土におきましても、日本にある基地、これは日本人が安保を正確に理解し、そうしてその米軍の果たしておる役割りについても理解を持って、これはやはり協力するところに初めてその基地としての効用があると思っております。したがって、いまの県民の理解なしにその基地が効用を発揮すると、かようには私は考えておりません。これは、いままで、過去の二回のアメリカ訪問につきまして私が言えた事柄でありますし、沖縄の県民同胞の理解がなければどんな基地を持ったって意味がないじゃないかと、こういうことを私は申しております。ただ、このことは私の信念ですから、これはいつでも言えることだと思っております。したがって、いま前川君のお尋ねは、あるいは私の答えとは違ったと思っておりますが、この核のメリットというものは、これは軍事あるいはその戦争という、そういう立場から考えるのであろうと思いますが、しかし、それとは違って、基地そのものがその現地にいる人たちの理解がなければ基地の効用を十分発揮できないんだ、これだけははっきりしているんですが、そしてそれがいまのように最もきらう核を持っている、なおさら理解はしにくいんじゃないか、そういうところの問題もあることは、これは百も承知でありますし、そういう意味の説得はもちろん私はしたいと、かように思っております。

この発言の真意について記者から問われた保利官房長官は、「首相はハッキリとは言わんが、結局言わんとするところ、考えているところは、沖縄返還のあり方は本土並みだ。核は存置しない。また存置させない。沖縄返還基地は本土並みにしか使えない。すなわち核抜き本土なみということだ」と回答し、「これが公式発言の最初となった。[*43] ちなみに、佐藤首相は、この日の日記に、「沖縄問題は今日の段階で遂に、核抜き本土なみで交渉するとの結論をとられた様だ」との感想をもらしている。[*44]

では、ながきにわたって、沖縄の米軍基地の態様に関して、〝白紙〟を主張しつづけた佐藤首相が、ここへきてどうして、「核抜き・本土並み」の姿勢を鮮明にしたのであろうか。たとえば、政治評論家の多田実氏によれば、「佐藤首相が『核抜き』に踏み切った背景には、佐藤自身の、即時核抜きでなくても自分の在任中に返還を決め実現したいという政治家らしい思惑と執念を越える圧倒的な『核抜き本土並み』の世論の一致があった」ことや「『核抜きでないと七〇年問題も沖縄問題も乗り切れない』との自民党内の見方もあった」ことが理由とされる。[*45] さらに、日本政治史研究の第一人者である升味準之輔・東京都立大学名誉教授は、「一九六九年三月上旬、『沖縄問題等懇談会』がその結論を首相に提出した」事実が大きいとみているようだ。[*46] この沖縄問題等懇談会とは、「沖縄県出身の元早稲田大学総長大浜信泉を座長として、沖縄返還交渉に関する佐藤栄作総理大臣の諮問機関として一九六七年（昭和四二）八月一日、正式に発足した」もので、「大浜座長のほか、学界、言論界、財界などの著名人一五人から成っていた」[*47]。同懇談会のもとには、沖縄基地問題研究会（座長：久住忠男）が設置されており、三月八日に、この研究会が、「沖縄の返還と基地のあり方」と題する報告書を公表したのであった。そこには、「沖縄返還に当っての、米軍基地の取扱いに関する焦点の一つである核兵器配置の問題についても、沖縄への核配備の重要性はなくなった」との文言が記されていたのだ[*48]。

また、沖縄基地問題研究会のメンバーの一人であった、国際政治学者の神谷不二氏によれば、同研究会が中心となって開催された、「沖縄およびアジアに関する日米京都会議」（一月二八日～三一日）が、「一つのきっかけとなって、このころから日本国内のムードは核ぬき、本土並み返還の方向にぐっとまとまりはじめる」ようになったとのことである[*49]。この会議で、共同議長の任にあたった、エドウィン・O・ライシャワー前駐日米国大使によれば、同会議は、「沖縄返還について、アメリカ側を非公式に打診するための会議」であった。というのは、「民族統一を求める感情がようやく日本政府の無視できないレベルにまで高まったが、日本政府はアメリカ政府の拒否を恐れ、拒否された場合には野党主導による国民からの返還要求の声と日本として友好的、協力的な関係を保つ必要のあるアメリカの板挟みになることを恐れ、問題を切り出せないでいた」からだ。しかも、このころ、「沖縄返還に関する暫定的な取り決めはワシントンですでに合意を見ていたが、米軍当局は日本政府が返還を要求しないかぎりそれに従う意思がなく、その日本政府はこわくて言い出せないという有様だった」。そのため、ライシャワーが、「日本側当局者に向かって一度以上、日本が沖縄返還を要求すればアメリカは日本側の受諾可能な条件で応じるだろうし、それは沖縄の米軍基地にある核兵器を『本土並み』に撤去することを意味するはずだ」と述べていたのだ[*50]。そして、ライシャワーによれば、この会議をつうじて、「日本側もはじめて、アメリカが沖縄返還を本気で考えているのだと信じだしました。私も本土並み以外の返還の形はあり得ないと考えており、その他の中途半端な方法はとるべきでない、絶対に本土並みにすべきであるといい続けました。そしてついに佐藤栄作氏が要求をしてみる気になりました」とのことである。[*51]

ライシャワー前大使の発言からも明らかなように、三月一〇日の参議院予算委員会における佐藤首相の「核抜き・本土並み」発言以前の段階で、すでに、米国側は、沖縄の米軍基地の方向性をきめていたようだ。現に、この当時、駐日米国大使をつとめていたU・アレクシス・ジョンソンも、回想録のなかで、「一九六八年に実質的討議を進める中で、アメリカが結局は沖縄基地の自由使用および核兵器貯蔵に関して、『本土並み』という制約を受け入れざるをえない、と私は考えるに至った」と語っているのだ。さらに、ジョンソン大使は、「ラスク、マクナマラ、そのほかの国防省高官も、また私も核兵器なしで対処できるという見解に傾いていた」と述懐している。[*52]米国側のこうした動きは、日本側でもキャッチされており、沖縄基地問題研究会のメンバーの一人・高坂正堯氏は、「沖縄の米軍基地について言えば核兵器が必要かどうかが問題になるが、日本でも一九六八年の夏には、それが必要でないという認識が出されるようになっていた。木村（俊夫）官房長官も出席した基地問題研究会でも、そうした見解が表明された」（カッコ内、引用者補足）と述べている。[*53]くわえて、佐藤首相の〝密使〟として、沖縄返還交渉にたずさわった、若泉敬・京都産業大学教授は、一九六八年一〇月一五日および一二月二三日の時点で、「沖縄返還時における『核抜き』だけは、ニクソン新政権下においてもなんとか実現できるだろうとの見通し」を同首相に伝えていたという。[*54]

ということは、佐藤首相が、公式の場で、「核抜き・本土並み」を表明したのは、一九六九年三月一〇日の参議院予算委員会の席がはじめてであるとしても、実際に、首相が「核抜き・本土並み」を決意したのは、いったいいつごろなのであろうか。佐藤首相の首席秘書官の任にあった楠田氏は、それが一月六日であったと証言している。この日、「午後、総理は下田大使を総理官邸に招き、愛知外相、保利官房長官、木村官房副長官を交えて協議」をおこなった。[*55]楠田氏によれば、その席上、佐藤首相は、下田武三・駐米大使に対して、「核抜き・本土並み」を命じたというのだ。楠田氏のことばをかりれば、「沖縄返還問題について核抜き、本土並みで交渉するという佐藤首相の最も重大な政治決定は、下田大使への指示という形でこの日第一の伏線が張られた」わけだ。[*56]

これに対して、佐藤首相の〝密使〟をつとめた若泉氏は、「佐藤総理が、一月十三日の時点で『核抜き』決断を下す」にいたったと述べている。[*57] 楠田、若泉両氏ともに、その根拠として、保利官房長官の回想録を引用している。事実、そこには、「首相は『まとまらんでもまとまっても〝核抜き本土並み〟でいかなければダメだ』と強く主張、下田大使も首相の〝洗脳〟を受けた」「帰朝報告は、国務省の非常に厳しい考え方を伝えた。しかし佐藤首相から『核抜き本土並みでなければ交渉はまとめない』と強い指示があり『成否は別にして最善を尽くします』ということで米国へ帰った」との記述がみられる。[*58]

では、どうして、楠田、若泉両氏のあいだで、日付にズレが生じたのであろうか。佐藤首相の日記にあるように、六日には、「四時すぎ下田武三君が帰へって来、愛知君や保利君と一緒に報告をきいた。なかなか米国は沖縄基地についてきつい意見らしいが、ジョンソン大使が今度は国務次官になるので、日本国内事情はよく知っておるから何とかなるだらう。難しい交渉には違いない。約一時間半懇談」しており、一三日にも、「十一時から下田君と再度会見。種々今後のあり方について指示して別れる。勿論保利君と三人」での話し合いの場がもたれている。[*59] ここで、問題となるのは、保利長官の回想録の記述である。そこには、「四十四年三月、下田駐米大使が帰朝報告した時のこと」と、誤った日付が記されているのだ。[*60] そのため、日付の確定が困難となってしまったようだ。

それでは、六日、一三日の両日、佐藤首相と顔を合わせた下田大使の手記をみてみよう。若干、ながくなるが、正確を期すために、該当箇所をすべて引用する。[*61]

翌一九六九年一月、私はニクソン新大統領の就任を前にして、情勢報告と打ち合わせのため、再び一時帰国を命ぜられた。一月六日、総理官邸に招かれ、佐藤首相、愛知揆一外相、保利茂官房長官、木村俊夫官房副長官を前に、私は最近の米国事情、日米間の諸交渉の報告、なかんずく沖縄問題に関する米国政府との接触の経緯と見通しにつき詳しく報告した。その中で私は、沖縄返還問題では依然「核抜き」返還が最大の難問であることを強調した。日本国内各方面との打ち合わせを終えて一月十四日、暇乞いに佐藤首相を訪問した際、私は「沖縄返還問題は、前回の訪米から数えて正に二年目に当たる本年末までにその決着をつける方針で進まれるのが得策と考えます。ただし、本土並みの条件なら早期の決着は可能と思われますが、核抜き返還をも条件に加える場合は、現下の国際情勢に鑑み、早期の決着は極めて困難となるものと考えられます」と述べ、差し当たりニクソン新政権発足後の対米交渉に当たって、右二つの条件のいずれをとるべきやについて、総理の指示を仰いだ。その時、佐藤首相は長考一番、息づまるような沈黙が続いた。そこへ突如、ドアを開けて保利官房長官が入ってこられた。それが合図となったかのように、佐藤首相は、「下田君、やはり核付きの返還なんて考えられんよ。あくまで核抜きでいこう」と、厳然として裁断を下された。それは長年にわたる沖縄返還交渉の大きな方向を定めた歴史的瞬間であった。

下田大使の述懐をみると、佐藤首相と会見したのは、六日と一四日ということになっている。したがって、関係者の記録は、すべて日付がズレてしまっていることがわかる。

ここで、「六九年一月十三日の首相の『核抜き裁断』」説を提起した若泉氏の〝検証〟をもう少しくわしく紹介しよう。[*62] 若泉氏は、下田大使の著書にある「一月十四日」という部分に関して、「一月十三日の記憶違いと思われる」としている。[*63] そして、若泉氏は、佐藤首相の一三日の日記の記述に注目する。そこには、上述したように、「勿論保利君と三人」と、記されている。この部分について、若泉氏は、「ここで『勿論』と、保利氏と三人のみであることをとくに断っているところは、『佐藤日記』の他の箇所の同じような表現の場合にときどき看取されるように、何か機密の重要なことが全面的に信頼するごく少数の関係者と話し合われたことを暗示しているようにも感じられる。あるいは、これは私の穿《うが》った読み過ぎかもしれないが……。いずれにしても、下田氏、保利氏、二人の証言はおおむね符合しており、まず間違っていないのではないか、と私には思われる」と論じている。[*64]

若泉氏にとってのポイントは、木村俊夫・官房副長官の存在であったようだ。若泉氏によれば、「思慮深く口が堅い保利官房長官に対する佐藤総理の信頼は際立って厚かった」のに対して、「同じ総理側近でも木村俊夫官房副長官の場合とはかなり違っていた、というのが私の印象である」ようだ。[*65]先述したように、楠田氏の日記をみると、六日の会合には、木村副長官が同席している。要するに、「佐藤総理が、談論風発型、つまり保利氏と違いソフトムードで口の軽快な木村氏を肝心の点になると本当には信頼していないことを、早くから察知していた」若泉氏にとって、佐藤首相が、「核抜き・本土並み」という重大な決断を木村副長官のいる席で、公言するはずがないというわけだ。[*66]

これに対して、楠田氏は、総裁選挙三選後の内閣改造にあたって、「官房長官に保利茂氏を起用、これまで官房長官だった木村さんを官房副長官に格下げした」ことを例にとり、「この人事は、まったく意表をつくものだった。古くからの同志として、人間的なきずなの堅さがあったからこそ行なえた人事であって、今でも佐藤人事の一つの典型といわれている」と述べているように、「古くからの同志」である、佐藤首相と木村副長官とのあいだに、「人間的なきずなの堅さ」をみいだしているのだ。[*67]この木村副長官に対する楠田、若泉両氏の評価が、こうした日付のズレを生じさせた一因とみてよかろう。しかし、いずれにせよ、一九六九年一月の時点で、佐藤首相が、「核抜き・本土並み」を決意していたことは、ほぼまちがいないといえる。

ただ、佐藤首相の〝黒子〟として、米国側と接触をもった、高瀬保・京都産業大学教授は、「アメリカとの沖縄返還交渉がいちばん微妙な時期に入っていた昭和四三年（一九六八年）一一月」の段階で、佐藤首相が、「あくまでも核抜き、本土並みの線で確認をとってこい、もしニクソンがノーと言ったらそのまま帰国せよと伝えてきた」と証言しているのだ。[*68]

したがって、佐藤首相が、「核抜き・本土並み」を決断した正確な日付を探ることは、かなり困難といわざるを得ない。くわえて、若泉氏が、「佐藤総理が、一月十三日の時点で『核抜き』決断を下すのに、どのような情報と見通しを根拠としていたのかという問題は、私にとっていまもって謎である」と述べているように、佐藤首相がどのようなプロセスをへて、「核抜き・本土並み」を判断するにいたったかについても、依然として不明確な部分が多い。[*69]

とはいえ、「六七年の日米会談を終えたあとも、佐藤は米側との間にいくつかの非公式のパイプをもち、日本国内の空気を伝えるとともに、米国の沖縄核配備についての態度を打診し続けていた」のであり、「この頃、米側から『核抜きでもよい』との感触がもたらされた」ことだけはまちがいなかろう。[*70]

このように、「佐藤首相の『白紙』答弁は内外情勢の推移を時間をかけて見極めたいという首相自身の慎重な性格や政治手法によるものであったが、同時に『白紙』発言は沖縄問題への世論や与野党の関心を一層高めることにもなった」。[*71]そして、一一月一九日〜二一日の日米首脳会談を迎えるのである。

(2) 佐藤・ニクソン会談

ここで、佐藤首相が「核抜き・本土並み」の〝筆おろし〟をしてからの日米間の交渉について、一九六九年度版の『わが外交の近況』の記述を紹介しておこう。[*72]

まず一九六九年六月愛知外務大臣は米国を訪問し、この問題に対する日本政府の基本的立場を米国政府首脳に説明した。すなわち、(イ) 遅くとも一九七二年中には沖縄の施政権がわが国に返還されるべきこと、(ロ) 施政権返還後の沖縄に残される米軍基地については、日米安保条約およびその関連取決めが本土の場合と同様にそのまま適用されるべきことを主張し、同時に、（ハ）特に核兵器の問題について、わが国には唯一の原爆被爆国として核兵器に対する特殊な強い感情があることを説明し、その点に対する米国政府の慎重な配慮を求めた。

その後、同年七月日米貿易経済合同委員会の際のロジャーズ国務長官の来日、九月愛知外務大臣の国連総会出席の途次のワシントン立寄り等の機会をはじめ、東京およびワシントンにおけるあらゆるレベルの話し合いを通じて、一一月に予定された佐藤総理大臣訪米の際に、前記日本政府の基本的立場に立って、施政権返還についての基本的合意に到達しうるよう対米交渉が進められた。

こうした状況を受けて、佐藤首相は、一一月一九日、ニクソン大統領との第一回目の首脳会談にのぞんだ。午前一〇時四〇分から午後一二時一〇分までおこなわれた会談は、佐藤首相とニクソン大統領、そして二名の通訳だけによるものであった。そして、この席において、「大統領より、十九日は安全保障及び沖縄を含む東南アジアの政治・外交問題を話し、二〇日に経済問題を話すこととしたい旨提案、総理もこれを了承した」のであった。[*73]さて、注目の沖縄問題についてであるが、佐藤・ニクソン会談では、つぎのような会話がなされたという。[*74]

（イ）沖縄が返還された上は、復帰後の沖縄を含む日本全体の安全を守るために、日本の自衛力を強化しなければならないことは、自分（総理）としても良く判っていること、（ロ）沖縄返還後の安全保障を考えるにあたっては、沖縄が現在、日本の安全を含めアジアの安全保障に重要な役割を果たしていることを十分ふまえて行く考えであることを説明し、自分（総理）は大統領に沖縄を返してくれということをまだ言い出していないが、沖縄の返還後の安全保障の問題については上記の考え方を持っていることをまずお伝えする旨述べた。

それに対し、大統領より、沖縄にある米軍基地は日本及びアジアの防衛にとり極めて重要である旨指摘し、今後沖縄の返還のための色々な取り決めをwork outし、沖縄が日本に返された後は沖縄が日本の主権の下におかれることになるので、日本が軍事的にgreater responsibilityをassumeして欲しく、これは要望（demand）ではなく、事実の問題（statement of fact）である旨述べた。さらに大統領は、（イ）米国側としても、沖縄の施政権を日本に返還する結果として、沖縄の米軍の機能が若干弱まる結果となることは覚悟しており、また日本の憲法上の問題も判っているが、核能力ということとは別に、日本がsignificant military capacityをdevelopすることが世界の将来のために望ましい旨及び、（ロ）現在世界には、米国、西独を含む西欧、ソ連、中共という四つの勢力圏があるが、これに日本が加わり、この五者の間の力の均衡を築くことが必要と考えている旨述べ、この考え方に対する総理のcommentを求めた。
それに対し、総理より、日本としては、純軍事的に世界の平和維持に加わることは無理であるが、経済協力等の面ではすでにその方向に努力している旨指摘し、非核三原則を説明の上、大統領の言われることも純軍事的なものではないと了解する旨述べた。それに対し、大統領より、自分（大統領）としても、もちろん、経済協力が間接的に安全の維持に役立っていることは承知しているが、自分の言うsignificant military capacityとは通常兵器のことを言っている旨述べたので、総理より、日本としては、今後『空』及び『海上』を中心に自衛力を強化していく方針である旨述べ、大統領よりも、右は結構なことである旨答えた。

また、「共同声明の第八項、核兵器に関する部分」についても、両首脳のあいだで、意見交換がなされた。[*75] まず、ニクソン大統領から、「施政権返還後の沖縄の基地の使用について、どういう手続きでやるかが一番問題」であり、「その点を共同声明でどう表現するかにつき、自分（大統領）は一案を有しているが、総理の側に案がありか否か」との質問が投げかけられた。[*76] 首席秘書官の楠田氏によれば、「このとき佐藤首相は三つの案を用意していた」

が、「後にA案と呼ばれる」、「かねて用意の一案を提示した」。同時に、ニクソン大統領も米国案を示した。佐藤首相の示した案文には、「総理大臣は、核兵器に対する日本国民の特殊な感情およびこれを背景とする日本政府の政策について詳細に説明した。これに対して大統領は深い理解を示し、沖縄の返還を右の日本政府の政策に背馳しないよう実施する旨を総理大臣に確約した」との文言が記されていたようだ。他方、「ニクソン大統領の提示した案は、同様な文言ながら、『緊急時において沖縄の米軍の基地の機能をそこなわない』という趣旨が盛り込まれていた」という。[*77] 案文を一読したのち、まず、佐藤首相が、「沖縄が日本に返還された後には、日米安保条約がなんらの変更なしに適用されることになるので、沖縄の軍事的役割について自分（総理）も十分認識して対処して行くこととしたいが、共同声明の上で、重大な事態の際に沖縄の米軍基地の機能を損なわないとすることは非常にむずかしい問題である旨」を述べた。他方のニクソン大統領は、日本案に関して、「この表現は、自分（大統領）と総理の間の文章としては、これで十分であるが、自分が米国民に説明するためには、もう少し詳しく事前協議を説明する必要がある」と応じたのであった。[*78] つまり、このA案は、「日本側に甚だ都合のいい案であった」ため、「軍部や議会を説得するだけの言葉が必要だった」ニクソン大統領には、受け入れがたいものであった。[*79] そこで、佐藤首相はB案とよばれる案文をニクソン大統領に示した。そこには、「……これに対して大統領は深い理解を示し、日米安保条約の事前協議制度に関する米国政府の立場を害することなく、沖縄の返還を、右の日本政府の政策に背馳しないよう実施する旨を総理大臣に確約した」と記されていたのであった。[*80] B案を一読したニクソン大統領は、「右の表現につき総理が日本国民を納得せしめうるのであれば、自分（大統領）はこの表現で米国民を納得せしめる用意がある旨述べ、総理も大統領のこの発言を多とする旨述べた」のである。[*81]

かくして、「佐藤内閣最大の公約はこの日をもって達成されたのである。アメリカとしても、アジアにおける最強のパートナーとしての日本の希望を容れなければ、自民党の佐藤政権を危うくすることをも考慮して、軍部を抑えて返還に踏み切ったのであろう」。このように、「軍事的に多少問題があっても、良好な対日関係を維持することがさらに重要と考えられた」結果であった。[82]

このほか、第一回目の会談では、日米間でのホット・ラインの設置、沖縄からのメースBの撤去なども議題となった。ちなみに、この日、佐藤首相は、「予定通りの儀式を終り大統領と会談。沖縄の核問題が主題。案ぜられた議案だが軌道の上を予定通り走り、正午前には妥結。一同によろこんで貰った。大成功。本土なみ核抜きが実現、ほんとうに有難う」と、その喜びを日記にしたためている。[83]

翌二〇日の第二回目の会談（午前一〇時二〇分～午後一二時二七分）の主要議題は、米国側の関心のたかい経済問題、とりわけ繊維問題であった。会談の冒頭、ニクソン大統領が、「貴総理が沖縄問題について非常に困難な問題をかかえられていると同様に、自分としても、政治問題としての繊維の問題についてまず申しあげたい」と切りだしたのだ。そして、「この問題は米国においてコントロヴァーシャルな問題であり、日本においてもそうであることを自分もよく承知している。この問題によって日米双方が抜きさしならぬ対立関係に落ち入ることは絶対に回避したい」としたうえで、「具体的に云うとご承知のとおり、米議会には繊維品の輸入枠設定の法案が提出されているが、若しこれが実現すると日米関係のみならず、米国とその他の諸国との関係にも悪影響を与えることとなる」と述べている。さらに、「繊維問題については、自分はさきの大統領選挙において、work out a system of voluntary quota systemと公約したことでもあり、繊維問題について政治問題的な責任を負わせられている次第である。日本に対し困難な問題を提起していることも自分はよく承知している。繊維問題と沖縄問題とが結びつくという印象を与えたくないとの貴総理の立場についても承知している。この問題については、以上のような事情にも鑑み、今ではなく、適当な時期に、GATT等の場においてcomprehensiveな合意に到達したい。今これを公表すると日本で誤解される可能性もあるので、これを公表する考えはない（no intention to have any disclosure of this discussion at this point, because it would be misunderstood in Japan）。したがって、共同声明には本問題を含めることなく、貿易と資本の自由化等についての一般的な表現で十分である」との見解を披露した。これに対して、佐藤首相は、「GATTの場で処理することは原則的には差支えないが、これまでの国内の情況を説明すれば、繊維についての国会の決議があり、自分はこれに拘束されている。GATTの場で繊維の話を始めても、見通しがはっきりしない以上、実り多き結果は期待できない。政府としては見通しがはっきりしていれば業界を指導することが出来る。日本の業界は、これまでは二国間であれ多数国間であれ交渉に反対してきている。今後の方針としてはまずジュネーヴでの二国間の予備的話し合いをして見通しをつかんだ上で業界を指導する」との考えを示したのであった。[*84]

ニクソン大統領の発言にもあるように、首脳会談後に発表された共同声明には、〝繊維〟という文字は記されていない。この点に関して、〝密使〟をつとめた若泉氏は、つぎのように語っている。すなわち、「繊維自主規制問題が首脳会談における重要な議題になるだろうということは、関心のある誰にも明らかなことだった」。だが、「共同声明に繊維問題を取り上げることは、内容のいかんにかかわらず、ほとんどそれだけで十分に〝取り引き〟とみなされる雰囲気が日本国内に根強く存在」しており、「実際には秘密裏に極めて明確な取り引きをしようとしているときだけに、その秘密性はあらゆる面で貫徹されなければならなかった。少しでも、〝取り引き〟を示唆するような言葉が、公表されてはならなかった」と。[*85] 事実、佐藤首相も、二日目の会談を終えた日の日記に、「経済問題は全体としてまづ注意する事は、沖縄と取り引きされたと云う事のない様に、そして全然別個の問題として取り扱ふ様に注意する事」と書いている。[*86]

今回の訪米で、繊維問題と沖縄返還を〝取り引き〟したとみられるのをおそれた佐藤首相は、翌二一日の第三回目の会談（午前一〇時二一分〜一一時四分）の席上、あらためて、ニクソン大統領に対して、つぎのように求めた。すなわち、「本日の会議に入る前に繊維の問題につき一、二申上げたいことありと前置きの上、本件については大統領が有しておられる深い関心については十分承知しているが、一方日本側としても従来から説明しているとおり、沖縄問題と本件がからみ合ってくることはなんとしても避けたい」と。そして、「現在ジュネーヴで行なわれている話合いに関し、外部に発表する意図はないが、一二月末までに話をつけ、その上ではっきりした形で約束をする。そこでもし、問題があったら、大統領から下田大使を招致し、話していただきたい。申すまでもなく自分は、このことにつき十分責任をとる用意がある」と語った。これに対して、ニクソン大統領は、「御指摘のように月末までに了解に達することは重要なことである。しかる後GATTの枠内で検討するのが望ましい。外部との関係については、プレス・クラブでの演説等でも言及されると承知していることでもあり、共同声明では繊維問題にふれないことにして差支えなく、広範な経済問題について意見の交換を行なったといった一般的表現にとどめておいて結構である。沖縄と繊維がからんでいるとの印象を与えたくないという貴総理の意向については十分承知している」と応じたのであった。[*87]

そして、この会談の最後に、ニクソン大統領は、「最大の懸案である沖縄問題を解決したが、われわれは正に新時代に向って歴史的な第一歩をふみ出すことになるとして総理に握手を求めた」のであった。[*88]

都合三回にわたる首脳会談終了後、「佐藤栄作総理大臣とリチャード・M・ニクソン大統領との間の共同声明」が発表された。共同声明の第四項には、「総理大臣と大統領は、特に、朝鮮半島に依然として緊張状態が存在することに注目した。総理大臣は、朝鮮半島の平和維持のための国際連合の努力を高く評価し、韓国の安全は日本自身の安全にとつて緊要であると述べた」「大統領は、米国の中華民国に対する条約上の義務に言及し、米国はこれを遵守するものであると述べた。総理大臣は、台湾地域における平和と安全の維持も日本の安全にとつてきわめて重要な要素であると述べた」と記されていた。[*89] この点に関して、『読売新聞』は、社説「実現した沖縄の祖国復帰」のなかで、「韓国、国府に対するアメリカの条約上の義務にふれて、わが国の協力姿勢を強く打ち出したことは、はじめて」であり、「見方によっては、米韓、米華相互防衛条約を結ぶ役割を果たしてきた沖縄基地に代わって、日本全体が、この極東防衛体制の一環をになう決意を表明したものとも受けとれる。これは、アジアにおけるわが国今後の進路を制約し、日本外交のフリー・ハンドをせばめることになるのではないか」との疑問を呈している。[*90]

さらに、第一回目の首脳会談の折りに挿入された、第八項の「日米安保条約の事前協議制度に関する米国政府の立場を害することなく」という文言に関しても、マスコミの論調は手厳しい。この文言に関連して、たとえば、『朝日新聞』は、「日米共同声明の示す明暗」と題する社説において、「ここで見落としてはならないのは、日米交渉の過程で、日本側から返還後の核持込み禁止が要求された形跡がなかったということである。日本側が主張したのは、『返還された時点で沖縄に核がなくなっている状態』だけであった。共同声明の文言はこうした交渉の実態をむしろ正確に表現しているとさえいえるだろう。返還される時点で核はなくなっているかもしれない。しかし、米軍が緊急事態であるとして核の持込みを要求してきた場合には、『事前協議制度に関する米国政府の立場』は害されないという保証が与えられたわけである。米側が、この文言をタテにして、軍部や議会に『有事の核持込み』が保証されたと説明できることはいうまでもなく、これはあいまいな表現というよりも、むしろ疑う余地のない表現というべきではないか」と断じている。[*91]ここで留意しておきたいのは、二一日の第三回目の首脳会談をまえにして、ニクソン大統領は、すでに、議会の指導者たちと会談をもっていた点である。そして、その後の首脳会談の席において、「レアード国防長官、ウィーラー統幕議長より、共同声明の表現によれば、米側は事前協議条項により、安全保障上の機能を果し得る旨説明し、議員側も了承した」事実を佐藤首相に伝えていたのであった。[*92]

また、『毎日新聞』は、「沖縄の復帰と取引されるかもしれない、と懸念されていた繊維の自主規制問題は、当然のことながら、共同声明からはずされ、今後の日米間の継続的協議に付することとなった。沖縄の復帰という、神聖な歴史的出来ごとが、露骨に経済問題と取引されなかったことは、日米両国にとってさいわいだった」と社説「沖縄の本土復帰を喜ぶ―日米首脳会談の成果―」で論じていたが、[*93]この点に関して、『日本経済新聞』は、社説「沖縄の復帰決定と今後の課題」のなかで、「日米共同声明は当然、経済問題についても言及している。しかし『沖縄』と『繊維』など経済問題とを取り引きした印象を与えたくないとの配慮からか、声明は当面する懸案について全くふれていない。この〝議論はしたが、共同声明に明記しない〟とするやり方が果たしてよかったかどうか」との疑問を呈している。[*94]

ところで、今回、佐藤、ニクソン両首脳のあいだで、〝密約〟が交わされたのは、周知のとおりである。それが、「一九六九年十一月二十一日発表のニクソン米合衆国大統領と佐藤日本国総理大臣との間の共同声明についての合意議事録」と題する文書であり、そこには、以下のような文言が記されていた。[*95]

日本を含む極東諸国の防衛のため米国が負っている国際的義務を効果的に遂行するために、重大な緊急事態が生じた際には、米国政府は、日本国政府と事前協議を行なった上で、核兵器を沖縄に再び持ち込むこと、及び沖縄を通過する権利が認められることを必要とするであろう。かかる事前協議においては、米国政府は好意的回答を期待するものである。さらに、米国政府は、沖縄に現存する核兵器の貯蔵地、すなわち、嘉手納、那覇、辺野古、並びにナイキ・ハーキュリーズ基地を、何時でも使用できる状態に維持しておき、重大な緊急事態が生じた時には活用できることを必要とする。

日本国政府は、大統領が述べた前記の重大な緊急事態が生じた際における米国政府の必要を理解して、かかる事前協議が行なわれた場合には、遅滞なくそれらの必要をみたすであろう。

大統領と総理大臣は、この合意議事録を二通作成し、一通ずつ大統領官邸と総理大臣官邸にのみ保管し、かつ、米合衆国大統領と日本国総理大臣との間でのみ最大の注意をもって、極秘裏に取り扱うべきものとする、ということに合意した。

この〝密約〟の起草には、日本側からは若泉氏が、他方の米国側からは、ヘンリー・A・キッシンジャー大統領補佐官があたった。この文書が、〝密約〟であることから、キッシンジャー補佐官は、事前の打ち合わせ（一一月一〇日）で、若泉氏に対して、「佐藤氏と大統領が二人だけになる場面を作り、イニシァルだけ記すということにすればいい」「会談中には一切それにふれぬことにしよう」と述べていた。[*96] そして、翌一一日には、「オーバル・オフィスに隣接して小さな部屋がある。大統領しか使わないんだが、そこにいろんな美術品が置いてある。そこで、会談の終りごろ、『ふだん誰にもお見せしないんだが、今日は私の好きな美術品を特別にご覧にいれましょう』と言って、佐藤氏を招き、大統領と二人が入ったらドアを閉める。そこに前もって別の入口から自分が入っていて、議事録を二枚出してイニシァルを記入してもらう」ことを提案したのだ。[*97] さらに、一二日には、キッシンジャー補佐官が、「合意議事録のサインの件は、沖縄の話がついたら、第一日目の会談の最後のころ、ニクソン大統領から言い出して佐藤首相を小部屋に案内する。そこには自分が待っていて、二人がイニシァルだけサインして、一通は封筒に入れて佐藤氏に渡す」という綿密な〝脚本〟を書いたのだ。[*98]

一一月一五日、若泉氏は帰国し、この〝シナリオ〟の説明のため、佐藤首相と会見した。若泉氏が、「秘密の合意議事録について、用意した日本文と英文ドラフトを渡すと、両方を丹念に読んだ総理は二度頷《うなず》いた。異論はなかった」とのことだ。[*99] そして、一九日の第一回目の首脳会談終了後、佐藤首相は、オーバル・オフィスのとなりの小部屋に入り、〝密約〟に署名をしたのだ。ただ、この点に関して、〝脚本〟とは異なる事態が生じたようだ。佐藤首相によれば、「ただ一つ違っていたのは、サインの件だけどね。別室へ入ったら、予定どおり君の友人（＝キッシンジャー補佐官）がいて、紙があった。それに目を通して確かめた。ところが、先に、向うの先生（＝ニクソン大統領）がフル・ネームでサインしてしまったもんだから、俺もそうしたんだ」（カッコ内、引用者補足）とのことであった。[*100]

いずれにせよ、日米両国の首脳は、この日、〝密約〟を交わしたのだ。佐藤首相は、三月一〇日の参議院予算委員会での〝筆おろし〟発言以降、折りにふれ、「核抜き・本土並み」を公言していた。だが、その背後で、佐藤首相は、かなりはやい段階から、核の再持ち込みを認めていたようである。これは、若泉氏の手記をみれば、一目瞭然だ。たとえば、九月一六日、「問題は、核を抜かせたあと、緊急非常事態の際、核をふたたび持ち込むというアメリカ側の話です」と述べた若泉氏に対して、佐藤首相は、「本当にどうしても必要なら、その場合はイエスと言うに決まっているではないか」と応じているし、[*101] 一一月七日の若泉発言――「唯一の問題点は、いまや、核を抜いて返還させたあとの、再持ち込みと通過の権利を相手にどう保証するかに絞られています。緊急の非常事態をどのように定義するか、誰が判断するかが問題で、単なる事前通告でやられるのは困ります」――に対しても、佐藤首相は、「そういう大変な危機の非常時が起れば、日本のためにも必要かもしれん」と答え、核の再持ち込みを是認しているのだ。[*102]

ちなみに、この〝密約〟の起草にあたった若泉氏は、〝密約〟の必要性について、つぎのように述べている。[*103]

> 突きつめて考えてみれば、核時代における自国の生き残り《サバイバル》をアメリカの〝核の傘〟（抑止力）の保護に求めている敗戦国日本としては、万が一にも緊急不可避の非常危機事態が生起した場合、佐藤総理も示唆したように、自国の生存と安全のためにもこの文書が必要となるかもしれない。それが、そもそも日米安保条約の存在理由《レゾン・デートル》ではないか、というのが私の基本認識であった。
>
> 日本および日本国民の民族的要求を確実に実現するため、この一片の文書は支払わねばならない最小限の quid pro quo（代償）なのである。
>
> これなくしては、日本の固有の領土沖縄とそこに住む百万同胞は、『核抜き』という日本の基本的条件下で祖国に還ってくることはないのだ。このことが、いま日本政府が直面している不可避の現実なのだ。

なお、このときの首脳会談で、佐藤首相とニクソン大統領が、「共同声明の具体的な実施取り決めについて極秘に了解した『日米合意議事録』を二種類作成し、米国務省が現在も機密扱いのまま保管していることが、米情報公開法に基づく請求への回答で明らかになった」。その一つは、「非常時に沖縄への核再持ち込みを認める内容」で、もう一つは、「返還後の沖縄基地の自由使用に関する保証だった可能性が強い」とされる。[*104] だが、外務省は、情報公開請求に対する「決定通知書」（二〇〇一年六月一日付）のなかで、「（そのような文書は）不存在」と回答している。[*105]

4 結び

今回の佐藤・ニクソン会談に関して、前出の沖縄基地問題研究会のメンバーの一人であった高坂氏は、「一九六九年一一月の佐藤・ニクソン会談は大成功であった」と、たかい評価をあたえている。[*106]

これに対して、元日本経済新聞社論説副主幹の金指正雄氏は、問題の共同声明第八項にふれ、「玉虫色の妥協の産物であった」との痛烈な批判をあびせている。[*107]

ところで、第二回目の首脳会談がおこなわれた二〇日の夜、日本大使公邸で下田大使主催のレセプションが開催された。そこに列席していた、竹下登・衆議院議員は、「宴の途中で佐藤首相から、二階でひと休みするので、いっしょにくるように、といわれた。首相は椅子に腰を下ろすとすぐ『おい竹下君、保利（官房長官）に連絡しろよ。帰ったら国会を開いて解散だ』。私は思わずドキリとした。同時に『これが政治というものか』と身のひきしまるような気持ちがした」と語っているが、佐藤首相は、沖縄返還の実現という成果をかかげて、衆議院議員総選挙にのぞむ決意をかためたのであった。[*108]

だが、この政治日程は、すでに佐藤訪米以前から組みこまれていた。首席秘書官の楠田氏によれば、保利官房長官から、訪米直前の「ある日、官房長官室に呼ばれて、一枚の紙を渡された。そこには臨時国会の召集、解散、選挙の告示、投票日、それぞれの日取りが順を追って書いてあった」ようだ。そして、保利官房長官は、楠田氏に対して、「もし会談がうまくいったら、ワシントンからニューヨークへ行く飛行機のなかでこれを総理に見せてくれ。その返事をニューヨークへ着いたらすぐ電話してくれ」と頼んだという。このときのことを想起して、楠田氏は、「保利氏はその時点で、すでにそこまで配慮していた。深沈重厚、その周到さが日米会談の成功と沖縄選挙の大勝につながったと私は確信している」と述懐している。[*109]

楠田氏のことばにあるように、一二月二日には、衆議院が解散され、二七日には、第三二回衆議院議員総選挙がおこなわれた。この結果、自民党は三〇〇議席の大台を九年ぶりに回復した。だが、社会党は、「惨敗に終り、同党はわずか九〇人というみじめな勢力に転落」することとなった。[*110]

かくして、「佐藤内閣と自民党は沖縄返還と六九年総選挙の大勝で、革新側が意気込んでいた『七〇年安保』を、難なく乗り切った」[*111]。だが、その背後で、「明らかに日本は、沖縄返還をテコに、アジアの安保体制へのコミットを一歩進めた」ことはまちがいない。[*112] さらに、このときの佐藤・ニクソン会談に端を発した「繊維紛争の長期化は、いろいろな面で日米関係の悪化をもたらした」という側面にも留意する必要がある。[*113]

注

＊1　『第六十一回国会　衆議院会議録　第二号（二）』一九六九年一月二七日、一一―一二頁。

＊2　『読売新聞』一九六九年一月二八日、二面。

＊3　『毎日新聞』一九六九年一月二八日、五面。

＊4　楠田實「新しい日米関係の幕開け」楠田實編『佐藤政権・二七九七日』〔上巻〕（行政問題研究所、一九八三年）、三六八頁。

＊5　高坂正堯「佐藤栄作―『待ちの政治』の虚実―」渡邉昭夫編『戦後日本の宰相たち』（中央公論社、一九九五年）、一九九頁。

＊6　『第六十回国会　衆議院会議録　第二号（二）』一九六八年一二月一一日、二七頁。

＊7　『朝日新聞』一九六八年一二月一二日、五面。ここでいう野党党首との会談とは、一二月七日におこなわれた竹入義勝・公明党委員長とのものであり、この場において、佐藤栄作首相が、沖縄問題に関して、「こんどは白紙から一歩出る。本格的には通常国会でやることになろうが、臨時国会でも一歩出る」と述べていたことをさしている（同上、一九六八年一二月七日、一面）。

＊8　なお、楠田實氏によれば、佐藤首相、外務省ともに、「この段階では本土並み返還が出来るなどという甘い幻想は全く抱いていなかった」（傍点、引用者）ようだ（楠田、前掲論文「新しい日米関係の幕開け」楠田編、前掲書『佐藤政権・二七九七日』〔上巻〕、三七二頁）。

＊9　このことを「まったく予測できず、北爆を積極的に是認し、ジョンソン大統領との間だけで沖縄返還を推進していた佐藤首相にとっては大きなショックだった。佐藤が政権について以来味わった最初の深刻な挫折感だった」とみる識者もいる（多田実「保守安定支配の確立―第四七回国会～第六二回国会―」内田健三・金原左門・古屋哲夫編『日本議会史録　五』〔第一法規、一九九〇年〕、二三六頁）。

＊10　齋藤眞『アメリカ政治外交史』（東京大学出版会、一九七五年）、二四一―二四二頁。

＊11　ちなみに、このときの選挙では、ジョージ・C・ウォーレスが、アメリカ独立党から立候補し、九〇万一一五一票（得票率：一三・五三％）を獲得している。John W. Wright, ed., *The New York Times Almanac 2005* (New York: Penguin Books, 2004), p. 112.

＊12　砂田一郎『新版　現代アメリカ政治―二〇世紀後半の政治社会変動―』（芦書房、一九九九年）、一五〇頁。

＊13　楠田、前掲論文「新しい日米関係の幕開け」楠田編、前掲書『佐藤政権・二七九七日』〔上巻〕、三四〇頁。

＊14　『朝日新聞』一九六八年一〇月二二日、三面。

＊15　外務省編『わが外交の近況』〔第一三号〕、四八頁。
なお、佐藤首相とリンドン・B・ジョンソン大統領との会談については、浅野一弘「佐藤政権と米国―沖縄返還を中心に―」藤本一美編『ジョンソン大統領とアメリカ政治』（つなん出版、二〇〇四年）を参照されたい。

＊16　佐藤榮作著、伊藤隆監修『佐藤榮作日記』〔第三巻〕（朝日新聞社、一九九八年）、三四六頁。
＊17　楠田、前掲論文「新しい日米関係の幕開け」楠田編、前掲書『佐藤政権・二七九七日』〔上巻〕、三六九―三七〇頁。
＊18　『朝日新聞』一九六八年一一月八日（夕）、二面。
＊19　佐藤著、伊藤監修、前掲書『佐藤榮作日記』〔第三巻〕、三四五―三四六頁。
＊20　『朝日新聞』一九六八年一〇月三一日、一面。
＊21　同上、一九六八年一一月一日（夕）、三面。
＊22　同上、一九六八年一一月一九日、二面。
＊23　同上、一面。
＊24　同上、一九六八年一一月一五日、二面。ちなみに、もう一人の候補者である前尾繁三郎は、すでに八月八日の段階で、「沖縄返還にあたっては、基地は核ぬきでなければならない」との考え方をうちだしている（同上、一九六八年八月九日、一面）。
＊25　同上、一九六八年一一月一九日（夕）、二面。
＊26　佐藤著、伊藤監修、前掲書『佐藤榮作日記』〔第三巻〕、三五〇頁。
＊27　『朝日新聞』一九六八年一一月一九日（夕）、二面。
＊28　ちなみに、このとき、候補者ではない藤山愛一郎氏に対する票が入っているが、この点について、同氏は、「選挙で私に一票入ったため、『本人が入れたんじゃないか』とずいぶん冷やかされたが、あれは井野碩哉さんの票に違いない」と断言している（藤山愛一郎『政治　わが道―藤山愛一郎回想録―』〔朝日新聞社、一九七六年〕、一九四頁）。
＊29　内閣制度百年史編纂委員会編『内閣制度百年史』〔下巻〕（大蔵省印刷局、一九八五年）、三八五頁。
＊30　堀越作治『戦後政治裏面史』（岩波書店、一九九八年）、一八五頁および一八七頁。
＊31　保利茂『戦後政治の覚書』（毎日新聞社、一九七五年）、一一四―一一五頁。
＊32　『朝日年鑑』〔一九七〇年版〕、二六〇頁。
＊33　自由民主党編『自由民主党党史』（自由民主党、一九八七年）、四九七頁。
＊34　『朝日年鑑』〔一九六九年版〕、三一二頁。
＊35　『読売新聞』一九六八年一一月一二日、二面。

＊36 佐藤著、伊藤監修、前掲書『佐藤榮作日記』〈第三巻〉、三四六―三四七頁。
＊37 同上、三五九頁。
＊38 外務省編『わが外交の近況』〈第一三号〉、四八頁。
＊39 石川真澄『戦後政治史』（岩波書店、一九九五年）、一一六頁。
＊40 『第五十七回国会 衆議院 予算委員会議録 第二号』一九六七年一二月一一日、一八頁。
＊41 冨森叡児『戦後保守党史』（社会思想社、一九九四年）、二〇七―二〇八頁。
＊42 『第六十一回国会 参議院 予算委員会 会議録 第九号』一九六九年三月一〇日、六頁。
＊43 保利、前掲書『戦後政治の覚書』、一二〇―一二一頁。
＊44 佐藤著、伊藤監修、前掲書『佐藤榮作日記』〈第三巻〉、四一〇頁。
＊45 多田、前掲論文「保守安定支配の確立」内田・金原・古屋編、前掲書『日本議会史録 五』、二四八頁。
＊46 升味準之輔『現代政治―一九五五年以降―』〈上巻〉（東京大学出版会、一九八五年）、一六四―一六五頁。
＊47 渡辺昭夫「沖縄問題等懇談会」外務省外交史料館 日本外交史辞典編纂委員会編『新版 日本外交史辞典』（山川出版社、一九九二年）、一一三頁。
＊48 『朝日新聞』一九六九年三月九日、四面。
＊49 神谷不二『戦後史の中の日米関係』（新潮社、一九八九年）、一三三頁。
＊50 エドウィン・O・ライシャワー著、徳岡孝夫訳『ライシャワー自伝』（文藝春秋、一九八七年）、四八二―四八三頁。
＊51 エドウィン・O・ライシャワー著、大谷堅志郎訳『日本への自叙伝』（日本放送出版協会、一九八二年）、四〇四頁。
＊52 U・アレクシス・ジョンソン著、増田弘訳『ジョンソン米大使の日本回想』（草思社、一九八九年）、二一九頁。
＊53 高坂、前掲論文「佐藤栄作」渡邉編、前掲書『戦後日本の宰相たち』、二〇〇頁。
＊54 若泉敬『他策ナカリシヲ信ゼムト欲ス』（文藝春秋、一九九四年）、二〇五―二〇六頁。
＊55 楠田實著、和田純編・校訂、五百旗頭真編・解題『楠田實日記―佐藤栄作総理首席秘書官の二〇〇〇日―』（中央公論新社、二〇〇一年）、二九六頁。
＊56 楠田、前掲論文「新しい日米関係の幕開け」楠田編、前掲書『佐藤政権・二七九七日』〈上巻〉、三八八頁。
＊57 若泉、前掲書『他策ナカリシヲ信ゼムト欲ス』、二〇四頁。

＊58　保利、前掲書『戦後政治の覚書』、一二三―一二四頁。
＊59　佐藤著、伊藤監修、前掲書『佐藤榮作日記』（第三巻）、三七六頁および三八〇―三八一頁。ちなみに、一三日の楠田氏の日記には、「駐日米大使のアレクシス・ジョンソン氏が、ニクソン政権の国務次官に任命された。離任挨拶をかねて官邸に佐藤総理を訪問し、会談。日本に理解の深いジョンソン氏が国務次官になるということは、日本側にとっては朗報だ」と記されているだけで、下田武三・駐米大使との懇談については、なんらふれられていない（楠田著、和田編・校訂、五百旗頭編・解題、前掲書『楠田實日記』、二九七頁）。
＊60　保利、前掲書『戦後政治の覚書』、一二三頁。
＊61　下田武三『日本はこうして再生した―下田武三　戦後日本外交の証言・下―』（行政問題研究所、一九八五年）、一七七頁。
＊62　若泉、前掲書『他策ナカリシヲ信ゼムト欲ス』、二〇八頁。
＊63　同上、一九九頁および二一三頁。同様に、保利茂・官房長官の回想録のなかにある「四十四年三月」という記述についても、「この三月というのは、一月の記憶違いと思われる」と断じている（同上）。
＊64　同上、二〇〇頁。
＊65　同上、二〇一頁。
＊66　同上、二〇三頁。
＊67　楠田實『首席秘書官―佐藤総理との十年間―』（文藝春秋、一九七五年）、七〇―七一頁。
＊68　高瀬保『誰も書かなかった首脳外交の内幕』（東洋経済新報社、一九九一年）、九一―一〇頁および三四―三七頁。
＊69　若泉、前掲書『他策ナカリシヲ信ゼムト欲ス』、二〇四頁。
また、当時、外務省アメリカ局長として、沖縄返還交渉にあたった、東郷文彦氏も、三月一〇日の参議院予算委員会での答弁に関して、「この答弁がどう云う経緯で行われたのか、総理の生前直接承る機会を失したのは今でも惜しいことをしたと思っている」と語っている（東郷文彦『日米外交三十年』〔世界の動き社、一九八二年〕、一五九頁）。
＊70　冨森、前掲書『戦後保守党史』、二〇八頁。
＊71　金指正雄「自民党黄金期―佐藤長期政権の秘密―」北村公彦・伊藤大一・宇治敏彦・内田満・大橋豊彦・金指正雄・佐竹五六編『現代日本政党史録　第三巻―五五年体制前期の政党政治―』（第一法規、二〇〇三年）、二七三頁。

＊72 外務省編『わが外交の近況』〔第一四号〕、一二四頁。
＊73 楠田著、和田編・校訂、五百旗頭編・解題、前掲書『楠田實日記』、七七五頁。
＊74 同上、七七六―七七七頁。
＊75 楠田實「太平洋新時代」楠田實編『佐藤政権・二七九七日』〔下巻〕（行政問題研究所、一九八三年）、六〇頁。これは、「共同声明の他の条項が東京における事務折衝、ワシントン到着後の予備折衝でほぼ詰まっていたのに対し、核問題については全く詰めがなされていなかった」からだ（同上）。
＊76 楠田著、和田編・校訂、五百旗頭編・解題、前掲書『楠田實日記』、七七七頁。
＊77 楠田、前掲論文「太平洋新時代」楠田編、前掲書『佐藤政権・二七九七日』〔下巻〕、六〇―六一頁。
＊78 楠田著、和田編・校訂、五百旗頭編・解題、前掲書『楠田實日記』、七七七―七七八頁。
＊79 山田栄三『正伝　佐藤栄作　（下）』（新潮社、一九八八年）、二一二頁。
＊80 楠田、前掲論文「太平洋新時代」楠田編、前掲書『佐藤政権・二七九七日』〔下巻〕、六一頁。
＊81 楠田著、和田編・校訂、五百旗頭編・解題、前掲書『楠田實日記』、七七八頁。
＊82 中村隆英『昭和史　Ⅱ』（東洋経済新報社、一九九三年）、五四七頁。
＊83 佐藤著、伊藤監修、前掲書『佐藤榮作日記』〔第三巻〕、五三六頁。
＊84 楠田著、和田編・校訂、五百旗頭編・解題、前掲書『楠田實日記』、七八三―七八四頁。
＊85 若泉、前掲書『他策ナカリシヲ信ゼムト欲ス』、四六〇―四六一頁。
＊86 佐藤著、伊藤監修、前掲書『佐藤榮作日記』〔第三巻〕、五三七頁。
＊87 楠田著、和田編・校訂、五百旗頭編・解題、前掲書『楠田實日記』、七八八―七八九頁。
＊88 同上、七九一頁。
＊89 外務省編『わが外交の近況』〔第一四号〕、四〇〇頁。
＊90 『読売新聞』一九六九年一一月二三日、五面。
＊91 『朝日新聞』一九六九年一一月二三日、五面。
＊92 楠田著、和田編・校訂、五百旗頭編・解題、前掲書『楠田實日記』、七九〇頁。
＊93 『毎日新聞』一九六九年一一月二三日、五面。

＊94 『日本経済新聞』一九六九年一一月二三日、三面。
＊95 若泉、前掲書『他策ナカリシヲ信ゼムト欲ス』、四四八頁。
＊96 同上、四二二頁。
＊97 同上、四二九頁。
＊98 同上、四三三頁。
＊99 同上、四五〇―四五一頁。
＊100 同上、四八〇頁。
＊101 同上、三三六―三三七頁。
＊102 同上、三九六―三九七頁。
＊103 同上、四一六頁。
＊104 『朝日新聞』二〇〇〇年一月六日、一面および二面。
＊105 同上、二〇〇一年六月一〇日、三面。なお、外交文書の公開をめぐる問題点に関しては、浅野一弘『日米首脳会談の政治学』（同文舘出版、二〇〇五年）、三三―三六頁を参照されたい。
＊106 高坂、前掲論文「佐藤栄作」渡邉編、前掲書『戦後日本の宰相たち』、二〇三頁。
＊107 金指、前掲論文「自民党黄金期」北村・伊藤・宇治・内田・大橋・金指・佐竹編、前掲書『現代日本政党史録　第三巻』、二七四頁。
＊108 竹下登『証言　保守政権』（読売新聞社、一九九一年）、五五頁。
＊109 楠田、前掲書『首席秘書官』、七一―七二頁。
＊110 『朝日年鑑』（一九七〇年版）、二六七頁。
＊111 石川、前掲書『戦後政治史』、一二〇頁。
＊112 内田健三『戦後日本の保守政治』（岩波書店、一九六九年）、一二五頁。
＊113 I・M・デスラー＝福井治弘＝佐藤英夫『日米繊維紛争』（日本経済新聞社、一九八〇年）、vii頁。

第5章

三木・フォード会談

1 はじめに―問題の所在―

一九七四年一二月九日、三木武夫は、第六六代内閣総理大臣に指名された。三木首相は、はじめての所信表明演説（一二月一四日）において、つぎのように、みずからの決意を語った。[*1]

このたび、私は、内閣総理大臣に任命され、内外情勢のきわめて重大な時局に、まことに重い使命を帯びることになりました。
私の力の限りを尽くし、全身全霊を打ち込んで、難局打開に当たる覚悟であることは申すまでもありませんが、議員の皆さんの、そして、国民の皆さんの御理解と御協力なくしては、とうていこの難局は乗り切れるものではありません。まず第一に、その御理解と御協力を切にお願い申し上げる次第であります。

この当時の内外情勢はきわめて厳しく、たとえば、自由民主党編『自由民主党五十年史』〔上巻〕にも、以下のような記述がみられる。[*2]

昭和五〇年は戦後三〇年目に当たり、自民党にとっては立党二〇周年の記念すべき年であった。一方、党の運動方針が「海図のない航海」と呼んだように、この年は戦後初めて経験する内外政治経済の転換期に対処すべき重要な年でもあった。

ここでいう「海図のない航海」とは、「党運動方針報告」（福田篤泰・起草委員長）のことばをかりれば、「昭和五十年代はわれわれがかつて経験したことのない激しい転換期に直面しておるということ、さらに、その中にありまして資源小国にして資源を多く消費する国であるわが国は、経済的には高度成長から安定成長への転換を強く求められ、社会的には量から質への価値観の転換、新しい福祉社会、連帯社会への移行が要求されていること」を前提としたものであった。そして、「この転換は、国際的にも国内的にも『海図のない航海』といわれ、そのかじ取りはきわめて困難」であったのだ。[*3] 要するに、「石油危機によって生じた狂乱物価を沈静するためにとられた総需要抑制策は景気を冷却化させ、インフレと不況の同時進行というスタグフレーションを招いた。世界経済は新たな均衡を求めて、模索と調整の時代が続いた。昭和三〇年代以来続いてきた高度経済成長の限界が見えてきたが、それがどのような変化の道をたどるのか予測は困難であった」というわけだ。[*4]

こうした状況のなかで、三木政権はスタートした。国会での首班指名翌日の『朝日新聞』の社説「三木新体制の可能性」は、「三木首相は、首班指名後ただちに内閣・自民党の人事体制を組み立てた。むずかしい政局運営に欠かせない挙党体制の足場もひとまずはできた。政策遂行にあたるベテランもかなめの部門に配置された。三木新体制は、何かやってくれそうだという国民大衆の期待を集めて、いよいよ多難な七〇年代後半の政治展開に乗り出す」としたうえで、「われわれも、三木新体制がもつ現状改革の可能性に強い期待を寄せ、その期待にこたえる日本のカジ取りを求めつづけてゆきたい、と考える」と記し、三木政権の誕生を好意的に評価した。[*5]

ところで、冒頭で紹介した、はじめての所信表明演説において、三木首相は、つぎのようにも語っていた。[*6]

今日、わが国は、内外を問わず、未曽有の試練に直面しており、政治の使命はいよいよ重大であります。このときにあたり、国民の政治に対する信頼がそこなわれようとしていることは、私の最も憂慮しているところであります。

私は、戦前戦後を通じて、三十七年余にわたり、議会政治家として、微力を国政にささげてまいりました。政治が国民の信頼にささえられていない限り、いかなる政策も実を結び得ないことは、私が身をもって痛感してきたところであります。

国民の心を施政の根幹に据え、国民とともに歩む政治、世界とともに歩む外交、これは、政治の原点であり、政治の心であります。政治は、力の対決ではなく、対話と協調によってこそ進められなければならぬというのが私の強い信念であります。

私は、新しい政治の出発にあたり、この原点に立ち返り、謙虚に国民の声を聞きつつ、清潔で偽りのない誠実な政治を実践し、国民の政治に対する信頼を回復することに精魂を傾けることを誓います。


だが、演説でのこのことばとは裏腹に、「三木武夫首相は弱い党内基盤、総選挙による国民の審判を受けていないこと、長い政治経歴を特色づける『抵抗と妥協』の入り交じった政治行動などの要素がからみ合って変転の目立つ『三木政治』を七五年中、展開した」[*7]。そのため、三木政権のスタート時に肯定的な立場を示していた『朝日新聞』も、社説「三木内閣の一年」で、「三木内閣の一年は、その政治課題に十分こたえたものとはいいにくい。現状を変革しようとする三木首相の試みと、それに対する保守政財界の不安とが対立し、政権の指導力、実行力は減殺されてきた。的確な操舵（だ）能力を欠く『漂流する三木内閣』といわれながら、多難な二年目の政局を迎えようとしている」との認識を示したのち、「政権の延命に執着することなく、リーダーシップを発揮するよう、三木首相に強く望んでおきたい」と、同首相の政治姿勢に、厳しい注文をつけた[*8]。

そこで、本章においては、三木政権誕生後、一年のあいだに、いかなる政治課題が生じ、それに対応する三木首相の政治手法が、どのような変容をとげたのかについて、検討する。論述の順序であるが、まずはじめに、三木政権誕生の経緯について、いわゆる〝椎名裁定〟との関連で、詳述する。つぎに、独占禁止法、政治資金規正法、公職選挙法の改正などといった、内政課題を中心に考察したい。つづけて、外交課題としては、ジェラルド・R・フォード大統領とのあいだでおこなわれた日米首脳会談（八月五・六日）と一一月一五日〜一七日にかけて開催された、ランブイエ・サミット（主要国首脳会議）を中心に、言及する。そして最後に、政権発足後一年間の三木政権の意義について、簡単な私見を述べてみたい。

2 三木政権の誕生—〝椎名裁定〟の意味—

一九七四年一一月二六日、田中角栄首相は、正式に、退陣表明をした。田中首相の後継総理・総裁の決定をめぐっては、さまざまな政治的かけひきがあったとされる。[*9] そうしたなかで、「自民党党首選出過程でそれまで現われたことがなかったモチーフが、しばしば表面に顔をのぞかせ、自民党の将来に対して、不吉な影を投げかけた。そのモチーフとは、自民党の分裂であった」。[*10] たとえば、田中首相が退陣を表明した日に、「三木はウラ玄関から民社党の佐々木良作の訪問をうけ『保革連合政権』構想を打ち明けられていた」。[*11] また、三〇日には、「中曾根康弘、福田派の幹部安倍晋太郎、および、『青嵐会』の中尾栄一とが密かに会合し、総裁公選となった場合、福田、中曾根、三木派が脱党し、総勢九〇人で『革新自由党』を結成する」手はずとなっていた。[*12]

このような危機的状況を回避したのが、〝椎名裁定〟である。自由民主党（以下、自民党と略記する）内の調整作業をになってきた、椎名悦三郎・副総裁は、一二月一日、有力後継候補である、三木、福田赳夫、大平正芳、中曽根康弘の四名を自民党総裁室によび、その場で、以下の裁定文を読みあげた。[*13]

私は新総裁の選出と、政局収拾の方途について真剣かつ率直な話し合いを続行し、ご意見は十分承りました。何よりも、だれが総裁に選出されようとも、我執を捨てて挙党協力すべきであるという愛党の申し合わせが得られたことは、当然とはいえ、強い感銘を受けました。国家のためにご同慶にたえません。わが党は結党以来、最大の危機に直面しており、この克服には党を解党して第一歩より出直すにひとしいきびしい反省と強い指導力が要求されております。私達は現下の大事に処するに非常の責任と使命を負っております。私は副総裁の立場から、新総裁の選出について調整せよという党の総意を体して本日まで私情を去り、全力を傾けてきたつもりであります。

選考方法で完全な合意をみざることは遺憾でありますが、しかしこれまでの調整の経緯にかんがみ「話し合いによって円満に新総裁を選出すべし」という要望が党論の大勢であると判断いたします。政治の空白は一日たりとも許されません。この見地に立ち、私は国家、国民のために神に祈る気持ちで考え抜きました。この未曽有（みぞう）の難局は、いかに非凡であっても、よく一人の力をもって打開できるものではありません。足らざる所は全党員が一致結束して協力し、相補うよりほかありません。

新総裁は清廉なることはもちろん、党の体質改善、近代化に取り組む人でなければなりません。国民はわが党が派閥抗争をやめ、近代政党への脱皮について研さんと努力をおこたらざる情熱を持つ人を待望していると確信します。このような認識から、私は新総裁にはこの際、政界の長老である三木武夫君が最も適任であると確信し、ここにご推挙申し上げます。

だが、「二階堂幹事長ら党三役が、裁定に至る手続き上の問題で異議を唱え、協力を渋ったため」に、「自民党内が全党的に椎名裁定案を支持する方向で固まったのは、なんと裁定が出されてから三日経過した十二月四日午前であった」[*14]。そして、この日の午後に開催された、自民党両院議員総会の場で、三木が第七代自民党総裁に選出されたのである。

このように、「戦後の保守政党史において、政権担当者となる総裁が副総裁の裁定で決まったことは前例がなかった」という。[*15] だが、「それほど権威のある裁定ではもともとないはずなのだが、これに異議を唱える人物が出てこなかったところに、裁定の完璧さがあったともいえる」のであり、この裁定は、「形式的には、むしろ私案に近いものであったが、内容的には裁判所の判決以上の権威と有効性を発揮した」とみてよい。[*16] このことからも、「自民党の椎名悦三郎副総裁による三木指名、いわゆる『椎名裁定』ほど戦後保守のふところの深さをみせつけた例はない」（傍点、引用者）といえよう。[*17] 現に、自民党内においても、「党の結束を保ちながら党の改革を推進するという観点から判断され、現実の動きを洞察された上で決断した。私はその判断力の素晴らしさ、洞察力の卓識さ、これは本当に尊敬に値するという感じを深くしている」と、たかく評価する声もあったほどだ。[*18]

では、なぜ、「必ずしも三木を高く評価していたわけではない」椎名副総裁が、「分裂の危機の回避のためにそれこそ『神に祈るような気持』で後継総裁に推した」のであろうか。[*19]

党内調整にあたって、「公選回避を貫こうとした」椎名副総裁にとって、「公選による福田、大平の死闘だけは食い止めなければならない」ものであった。「そうでないと党はメチャクチャになり、もはや党の再生は望めない。集団脱党、つまり分党に直結するおそれもでている。福田はまた『反田中』で激しく動き、田中派のうらみを買いすぎた。大平は党内から『田中金脈』と同系列とみられている。三木はその点、七月の副総理辞任後も言動が比較的穏やかで、党近代化の準備を地味に進めている。身辺も清潔。中曽根はまだ早い―と椎名は判断した。『三木こそ』ということではなかったが、やはり消去法でいくと三木しか残らなかった」（傍点、引用者）というわけだ。[*20]

この点に関連して、三木首相の秘書官をつとめた中村慶一郎氏は、つぎのような興味深い指摘をしている。すなわち、「三木新総理・総裁の誕生が、『椎名裁定』だけによって生じたのかというと、私はそうでもないと考えている。実は『椎名裁定』が出るような方向へ、政治状況を運んでいった働きかけや仕掛けのようなものが作用したと考えているのだ。その作戦の参謀総長が実は三木武夫氏であったというのが、私の考えだ」と。[*21] それでは、三木候補の読みとは、いったい、どのようなものであったのであろうか。[*22]

田中内閣の退陣が決定的となり、後継選出方法が論議となってきた時、自民党の意見は真っ二つに割れた。「話し合い」によるか「投票」によるかの対立だった。「投票」を強く主張したのは大平派である。「投票」に持ち込むならば、大平、田中両派を中心とする勢力からいって、あの時、大平政権誕生の可能性はかなりあった。

また、福田派の場合も、三木派、中曽根派の支持をあてにできたから、「投票」に持ち込んでも、福田政権誕生の期待可能性は相当程度あっただろう。だが、総裁選出について、話し合い路線を求めるのは福田氏の長年の主張であった。そして、この基調はいまも変わっていない。

この両者間にあって三木氏が強く主張したのも「話し合い」であった。しかも、大平、田中派などが「投票」による決着を求めて党大会を開こうとする場合は、この大会をボイコットすると表明したのである。投票路線に対する強烈な牽制であった。そして、福田派も「話し合い」基調をとる以上、三木氏の出したボイコット作戦に同調した。

こうなると、もうどんな強硬論者でも「投票」決着をとることはできない。そんなことをすれば、党が分裂してしまう。そこで、どうしても「話し合い」で後継を決定する以外になくなった。しかし、「話し合い」ということになれば、福田、大平両者間の激しい対立感情からいって、どうしたって調整がつくわけがない。もう一人の実力者である中曽根康弘氏の場合は、まだ一番年少であり、「話し合い」で中曽根氏に落ちつくわけがない。

となれば、消去法の結果は分っている。残るのは三木氏だけではないか。三木氏やその周辺が政局の展開を以上のように読みに読んで、党内外に必要な手を打っていったと考えても不思議ではないのである。

三木候補の読みについては、つぎのような見方もある。すなわち、「三木の確信は、どちらかといえば消去法による期待感の積上げに近かった。『話合い』というゴールに向けて細心に手を打ち続けてきた熟練工の自信ともいえた。しかし、力を背景にしていないかぎり『三木政権』が幻に終わる可能性は最後までつきまとっていた」のだ。おそらく、「三木はこう読んだのではないか。四実力者のうち中曽根は最初から除外されている。福田、大平では話合いがつくメドがない。長老暫定政権で動くにしても、椎名は老体、前尾（繁三郎）は衆院議長で党籍がない。保利（茂）は党首というより参謀型だ―と。その点三木には福田、大平と違って党内に決定的な敵がいない。敵をつくらない配慮もし、話合い収拾に三木は賭けてきた。ただ『椎名暫定』はありうる。これには乗らざるをえない。三木はその場合の『椎名総裁・三木副総裁』による党近代化推進の指導体制を想定して、椎名にもこの意向を伝えていた」（カッコ内、引用者補足）と[*23]。したがって、「『話し合い』が党内の大勢となり『椎名裁定』にすべてが委ねられることとなった時、三木氏が相当以上の期待を抱いたのは当然」ということになる[*24]。

さらに、「椎名と福田は、しっくりいかない。そもそも両者は、岸派だったが、福田が岸派をひきついだとき、椎名は、川島（正次郎）と一緒になり、川島派を引き継ぎ、田中と親しい。他方、椎名と大平もよくない。椎名は、前尾ときわめて親密であったが、前尾は、大平と疎隔していた」（カッコ内、引用者補足）点[*25]や「三木は戦前の昭和十二年以来連続当選の最長老であり、自民党五大派閥の初代リーダー中ただ一人の首相未経験者であった」点も[*26]、椎名副総裁の判断に、少なからず、影響をおよぼしたとみてよかろう。

また、朝日新聞社常務取締役をつとめた後藤基夫氏によれば、「椎名裁定は保守全体を繕うということ」に力点があったようだ。椎名副総裁にとって、「保守の衣の破れたのを繕う繕い師、その第一段階が三木であり、しかも三木しかいなかったというのが、三木内閣の性格論にもなる」のである。それゆえ、「三木には、クリーンとか、党内の再建とか、党改革とかだけを期待していたのだ」[*27]。この背景には、「田中政権は、戦後歴代政権のなかで政治の倫理性を問われ退陣した稀なケース」であった事実が大きく関係している。そのため、「田中金脈追求の世論がそのまま金権政治批判・自民党不信に直結するおそれがあった」[*28]。そこで、「椎名が三木を指名したということはやっぱり当時の『世論』だよ。世論の動きをよくみてやったことだから、椎名裁定というのは世間でなかなか評判がよかったのさ」と論じる声もでてくるわけだ[*29]。ただ、「政界や、ときには新聞記者からも、しばしば『書生論』と嘲られてきた金権政治打破の論がそれまでの三木になかったなら、脱党し野党との新党結成に走りそうな気配を三木派がどんなに見せても、政権は転がり込まなかっただろう」という事実だけは忘れてはならない[*30]。

こうした国内事情にくわえて、朝日新聞社編集委員をつとめた石川真澄氏は、米国との関係に注目している。同氏によれば、「三木の登場を許したのは、保守党がそれほどの危機だったというのに加えて、もう一つ、やはり安保じゃないでしょうか。日中復交した以上、安保というのがさほどのウェイトでなくなって、それが三木登場を側面から支えた」というわけだ[*31]。なお、この点に関しては、内田健三・元共同通信社論説委員長も、「一九七四年の秋は、アメリカの力が極端に落ちている時期です。日本に対する力も最低に落ちている。そのことが、それまでの常識ではなるはずのない三木が政権の座につく一つの背景になった」と述べている[*32]。

では、ここで、「椎名が後継総裁に『三木』と決断した現場にいた」藤田義郎氏の証言を紹介しよう[*33]。藤田氏によれば、田中首相による正式な退陣表明がなされる（一一月二六日）以前の段階（一〇月二七日）で、椎名副総裁は、「『色気』も『カサ気』もぬけて、ソロバン勘定を度外視できる『長老』にしか、新しいレールを敷く大事業はやり遂げられない」と考えていたようだ。これは、椎名副総裁が、「総裁・総理という最枢要の人事が、その人物の見識や能力、指導力という全人格的な評価はそっちのけで、『カネ』や『地位』をエサにせっせと派閥を肥え太らせ、太った派閥は他の派閥と取引をし合従連衡して、総裁を闘い取る『ヤクザ的』なやり方を根本から直さねばならない」との信念をいだいていたからであり、「世間体を気にし、スタンド・プレーで巧妙野心に燃える生臭い『実力者』に政権をまかせたのでは、改革などできるわけはない」との思いを有していたからであった。したがって、この時点で、「椎名のアタマにある『次』には『実力者』は眼中になく、『長老政権』」であったことに留意する必要がある。ただ、藤田氏によれば、「そこに『自分』を含めるかどうか—に、つよい迷いを見せている感じがしてならなかった」そうだ。[*34]

そして、田中首相の正式な辞任表明を受け、「十一月末をメドに収拾しなければならぬ」状況となり、「椎名が白羽の矢を立てたのは前尾繁三郎だった」。だが、「二回前尾に出馬を頼んだが前尾は拒絶した」のだ。そこで、椎名副総裁は、「灘尾（弘吉）に内閣を・党は椎名で」（カッコ内、引用者補足）とする、「総・総分離も考えた」が、「灘尾に一蹴された」。そうしたなかで、椎名副総裁は、「『結局暫く自分が預かるほかはない』肚を固めだした」ようだ。こうして、椎名副総裁が、「長老による『暫定政権』で収拾をはかり、この間、根本的な党改革を断行するほかないと考えていた」のは、「既に党内は『話合い』結着が大勢だが、失敗したら大平—田中連合の『公選』しかない。椎名の『総裁公選』は断固として避ける。ということは大平を総裁にしないということである。そして『福田もつぶす決意』であった。どっちがなっても党は分裂する」との読みがあったからだ。[*35]

さて、「椎名工作はいよいよ詰めの核心に入った」一一月二九日、「大平はキッパリ、椎名のいう『暫定政権』構想に反対した」のだ。そこで、岩瀬繁・副総裁秘書と藤田氏が、つぎのような案をまとめた。すなわち、①「椎名副総裁に『暫定政権』を断念してもらう」、②「『次』の総裁は『四人の実力者』から選ぶこと」、③「裁定は一日延ばして、十二月一日に示すこと」の三点であった。[*36]

つぎに、問題となったのが、「では『誰』に決めるか」であった。藤田氏によれば、「何としても『清潔さ』が要求された。田中金脈という未曽有の政治危機に対処するのだから、世間の誰もがナットクする、高度な清潔感が必要であった。『党改革』の情熱も二番目に重要な条件」であった。そして、「『清潔さ』と『改革の情熱』をもつ人物を四人の実力者から見つけるとすれば。それは『誰』なのか」の議論が両者のあいだでかわされ、「三木でいこう――」との結論が得られたようだ。[*37]

そして、岩瀬秘書から、「それをアンタから椎名に話してくれ」とたのまれた藤田氏は、翌三〇日、椎名副総裁のもとを訪れた。その席で、椎名副総裁は、「保利だ。保利しかない!」と語ったようであるが、藤田氏は、「いったい、保利さんで、この危機が収まるんですか。世間がナットクしますかね。賛成できません」と応じ、「『結局、三木さんしかない。三木でいったらどうですか』ズバリとたたみかけた」そうだ。そのことばを聞いた椎名副総裁は、つぎのように述べたという。[*38]

「ボクは夕べは、ウツラウツラと、ほとんど寝てないような気分でネ……。その間、福田のカオをタテにしたり、ヨコにしたり、大平のカオをいろいろヒネくり回してみたんだが、どうもネー。イメージが湧かない」(ひどくセキ込んで、タンを念入りにふきとってから)「明け方ごろかなあー。こう、あたりがモヤモヤッとしてネ。ナニか雲の中にいる感じになったんだ。そこにボヤーッと三木の顔が見えて、待てよ、ウン、こりゃ三木しかないかなあーとフッと思ってもいたんだが……」。

椎名副総裁のこのことばを聞いた藤田氏は、「それを『天啓』というんじゃないですか」ときりかえした。それを聞いた「椎名はまた立って、『それがいいナ、それでいこう。ウン、その方がいい……』」と発したようだ。かくして、「椎名は『三木武夫』を裁定することに踏み切った」のであった。[*39]

こうした経緯をへて、首相の座についたこともあり、政権発足直後、三木首相は、「椎名さんには大恩がある。あの人を元老にすることがわたしの恩返しだし責任だ」と語り、椎名副総裁も、「『三木クンをして本当に良かったナ』と心から大満足の態だった」という。だが、藤田氏によれば、「指名した人、された人—椎名と三木の関係は、この政権の続くかぎり絶対のもの、不協和音も隙間風も入り込む余地はない、と衆目もそうだし筆者（＝藤田義郎）も固くそう信じ切っていた」（カッコ内、引用者補足）にもかかわらず、「両者の蜜月関係は一年とは続かなかった」のは、周知のとおりである。[*40]

この点に関連して、三木政権の生みの親である、椎名副総裁は、つぎのように語っている。[*41]

三木君は自民党の近代化についていろいろといっておった。指名すれば、なにかやるだろうと思ったんだが、実際にはなんの準備もしてなかったんだね。総裁になってからあわてて、用意したんだよ。

それに独禁法改正問題とか、党内を騒がせるようなことばかり取り上げて、当時の政治の最大の課題だった経済回復—景気浮揚にはさっぱり熱意を示さず、それはほっぽり出して〝解散風〟ばかり吹かしている。おまけにロッキード事件が起きると、検事総長になって指揮でもするような気になって、景気回復のための予算成立など見向きもしない。自民党議員も、地元に帰れば「早く景気回復を、そのためには予算成立を」と責められ、〝三木おろし〟になったわけだ。

三木指名の時には、そう長くやってもらうつもりもなかった。自民党に対する世論の反発を鎮める必要もあったし、まあいってみれば「つなぎ」という気持ちもあった。だから、三木総裁になって半年目の夏、これは田中総裁がこのままやっていれば任期が終わる時だが、この時に交代させれば、との考えもあった。だが、党近代化、つまり、派閥解消は一刻を急ぐ必要があったし、三木君にやらせたいとの気持ちも捨て切れず、ずるずる三木総裁が続いたわけだ。

さきに紹介したように、「椎名さんには大恩がある」と語っていた三木首相ではあったが、「実際に首相になるとやっぱり自分の権力をフルに使いたくなる」のであり、「三木がロッキードではしゃぐのを見て、党内からそれが非常に危惧された」こともあって、「このままでいくと三木はいままでの金権・利権をみんなばらし出すんじゃないかという危機感が非常に強くて、『三木おろし』になった」とみてよかろう。[*42]

以上のような経緯をへて、総理・総裁に選出された三木首相は、党三役人事と閣僚人事をおこなった。党三役人事については、「こんどの政変によって幹事長のポストを確実につかむこと」を〝基本戦略〟にしていた、中曽根候補が、その座についた。[*43]そして、総務会長には無派閥の灘尾弘吉が、政調会長には福田派の松野頼三が就任した。この党三役人事に関して、「(一一月)三十日午後、五者会談の席上で、中曽根は『幹事長、財務委員長、経理局長は原則として総裁派から出さないことにしては』と発言し、全実力者の合意を得た」(カッコ内、引用者補足)こともあって、[*44]「三木は、手足をもがれて首相になった」ことになる。[*45]

ちなみに、三木首相は、「党役員、閣僚の選考にあたっては、その人間の党に対する貢献度を最大条件にした」ようだ。その証左に、「腹心の井出一太郎(現官房長官)野呂恭一(現副幹事長)らに命じて、自民党議員全員の〝通信簿〟を作成させている」。その中身は、「委員会への出席率からはじまって、これまで一つの問題にどれだけ取り組み成果をあげてきたか、また、その人間が口先だけでなく地道な努力を本当に払ってきたかどうか——というもの」であったという。こうして、「三木はこれらを総合して党に対する貢献度を推し測った」のだ。そのため、「三木の閣僚名簿は、名前の横に選考理由を述べたそえ書きが小さい字でギッシリ書き込まれていたという」。[*46]

とはいえ、党三役や三木内閣の閣僚の顔ぶれをみると、「三木、中曽根、福田、田中、大平の五大派閥からはそれに応じた数の閣僚、党役員が名前を連ねている」のであり、「派閥という現実をふまえた上で選考をすすめた」事実は否定できない。[*47]しかも、三木政権時の外務省参与であった、國弘正雄氏によれば、「三木内閣ができる最初の時点で、組閣名簿に、環境庁長官として宇都宮(徳馬)さんの名前が入っていたことは事実。それを親台湾派の椎名悦三郎副総裁に消された」（カッコ内、引用者補足）ことがあったようだ。「椎名裁定の直後だったから、三木さんも飲まざるをえなかった」と述懐しているように[*48]、党三役・閣僚人事において、まさに、「現実政治家三木の面が顔をのぞかせる」こととなった事実も忘れてはなるまい[*49]。

3　三木政権下の内政課題

周知のように、「田中金脈問題による保守危機のなかで発足した三木内閣にとって、一九七五年は政治公約の実行をためされる年となった[*50]」。

そこで、本節においては、政権発足後一年のあいだに、三木首相が、いかなる政治的成果をあげたのかについて、みてみたい。

(1)　独占禁止法の改正

第七四回臨時国会における三木首相の所信表明演説を受けて、各党による代表質問がおこなわれた。社会党の石橋政嗣・書記長は、「独占禁止法の改正案を必ず通常国会に提出すると言わないのでありますか」と、つめよった[*51]。これに対して、三木首相は、「私は、独禁法の改正にはきわめて熱心な主張者の一人でございまして、これは通常国会には独禁法の改正を必ず提出をいたします」と約言したのであった[*52]。

さらに、三木首相は、第七五回通常国会の施政方針演説においても、「自由経済の公正なルールを確保するため、いわゆる独占禁止法の改正案を今国会に提出いたします」と述べ[*53]、独占禁止法の改正を〝公約第一号〟としたのであった。

しかし、独占禁止法改正の道のりは、きわめて厳しかった。たとえば、〝財界四団体〟の一つである、経済団体連合会）は、一九七五年二月一二日、「改正案に全面反対の意思を示した」[*54]。また、「先の参議院選挙（一九七四年七月七日）の結果、一〇〇億円もの借金をかかえている」（カッコ内、引用者補足）自民党は、借金の返済に関して、「結局財界からの献金に頼らざるをえないにもかかわらず、三木は、財界をおそれさせる改正を行なおうとしている」として、「椎名副総裁を中心とする執拗な反対意見がおこっていた」。しかも、「三月五日政府素案をもって説明にいった植木（光教）総務長官に対して、椎名は、まるで問題にせず、『政府素案なんていえるものではない。いうなら政府粗案だ』といい放った」（カッコ内、引用者補足）という[*55]。ちなみに、「三木が独禁法改正への執念を燃やすのと逆比例して、椎名は『三木離れ』を強調するようになる」。というのも、「財界の反発は、三木政権の生みの親であり財界への自民党の窓口でもあった副総裁椎名悦三郎に敏感にはねかえった」からであった[*56]。

くわえて、「首相の意欲の前に立ちはだかったのは財界や自民党ばかりではなく、通産、法務両省など政府部内も産業政策や商法との整合性といった点から抵抗した」[*57]。

このように、三木首相による独占禁止法改正のこころみが、政界・官界・財界から猛反発を受けた理由としては、「もともとこの改正案のたたき台となったのは、昭和四八年秋の石油危機をきっかけに激増した闇カルテルを取り締まるため、公正取引委員会が打ち出したもの」であり、「厳しい措置が盛り込まれていた」事実を指摘することができよう[*58]。

そうしたなかで、「公選二法改正案、独占禁止法改正案、予算関連の酒税とたばこの定価を引き上げる二つの法案（酒・たばこ法案）のほか、署名以来、批准が延び延びになっていた核拡散防止条約承認などの重要案件を抱えていて、六月中旬になると、党執行部としては成立させるべき法案の選別をしなければならなくなった」[*59]。そこで、三木首相は、「党首脳部が一たん成立見送りを決めたにもかかわらず、執行部の頭越しに社会党など野党の意向を打診し、野党要求の修正を受け入れて成立を図った。既に会期も残り少なく、成立は難しくなったため、自民党側も首相の意向を酌んで参議院での廃案を含みに衆議院を通過させた」ものの、「党内からは首相の独走は許せないとの批判の声が高まった[*60]」。おそらく、「三木首相は三木流の国会運営が、どれほど党内で拒絶反応を起したかを自らの肌では受けとめていなかったはずである。それよりはむしろ首相は、保革伯仲時代のそのころでは、野党と連携し、野党と話し合うことこそ先決と考えていた。自分だけが非難される理由を多分、了解しがたいと思っていた」にちがいなかろう[*61]。

なお、ここで、留意しておかなければならないのは、「独禁法改正審議が紛糾したあおりをくって、酒税法改正、たばこ定価改正、郵便法改正などの与・野党対決法案も審議未了となってしまった」点である。もちろん、「物価抑制政策を重視する首相の観点からすれば、それでもよかったのかも知れないが、首相リーダーシップの欠如を党内、他党、財界、マスコミ、そして国民に印象づけたのは、やはり政治技術上拙劣であったといわれても仕方あるまい[*62]」。そのうえ、「酒・タバコ値上げ法案が廃案になったことは、大平蔵相と大平派のなかに、三木に対する憤りを植えつけることにもなった」事実も付言しておきたい[*63]。

(2) 政治資金規正法と公職選挙法の改正

(a) 総裁公選規程の改正

第七四回臨時国会開会中の一九七四年一二月一六日、石橋・社会党書記長の代表質問を受けて、三木首相は、つぎのように答弁した[*64]。

政治活動に資金を要することは、これは申すまでもない。今日、相当な資金を政治活動には必要とするわけでございます。結局は、政治資金の問題は、私は政治資金の集め方、使い方ということに問題があるのだと考えております。したがって、政治資金というものに対しては、世論も非常にきびしく批判をいたしておるわけでございまして、この機会に、通常国会に提出する目標のもとに政治資金規正法を改正をしたいと考えておる。そして、それは、政治資金の集め方、使い方というものにもっと節度と明朗化をはかりたいということでございます。これは通常国会の提出を目途にして自民党で検討をいたすことにいたします。

そして、一二月二七日になると、三木首相は、党基本問題運営等調査会長の椎名副総裁に対して、「『ここ半年間、精魂を傾けた最高のもの』と自負していた」、「総裁公選規程改正要綱案、および政治資金の規正に関する特別措置要綱案、国会議員の選挙に関する臨時特例法要綱案の三つの改革案を提示し、早急に審議に入るよう求めた」[*65]。とりわけ、この〝三木試案〟では、「諸悪の根源は総裁選挙のあり方にある。また政治にあまりにも金がかかりすぎる。これ以上現状を続けては自民党は破滅すると言い続けてきたが、この深憂が試案を準備した動機だ」として、「総裁選挙については予備選挙制度を採用し、投票の底辺を拡大すること」を訴えた[*66]。

〝三木試案〟を受けた「党基本問題運営等調査会は、この三木総理の案を審議の際の重要参考資料とすることとした」。だが、「三木総裁の主張する予備選挙の導入はよいとしても、それによって本選挙に立候補し得るものを二人に絞る点については、党内各派から強い反対意見が出た。現実に総裁候補を立て得る田中、大平、福田、中曽根の四派としてはそれを容認することは難しかった」のだ。そのため、三木首相は、一九七五年四月中葉になって、田中伊三次・党則改正調査会長に対して、「最初の案と党側の意見を折衷した案」を示した。しかし、「この総裁公選規程の改正問題は、その後の政局流動の中で具体化への歩みが遅れた」ため、改革が実現したのは、つぎの福田政権下においてであった[*67]。

(b) 政治資金規正法の改正

三木首相の秘書官をつとめた、前出の中村氏によれば、三木首相は、「大きな仕事を全体のチームプレーで進め、自らはその上に乗るといった方法をどうしても好まなかった。それよりは徹底して自分自身が探求し、自分自身が納得する方法を好んだ」ようである。その好例が、政治資金規正法の改正問題であった。「三木首相は最初から『できれば企業からの献金を向こう三年間で全廃したい』とぶち上げてしまった。首相とすれば、国民世論の方向に沿って自らの理想路線と信ずるところを表明したまでであったが、『余りにも現実を知らなすぎる』と、いち早く足元の自民党内から反発を受けてしまった」わけである。[*68]

中村元秘書官のことばどおり、企業献金全廃という三木首相のアイディアに対して、自民党の「党基本問題運営等調査会や党選挙調査会などはこれに強い難色を示し、特に企業献金の禁止は憲法違反の疑いがあるとして反対した」。そして、最終的に、「①政党や派閥などに対する個人献金額に制限を加えるほか、会社や労組などの献金についても資本金や組合員数に応じて一定の限度額を設ける、②国から補助金や出資を受けている会社など、三年続いて赤字経営の企業や会社からの献金を禁止する、③収支公開の徹底を図るため、政党、政治資金関係など（一万円以上）、派閥、個人後援会など、その他の関係（年間一〇〇万円を超えるもの）について収支明細の報告を義務付ける」という内容の政治資金規正法改正案が国会に提出されることとなった。[*69]

その後、一九七五年七月四日におこなわれた、「『政治資金規正法改正案』の採決では、全野党の反対に自民党内反対派の欠席が加わったため、賛否がそれぞれ一一七票と可否同数になる事態が起きた。これに対して河野議長は、憲法第五十六条第二項による議長決裁権を行使して成立させた」。ちなみに、「国会の本会議で議長が決裁権を行使したのは新憲法下で初めてのこと」であった。[*70]

（c）公職選挙法の改正

第七五回通常国会に提出された、公職選挙法改正案のポイントは、「①衆議院議員総定数を二〇人増の五一一人として、一票の格差を是正する、②選挙公営を拡大し、個人ビラ、ポスター製作費、自動車使用料のほか、政党（確認団体）が行う政策宣伝のための新聞広告の費用を国庫負担とする、③公職の候補者などによる選挙区への寄付を禁止する、④政党などの配布する機関紙誌に一定の制限を設ける—などの諸点」であった。[*71] このうち、④については、「共産党などのビラ攻勢を規制する意図から出たものであり、共、公（明）両党は激しく反対したが、結局、規制を政府案よりやや緩和した社（会）、民（社）の修正案が、自、社、民三党の賛成多数で成立した」（カッコ内、引用者補足）。ちなみに、「公選法改正で三木が目ざしたのは金のかからない選挙であった」。しかし、「小切手による費用の支払と届け出、違反裁判の迅速化など、三木が当初あげた案はすでに政府案からも除かれていた」のだ。そのため、公職選挙法の改正をめぐっては、「結局、選挙にかかる金を国に肩代わりさせる改正に終わった」だけでしかないとの批判も聞かれる。[*72]

このように、「成立した公選二法改正法は、その内容が三木総理の当初意図したところからかなり後退したものとなったが、両法案の大幅改正は佐藤（栄作）内閣以来一〇年ぶりであり、政界浄化に向けた三木内閣の最初の成果となった」（カッコ内、引用者補足）ことだけは、まちがいない。[*73]

以上の論述をふまえて、総理就任後の三木首相の政治運営をみると、首相が、「『諸悪の根元』だとする党総裁選に、党員による予備選挙を導入する改革、企業献金をなくす政治資金規正法改正、選挙公営を広げる公職選挙法改正、独占企業に分割を求める独占禁止法改正など、年来の考えを実現しよう」としたものの、「基盤とする三木派が小派閥のため、党内の反対でつぶされたり、骨抜きにされたりする」ことの連続であったことがわかる。[*74]

とりわけ、政治資金規正法と独占禁止法の改正をめぐって、「政府と自民党首脳の間の歯車はかみ合わず」、両者のあいだにおいて、「連携、調整を欠いて足並みの乱れが目立った」。そこで、三木首相は、「戦後の保守政治の惰性打破を目指し、しばしば野党と手を結んだ国会運営を進めていった」のだ。[*75]

このように、第七五回通常国会での「国会運営をとおして、公約実行に意欲を示しながらも与党内の抵抗で行動力を制約される三木首相の姿が国民の前に明らかとなった」。そのためであろうか、「この国会終了後、三木首相は自民党内実力者との和解に姿勢を転じ」、「党内の右寄り勢力に合わせる姿勢が目立った」。それとともに、三木首相は、「改革者としてのイメージをみずから後退させた」のだ。[*76]

4 三木政権下の外交課題

前節で検討したように、三木首相は、内政課題において、「いわゆる『右寄り』の勢力に妥協しはじめたというマイナス・イメージがジャーナリズムで流布される」ようになった。だが、これは、内政面にかぎったことではなく、「外交分野でのできごとも、党内右派への妥協の表れ」がめだつようになったとして、三木首相の政治姿勢を問題視した「プレスは批判的に書き立てた」のだ。[*77]

その一例としては、日台間の航空路再開をあげることができよう。かつて、「ポスト佐藤栄作をめぐる三角大福の総裁選挙（一九七二〔昭和四十七〕年七月五日）で、三木さんは日中国交正常化を政権公約とする二・三・四位連合を組んだ」経験を有している。このとき、三木が、イニシアティブをとって、「田中角栄、大平正芳と『政治の流れを変え、日中国交の正常化を推進する』との三派盟約を成立させた」のであった。[*78] 三木がこうした行動をとったのは、なによりも、中国との関係を重視していたからにほかならない。したがって、首相就任後初の所信表明演説（第七四回臨時国会）においても、「日中関係につきましては、昭和四十七年九月二十九日の日中共同声明の諸原則を誠実に履行し、日中平和友好条約の締結を促進いたします」との考えを表明しているし、[*79] 第七五回通常国会の施政方針演説でも、「日中関係が、一昨々年九月の日中共同声明に基づき、順調に発展してまいりましたことは、両国また両国民にとってはもとより、アジア、太平洋地域の安定のためにも喜ばしいことであります。本年は、それをさらに進め、日中間に平和友好の条約を締結して、子々孫々にわたる日中永遠の友好関係の基礎を固める年にしたいと考えております」と述べ、日中平和友好条約の締結にかける意気ごみを披露したほどであった。[*80] しかし、実際には、「『覇権条項』をめぐって日中平和友好条約交渉は膠着状態に陥った」ばかりでなく、日台間の航空路再開に道をひらき、中国側から、激しい非難を受けることとなった。この「日台空路の再開の背景には、日華関係議員懇談会（灘尾弘吉会長）を中心とする親台湾派議員の根強い力」があったことは、いうまでもない。[*81]

また、韓国との関係でいえば、この当時、「保守政財界には、朝鮮半島の共産化に対する警戒論」があり、「三木外交も朴政権支持に急傾斜する」こととなった。[*82] もちろん、「日韓間で公的に安保関係を議論することはできなかったが、三木政権は韓国の経済開発五カ年計画に公的借款を供与する意向を表明し、朴政権を支持した上で朝鮮半島の安定に寄与しようとした」のであった。[*83] そうしたなかで、懸案の「金大中事件の真相はやみに葬られ、金大中元大統領候補の人権や日本に対する主権侵害問題もうやむやにされた」。[*84]

このようなかたちで、日韓両国間において、政治決着がはかられたのは、「基本的には、朝鮮半島における緊張の高まりに対する米日韓体制の強化の一環であり、日韓両国の和解には、アメリカの調停が働いていた」ことはまちがいない。「そして、いわゆる新韓国条項を確認した八月初めの日米首脳会談は、その仕上げとしての意味」をもつこととなった。[*85]

(1) 三木・フォード会談

一九七五年八月五・六両日、三木首相は、フォード大統領とはじめての会談をおこなった。これは、「三木首相が最初に迎えた外交の晴れ舞台」であった。[*86] その「三木総理大臣の訪米」について、外務省編『わが外交の近況』〔第二〇号〕〔上巻〕は、つぎのように評価している。[*87]

三木総理大臣は七五年八月に米国を訪問し、フォード大統領と会談した。この会談においては、日米関係のみならず、インドシナにおける武力紛争終息後のアジアにおける諸情勢をはじめ、種々の国際問題について腹蔵のない意見交換を行つた。また、両国首脳は世界経済の一般情勢、国際金融、貿易、エネルギー及び先進国と開発途上国との間の協力に関する諸問題についても意見を交換し、世界経済が相互依存性を深めるなかで、日米両国の協力関係の増進の方途につき語り合つた。またこの会談において、世界の平和と繁栄という共通の目標に向かつて建設的かつ創造的協力を行うことが日米両国にとつて基本的に重要であることを確認した。このことは、日米両国が共に先進工業民主主義国として国際社会の中で極めて密接な互恵的協力関係にあるとともに、その果たすべき役割が増大していることを反映したものと言えよう。

この首脳会談は三木総理が総理大臣就任後初めて開かれたものであり、両国首脳の相互信頼関係を樹立する観点からも意義深いものであつた。

ところで、今回の訪米をまえに、三木首相は、外務省高官との勉強会以外に、「首相直属機関を使って、せっせと情報を集めた」という。その結果、「三木首相がアメリカで会う要人のファイルや、内外で行なった特別調査報告は、積み上げると、一メートルを越す書類の山となった」。だが、「三木首相はそれでも足りずに、側近の平沢和重氏とほかひとりをアメリカ、大来（佐武郎）経済協力基金総裁を東南アジア、自民党の宇都宮徳馬代議士を北朝鮮に送ったほか、アフリカやソ連に赴く学者や自民党代議士に情報収集を依頼した」（カッコ内、引用者補足）ようであった。そして、最終的に、「三木首相が訪米前に各地に送った特使は全部で八人」にまでたっした。[*88]

三木首相のこうした行動の背景には、首相自身、「官僚生活の経験がなかったから、逆に官僚に対しては警戒的であり、民間の学者との対話の方を重視した」事実が大きく関係しているように思われる。[*89] そのため、中村元秘書官も、「三木総理の手法が、ややもすれば官僚社会の中でノドに通りにくいもののように受けとられたことも、否定できないところである」と述べている。[*90] くわえて、三木首相の外務官僚に対する不信感も、こうしたスタンスをとるうえで、少なからず影響をおよぼしていたような気がしてならない。というのは、佐藤栄作政権下において、外相をつとめていた「三木さんは『核抜き本土並みを断固主張すべきである』と主張した」ものの、「外務省の役人たちは、『そんなことはありえない』『アメリカが許すわけがない』と猛反対をした」経緯があったからだ。しかも、「当時、講演などで『核抜き返還なんてありえない』『日米関係はそういうものだ』というような趣旨の発言をしていた」下田武三・駐米大使に対して、三木外相は、「『下田はけしからん』『大使が（外務）大臣が考えてることと全く違ったことを言って歩くとは何事だ』ときつく叱ったこともあった」ほどだ。[*91]

こうした外務官僚に対する不信感は、具体的なかたちとしてあらわれた。その一つが、首脳会談終了後に発表される共同声明をめぐる動きであった。[*92]

八月二日に首相が羽田を出発する一日前か、二日前だったか、とにかく出発直前になってワシントンの平沢氏から、外務省に電報が届いた。今度の三木首相訪米に際しては、日米共同声明と共同新聞発表文と二つの文書を出してはどうかというもので、その原案が打電されてきていた。このうち、日米共同声明は全体として短い文書とし、両国首相により民主主義社会擁護への誓約をうたうとの内容だった。

首相訪米をひかえて、「外務省がアメリカ側事務当局と一カ月かかってやっと作った日米首脳会談の共同声明案とは別に」、三木首相が、「自分の哲学をうたいこんだ〝格調高い〟共同声明案を出してみせた」ため、外務省側は、「びっくりした」ものの、「首相じきじきの共同声明案となれば、いや応もない」のであった。しかも、この「三木首相の手作り共同声明は、七月末にワシントン入りした三木首相のブレーンの平沢和重氏が極秘にアメリカ国務省高官と詰めを行なったもの」であり、駐日米国大使館も、「いままで日本外務省と相談して漸くでき上った共同声明案とは別に、見も知らない共同声明案がもう一本あること、それも時間切れ寸前に出されて、一瞬何のことだかわからず、キョトンとした」様子であったという。共同声明作成をめぐる、こうしたやりとりについては、「三木首相らしい慎重さだという見方もあった」一方で、「外務省やアメリカ大使館にしてみれば、とんだ人騒がせなスタンド・プレーだった」との批判もなされた[*93]。現に、三木政権時に、官房長官の要職にあった井出一太郎氏は、のちに、「軋轢ということかどうか知らんけれども、確かに当時外務省は、伝統的に自分らの縄張りだけでことを運んでいこうという風潮だったから、よけいなことをしてくれるという感じを持ったんじゃないですか」と述懐している[*94]。

ただ、三木首相が、これほどまでに、共同声明の内容と形式に固執した裏には、「何よりも、インドシナ後のアジア新情勢と、これに伴って日本と米国のアジアでの立場が微妙に変化してきた事実を踏まえ、三木政権として歴代内閣とは異なる共同声明を打ち出すことによって、弱い党内基盤を補って自己主張を図ろう」とのねらいがあったことも忘れてはなるまい。その意味において、「今回の訪米は三木首相にとってフォード大統領との会談もさることながら、何といってもこの共同声明をうたい上げることに最大の眼目があった」わけだ[*95]。

しかしながら、混乱の末に作成された「共同声明は、三木首相の〝手作り〟で、三木カラーの濃い理念的なもの」であったため、「歴代内閣ごとに定例化している日米首脳会談のもとでの共同声明としては、オーバーな印象は免れず、内容は空疎と酷評された」。とりわけ、「アメリカ大使館では、この共同声明を評して、東洋の流儀にしたがって、遠来の客の顔をたてたのと、共同声明そのものがきわめて抽象的で、毒にも薬にもならなかったからワシントンは発表に同意したのだろうとひどいことをいった」ようだ[*96]。

また、三木首相の外務官僚に対する不信感は、フォード大統領との二人だけの会談の実施というかたちでも、あらわれた。しかも、「このサシの会談では、外務省側の通訳を使わずに、外相時代から親しい民間人の国弘正雄氏を連れていった」のであった[*97]。

ちなみに、この会談の目的は、「サミットにあまり乗り気ではなかった」、「フォード大統領を口説く」ことにあったといわれる。なぜならば、サミット開催の提唱者である、「ジスカールデスタンの狙いが〝弱いドル〟をばらまいている米国への牽制であることは明らか」であり、しかも、「国際経済に弱い」フォード大統領は、「会議をやればジスカールデスタンにやり込められること」が想像に難くなかったからだ。このように、「率直な話をするには、どうも外務官僚がはべっている公式会談ではむずかしい」との判断がはたらいたというのだ。[*98] 事実、会談に同席した國弘氏も、「サミットをこまかい数字をいじくる官僚レベルの会議にはせずに、政治家として大所高所論を展開すべき場と措定することでフォード大統領の出席を確実ならしめる、という戦略」が、「日仏両首脳の間で合意され、その説明―説得というべきか―の役が三木に委ねられた」としたうえで、「ワシントンで行なわれた三木フォード『秘密』会談なるものも、この文脈において捉えられるべきものだった」と明言している。[*99]

この〝サシの会談〟に関して、読売新聞社ワシントン支局長の経験をもつ平野実氏は、「三木政権発足以来、三木首相と外務省の間には冷やかな空気が流れていた」ことを指摘したうえで、このようなかたちで、「フォード大統領と秘密会談を行なったうらには、三木首相の外務省不信感があった」と断言している。そして、八月一五日の閣議において、三木首相は、「官房長は外務省の事務を統轄し、官房長経験者は次官にはならない」という「外務省の不文律」(傍点、引用者)をはじめてやぶる、〝執念の人事〟を断行したことも付言しておきたい。[*100] ちなみに、このとき、外務事務次官の職を〝更迭〟された東郷文彦氏が、のちに、「三木総理から、『隙間風が立つのは外務省との間だけである、外務省内でも若い人の間にいろいろ立派な意見もあるべく、今後大いにこれを伸張させて貰いたい、但し面従腹背はいけない、ディシプリンは大いにしっかりやって貰わなければ困る』と云うお話があった」と述べているのは、きわめて興味深い。[*101]

つぎに、「日米首脳会談の実質的記録になる共同新聞発表」の内容について、ふれておこう。[*102] 同発表・第三項には、「両者は、韓国の安全が朝鮮半島における平和の維持にとり緊要であり、また、朝鮮半島における平和の維持は日本を含む東アジアにおける平和と安全にとり必要であることに意見の一致をみた。両者は、かかる平和を維持するために現行の安全保障上の諸取極がもつ重要性に留意した。同時に、両者は、緊張を緩和させ、ひいては平和的統一を達成するために南北間の対話が進捗することを強く希望した。国連における朝鮮問題に関して、両者は、すべての当事者が、現在の休戦を保持する体制を維持することの重要性を認識するようにとの希望を表明した」との文言がもられた。[*103] これが、いわゆる〝新韓国条項〟とよばれるものである。この〝新韓国条項〟をめぐって、三木首相は、帰国後の記者会見の場で、「共同新聞発表にもられたものが、韓国条項をさらに補足する性格のものである」と語り、物議をかもした。[*104] ちなみに、〝韓国条項〟とは、一九六九年一一月二一日にだされた、「佐藤栄作総理大臣とリチャード・M・ニクソン大統領との間の共同声明」の第四項の文言―「総理大臣と大統領は、特に、朝鮮半島に依然として緊張状態が存在することに注目した。総理大臣は、朝鮮半島の平和維持のための国際連合の努力を高く評価し、韓国の安全は日本自身の安全にとつて緊要であると述べた」―のことであり、[*105]「政治、経済両面にわたって、日本が韓国との緊密化を推進する有力な論拠ともなった」ものである。〝韓国条項〟が生まれた背景には、「アメリカは対韓援助について日本が肩代わりすることを強く期待し、沖縄返還問題の一つの〝取引材料〟として日本側に対韓援助の強化を求めていた」経緯があった。[*106]

他方、「新韓国条項はそうした状況とやや趣を異にするとはいえ、アメリカの強い働きかけを十分配慮して生まれたという点においては共通している。すなわち、アメリカはインドシナを失い、アジアから大きく後退を余儀なくされた。それによって、アジア諸国の中には、アメリカはどたん場になれば友邦国を見捨てるのではないか、という不安感が高まった」。そうしたなかで、「とりわけ、韓国はいわばアメリカの防衛上の最前線でもあることから、韓国内の不安を除くことが急務となった」ために、「改めて日米韓一体化を世界に明らかにすることによって、韓国内はもとより、他のアジアの友邦国の動揺をおさえることをねらって打ち出された」わけだ。これによって、「新しい国際情勢のなかで『日韓』『米韓』そして『日米』の各協力関係が強化され、同時にそれらの有機的結合が完成した」のであった。[107]

さて、フォード大統領との会談を終えた三木首相は、ナショナル・プレスクラブにおいて、「日米関係は、今日、きわめて友誼にみち協力的なものであります。私は今、フォード大統領、キッシンジャー国務長官等米国政府要人との二日間にわたるまことに実り多い会談を終えて、このことを自信をもっていうことができます」と述べた。[108]

このように、三木首相が、今回の首脳会談に満足の意を示した理由としては、ランブイエでのサミットへの対応をめぐって、「首相がフォード大統領との単独会談で、当時参加をしぶっていたアメリカの翻意を求めた」結果、[109]「フォード大統領の出席が正式に決まり、アメリカの入らないサミットなんて、何とかの入らないコーヒーのようなもの、という状況の到来を防ぎえた」ことを、三木自身が、「知られざる功績の一つに数えた」からであろう。[110]

しかしながら、〝新韓国条項〟が、日米共同新聞発表のなかにもられたということは、「アメリカ側とすれば、共同声明で三木首相の意向にそったものの、共同新聞発表で、とるものはとった」事実を意味しており、他方、「三木首相にすれば、これまでの日米関係から一歩離れてもっと広い立場にたとうとしたが、現実の日米関係はそうはさせなかった」ということとなろう。このように、「日米関係に実質的変化はなかった」ために、「三木首相訪米準備のため一メートルの書類の山を積みあげた人たちは、終ってみると中味がなくてがっかりした」との不満をもらしたのであった。[111]

かくして、「三木内閣時代のわが国の外交は、日中、日ソ関係においては大きな展開はみられず、むしろ、日米、日韓、日台の関係の強化が図られた所に特色がある。自民党で左派の立場をとってきた三木首相にとり、これは皮肉といわねばならない」。[112]

(2) サミット（主要国首脳会議）

一九七五年一一月一五日からの三日間、パリ郊外のランブイエ城において、日本、米国、イギリス、西ドイツ、フランス、イタリアの六カ国の首脳が一堂に会し、サミットが開催された。この背景には、「国際経済における深刻な構造的問題に直面した各国は、七五年を通じ国際経済における相互依存関係をあらためて認識し、問題解決のための先進諸国間あるいは先進国・開発途上国間の国際協力の必要性を再確認するに至った」事実が大きい[*113]。換言すれば、「西側サミット会議は、つまるところ、つぎの三つの基本的要求に応えようとする」こころみであった。すなわち、「(一) 国際経済と国内政治を調和させること、(二) 覇権的安定を集団管理によって補強し、ばあいによってはとってかわらせること、(三) 官僚的な分割・無責任状態を克服し、政治的権威を回復すること」である[*114]。

ランブイエでのサミット終了後、「きわめて広範囲にわたつて、会議参加国首脳の世界経済に対する共通の認識や決意をうたつている」、ランブイエ宣言がだされた。その骨子は、以下のようなものである[*115]。

①会議の参加国が自由で民主的な社会の維持に責任を有しており、その責任を全うすることがあらゆる地域の自由民主主義社会を強化することにもなり、緊要であること。
②参加国は、相互依存性が深まりつつある世界において、経済の発展段階、資源の賦存度および政治的、社会的制度の違いを越えて、すべての国々の一層緊密な国際協力と建設的対話を促進するための努力を強化すること。
③インフレの再燃を避けつつ速やかに景気を回復し、着実かつ持続的な成長を求めていくこと。
④世界貿易の拡大に努力し、自由貿易体制の維持強化を行うこと。具体的には、OECDプレッジを再確認し、東京宣言に基づく多角的貿易交渉完了の目途を一九七七年とすること。
⑤通貨問題に関し、為替相場の無秩序な市場状態や乱高下に対処すべく行動をとること。
⑥開発途上国の輸出所得の安定化のための国際的取決め、およびこれら諸国の赤字補填を支援する措置を緊

急に改善するためにＩＭＦ等の場で応分の役割を果たすこと。
⑦節約と代替エネルギー源の開発を通じ、輸入エネルギーに対する依存度を軽減するため、引き続き協力すること。更に産油国と消費国との間の双方の長期的利益に応えるため、国際協力を行うこと。
⑧国際経済協力会議の開催を歓迎し対話を進めること。

ところで、三木首相一行がパリに到着した時点では、サミット終了後に、文書を発表するかどうかは、確定していなかったという。だが、「首脳会談の開始に先立って、三木首相は仏大統領にまず個別の会談を求めた」折りに、「『首脳会議のあと、日本としては是非共同宣言を出したいと考えている』と述べ、あわせて日本政府が考えている草案を大統領に手渡した」そうであった。前出の中村元秘書官によると、「先制攻撃ともいえるこの会談が実は重要な意味を持った」のであり、「仏大統領も三木首相の意向を受けて、共同宣言を出す方向へ傾いていった」ようだ。さらに、サミット終了後に、文書を発表することが確定すると、「三木首相と日本政府としては、どうしても『南北問題』に関する条項を盛り込みたい」と考えるようになった。というのは、「財政面での制約から、具体的な提案こそできなかったが、首相とすればこれまでに『南北問題』への情熱を内外に表明してきた以上、共同宣言に『南北問題』がひとことも入らないとなっては、面目丸つぶれというものだった」からだ。そして、最終的には、「日本政府を中心とする働きかけで『ランブイエ宣言』として発表されることになり、しかも南北問題にも言及されることとなって、首相はいいようのない満足感を味わっていた」という。[*116]

この点に関しては、前出の『自由民主党五十年史』にも、おなじような記述がみられる。すなわち、「準備会議の段階では共同宣言を発表するかどうかについて各国の足並みはそろっておらず、特にフランス、英国は消極的だった。最終的に共同宣言が採択されることになったことについて、三木・ジスカールデスタン会談の意義はすこぶる大きいものがあった」し、「特に南北問題に力点を置いて日本の主張を展開した」、「三木首相にとっては、持論の南北問題について各国首脳の意識を高めただけでなく、これを共同宣言に謳い込むことができたという点で満足すべき成果だった」と。[*117]

だが、こうした三木首相側近の証言や『自由民主党五十年史』の記述とは裏腹に、「ランブイエでの三木首相の発言は、他の参加国首脳と価値観や感覚の点でかなり食い違うところがあった」との批判があることも付言しておきたい。政治学者の草野厚氏によれば、ランブイエ・サミットには、「世界経済の停滞下で先進国が保護貿易や通貨切下げに走ったり、原油確保のために抜けがけしたりしないように相互に自制をはかるという狙いがあり、こうして北側の相互監視を強める一方、南に対しては結束して立ち向かおうという狙い」があったにもかかわらず、三木首相は、「割り当てられた貿易問題の基調演説でも先進諸国間の調整には力点をおかず」に、「北側の積極的な南への経済協力を強調した」。そのため、「三木の発言が他の参加国首脳から冷やかに受けとめられた」のであった。つまり、サミットの場で、「日本に期待された具体的な政策は、高めの経済成長、経常収支の赤字の分担等であり、それらについて日本が積極的姿勢を示すことこそが、主要先進工業国の一員として、その発言が傾聴されるための条件であった」というわけだ。[*118]

それでは、ランブイエでのサミットの意義は、どのような点に求めることができるのであろうか。ある識者によれば、「ランブイエ・サミットの最も大切な点は、そもそもそれが開かれた、ということだった」のであり、「各国政府首脳にとっては、非公式に集まって話し合い、広範な諸問題にわたる共通の基盤をうちたてられることがわかった」という点において、「ランブイエ・サミットは疑いもなく成功だった。おそらくその後のサミット全シリーズのなかでも最も成功したものといってよいだろう」というわけだ。[*119]

また、前出の『わが外交の近況』では、「わが国総理大臣が、欧米主要国の首脳とともに一堂に会し、共通の問題について話合いを行ったのは、戦後初めてのことであり、この意味においてもランブイエ会議はわが国の国際社会における地位の向上を象徴する歴史的政治的意義の大きなものであつた。またわが国をも含めた自由主義経済全体、ひいては世界経済全体にとっては、この会議を通じ参加各国首脳間に生みだされた共通の認識や決意が、世界の企業家や政策当事者に安心感を与えた点で政治的経済的にも重要であった」との評価がなされている。[*120]

ただ、ここで留意しておかなければならないのは、サミットへの「日本の『参加』は祝福され、抱擁されるといった類のものではなかった」という事実である。つまり、「欧米、とりわけフランスにとっては、本来招きたくはないが、無視できずに、招待状を出さなければならない客を呼ぶような不愉快な現実への屈服だった」という点である。したがって、「ジスカールデスタン仏大統領がランブイエ・サミットを招集した時、サミットはあくまで経済サミットであることが強調された。日本は招待するが、安全保障や政治問題を一緒に語り合う間柄ではない、との意向が言外に汲み取れる『政経分離』策」であったわけだ。とはいえ、「サミットでは、日本は最初から『創立メンバー』の一員であり、それは戦後、ガット（関税貿易一般協定）、国際通貨基金（ＩＭＦ）、経済協力開発機構（ＯＥＣＤ）といった既成レジーム（体制）に『後から入れてもらった』のとは、明らかに異なっていた」事実も忘れてはなるまい。[*121]

5　結び

以上みてきたように、「内閣発足の当初、三木は政治資金規正法、公職選挙法、独禁法の三法案の改正と日中平和友好、核防、日韓大陸棚の三条約の成立を七五年通常国会での三木内閣の目標にかかげた」。だが、「三木が当初目標にしていた三法案、三条約のうち、七五年通常国会で成立を見たのは政治資金規正、公職選挙法の両改正案だけであった」。これはまさに、「『革新保守』の路線の明らかな挫折であった」といえよう。[*122]

しかも、「国会最終日参議院で可否同数、河野議長が可とし、きわどいところで成立した」政治資金規正法の改正案は、「それまでに相当のザル法になっていた」し、「『金のかからない選挙』を目標とした公職選挙法改正」も、そのプロセスにおいて、「相当骨抜きになっていた」事実は否定しがたい。[*123]

ところで、総理就任後、「一年間の三木政治を大別すれば、戦後の保守政治の惰性打破つまり『抵抗』の方が目立った通常国会までの七五年前半と、同国会での独占禁止法改正案、酒・たばこ・郵便の値上げ法案流産を契機として与党（自民党）との『妥協』に重点を移行した後半とに区分される」。つまり、「（第七五回通常）国会幕切れとともに首相は党内の大勢、とくに右寄り路線に身を寄せる姿勢が目立ち始めた」（カッコ内、引用者補足）のだ。この三木首相の〝「Uターン」現象〟をめぐっては、「批判を強めた党内の空気が退陣要求にまで発展しかねないことに先手をとった」とする見方がある。[*124] たとえば、「『公人』の資格ではなく『私人』としての参拝であった」ものの、靖国神社に、「戦後の総理としては初めての終戦記念日の参拝」をしたことは、「党内への配慮に重きを置くという方針への転換の表れ」とみてよかろう。[*125] 事実、三木首相の秘書官をつとめた中村氏も、「あえて靖国神社を参拝したのは、ひとえに自民党内向けのカオ以外のなにものでもなかった」と断言しているほどだ。[*126]

また、スト権ストへの対処をめぐって、当初、「スト権を認めるつもりだったと思われる」発言をしていた三木首相が、「一方において世論の動向に気を配りながらも、他方において自民党内の強硬派の姿勢を無視できないという綱渡りを演じた」結果、最終的に、「スト権を否認し通した」のも、〝「Uターン」現象〟の好例といえる。[*127]

このように、三木首相の政治運営において、〝「Uターン」現象〟がみられた理由については、さまざまな指摘がなされている。一例をあげれば、「タカ派と妥協という形があちこち出てくる」点に関しては、「やっぱり財界で金を相当締めたせいじゃないかしら。そうすると締めた財布を少し開かすために、また妥協をしていく。そういう話し合いをしょっちゅうやっていた」との声もある。[*128]

さらに、「相当の自信を持っていた」外交政策の面においても、[*129]「三木内閣の対韓政策、対中姿勢、台湾への配慮など一連の動きが三木の本来の主義主張とは違い、いわゆる『右寄り』コースをたどった」が、その一因として、三木政権の〝出生の秘密〟をあげる識者もいる。というのは、三木政権誕生の契機となった、「椎名裁定の際は佐藤栄作から直接強い推薦と激励があった」とされているからだ。[*130] この点に関して、たとえば、前出の内田氏は、「四十九年末のポスト田中の総理総裁指名の裏には、佐藤元首相の強い推挙があったことは知る人ぞ知る」と述べているが、残念ながら、その真偽はさだかではない。[*131]

いずれにせよ、「政権が〝クリーン三木〟ともてはやされて、国民の自民党離れを食いとめることに成功した途端に、党内から白眼視され、党内第五の弱小派閥の悲哀をかこつに至ったということ」だけは、まちがいなかろう。[*132]

こうしたなかで、政権発足後の一九七四年一二月二〇・二一両日に実施された、朝日新聞社の全国世論調査において、四五％を記録した三木内閣の支持率は、一九七五年一一月一七・一八両日の調査では、実に二八％にまで下落してしまった。[*133] そして、三木首相は、政権担当二年目を迎え、自民党内にまきおこる、いわゆる〝三木おろし〟の風に悩まされることとなる。

注

＊1　『第七十四回国会　衆議院会議録　第二号（二）』一九七四年一二月一四日、二七頁。
＊2　自由民主党編『自由民主党五十年史』〔上巻〕（自由民主党、二〇〇六年）、三七一頁。
＊3　自由民主党編『自由民主党党史　資料編』（自由民主党、一九八七年）、三三五頁。
＊4　自民党編、前掲書『自由民主党五十年史』〔上巻〕、三六五頁。
＊5　『朝日新聞』一九七四年一二月一〇日、五面。
＊6　『第七十四回国会　衆議院会議録　第二号（二）』一九七四年一二月一四日、二九頁。
＊7　『朝日年鑑』〔一九七六年版〕、二一八頁。
＊8　『朝日新聞』一九七五年一二月一日、五面。

＊9　たとえば、「三角大福戦争といわれた二年前の四十七年の総裁選挙からあった」、自民党の「若手議員グループによる河野洋平擁立の動き」は、「一石を投じた」とされる（増田卓二『実録　三木武夫』〔ホーチキ商事、一九七五年〕、二二五頁）。

＊10　田中善一郎「第六六代　三木内閣―改革への多難な航海―」林茂・辻清明編『日本内閣史録　六』（第一法規、一九八一年）、三五八頁。

＊11　藤田義郎「椎名裁定」一七会「三木武夫とその時代」刊行委員会編『三木武夫とその時代』（一七会「三木武夫とその時代」刊行委員会、一九九〇年）、二二〇―二二一頁。また、民社党は、春日一幸委員長のルートから、河野謙三・参院議長を「首相に担ぎ出す工作」もしていたようだ（田中、前掲論文「第六六代　三木内閣」林・辻編、前掲書『日本内閣史録　六』、三六一―三六二頁）。

＊12　田中、前掲論文「第六六代　三木内閣」林・辻編、前掲書『日本内閣史録　六』、三六一頁。

＊13　『朝日新聞』一九七五年一二月二日、一面。

＊14　増田、前掲書『実録　三木武夫』、二〇頁。

＊15　自民党編、前掲書『自由民主党五十年史』〔上巻〕、三六六頁。

＊16　増田、前掲書『実録　三木武夫』、一七頁。なお、「単なる『話合い』の結果では持ちえなかったであろうような、高い正当性と威厳が椎名裁定に備わった」理由として、「党内の派閥力学への配慮を超えて、政党と国民の基本的関係に準拠しつつ決定を下した」点をあげる識者もいる（山川雄巳「三木武夫内閣（第六六代）」白鳥令編『日本の内閣　Ⅲ』〔新評論、一九八一年〕、一四〇頁）。

＊17　井芹浩文「田中政治と三木政治―第六九回国会～第七八回国会―」内田健三・金原左門・古屋哲夫編『日本議会史録　六』（第一法規、一九九〇年）、三六頁。

＊18　保利茂『戦後政治の覚書』（毎日新聞社、一九七五年）、一五七―一五八頁。

＊19　冨森叡児『戦後保守党史』（岩波書店、二〇〇六年）、二八四頁。この点に関連して、当時、参院議長であった、河野氏は、「『三木』というのには驚いたよ。意外だったな。椎名が三木を評価しているとは思わなかったし、ボクはむしろ大平にいくと思っていたよ」と語っている（河野謙三『議長一代―河野謙三回想記―』〔朝日新聞社、一九七八年〕、一〇四頁）。また、「椎名が三木を出したのは第一着手にすぎなくて、あのあとは仕掛けがあったのだと。つまり三木

を推してもどうせ福田が承知しない、大平も承知しない、結局は椎名自身に落ち着くであろうという見通しだった、という説」があることも付言しておきたい（後藤基夫・内田健三・石川真澄『戦後保守政治の軌跡』〈岩波書店、一九八二年〉、二九七頁）。

＊20 毎日新聞社政治部『政変』（毎日新聞社、一九七五年）、二八―二九頁。

＊21 中村慶一郎『三木政権・七四七日―戦後保守政治の曲がり角―』（行政問題研究所、一九八一年）、二七頁。

＊22 同上、二七―二八頁。

＊23 毎日新聞社、前掲書『政変』、一五―一六頁。

＊24 中村、前掲書『三木政権・七四七日』、二八頁。

＊25 升味準之輔『現代政治―一九五五年以降―』〈上巻〉（東京大学出版会、一九八五年）、二五四頁。

＊26 内田健三『戦後宰相論』（文藝春秋、一九九四年）、六九頁。

＊27 後藤・内田・石川、前掲書『戦後保守政治の軌跡』、二九九―三〇〇頁。

＊28 内田健三『現代日本の保守政治』（岩波書店、一九八九年）、五八頁。

＊29 河野、前掲書『議長一代』、一〇六頁。

＊30 石川真澄「国民を懼れた三木首相」社団法人　中央政策研究所編『無信不立―三木武夫追悼文集―』（社団法人　中央政策研究所、一九八九年）、三七四頁。

＊31 後藤・内田・石川、前掲書『戦後保守政治の軌跡』、三〇一頁。

＊32 同上、二九九頁。

＊33 藤田、前掲論文「椎名裁定」「三木武夫とその時代」刊行委員会編、前掲書『三木武夫とその時代』、二〇三頁。

＊34 同上、二一三頁。

＊35 同上、二二三頁。

＊36 同上、二二五―二二六頁。

＊37 同上、二二七―二二八頁。

＊38 同上、二二八―二三〇頁。

＊39 同上、二三〇頁。

＊40 同上、二〇四頁。
＊41 河野、前掲書『議長一代』、一〇七頁。
＊42 後藤・内田・石川、前掲書『戦後保守政治の軌跡』、三〇〇頁および三〇四頁。
＊43 毎日新聞社、前掲書『政変』、一三頁。
＊44 同上、一三頁。
＊45 升味、前掲書『現代政治』〔上巻〕、二六五頁。
＊46 増田、前掲書『実録　三木武夫』、三三一―三四頁。
＊47 同上、三四頁。
＊48 國弘正雄『操守ある保守政治家　三木武夫』（たちばな出版、二〇〇五年）、一七八―一七九頁。
＊49 増田、前掲書『実録　三木武夫』、三四頁。
＊50 『朝日年鑑』〔一九七六年版〕、二一五頁。
＊51 『第七十四回国会　衆議院会議録　第三号』一九七四年一二月一六日、四一頁。
＊52 同上、四五―四六頁。
＊53 『第七十五回国会　衆議院会議録　第二号（二）』一九七五年一月二四日、一三頁。
＊54 自民党編、前掲書『自由民主党五十年史』〔上巻〕、三七二―三七三頁。
＊55 升味、前掲書『現代政治』〔上巻〕、二七〇頁。
＊56 冨森、前掲書『戦後保守党史』、一九三―一九四頁。
＊57 『朝日年鑑』〔一九七六年版〕、二二〇頁。
＊58 自民党編、前掲書『自由民主党五十年史』〔上巻〕、三七二頁。
＊59 同上、三七七頁。
＊60 衆議院・参議院編『議会制度百年史―国会史―』〔中巻〕（大蔵省印刷局、一九九〇年）、九六八頁。
＊61 中村、前掲書『三木政権・七四七日』、六九頁。
＊62 山川、前掲論文「三木武夫内閣（第六六代）」白鳥編、前掲書『日本の内閣　Ⅲ』、一四六頁。
＊63 田中、前掲論文「第六六代　三木内閣」林・辻編、前掲書『日本内閣史録　六』、三七七頁。

＊64 『第七十四回国会　衆議院会議録　第三号』一九七四年一二月一六日、四四頁。
＊65 自民党編、前掲書『自由民主党五十年史』〔上巻〕、三七〇頁。
＊66 『朝日新聞』一九七四年一二月二七日（夕）、一面。
＊67 自民党編、前掲書『自由民主党五十年史』〔上巻〕、三七〇頁および三七五頁。
＊68 中村、前掲書『三木政権・七四七日』、四三―四五頁。
＊69 自民党編、前掲書『自由民主党五十年史』〔上巻〕、三七四頁。
＊70 衆院・参院編、前掲書『議会制度百年史―国会史―』〔中巻〕、九七二頁。なお、「議長の決裁権に関する現憲法の規定は、明治憲法四七条の規定を引き継いだものだが、旧帝国議会の衆議院本会議においては、明治二四年の第二回議会の例以来、四回の決裁権行使では消極的・現状維持的に行使されてきた」ようだ（井芹、前掲論文「田中政治と三木政治」内田・金原・古屋編、前掲書『日本議会史録　六』、四二一―四二三頁）。
＊71 自民党編、前掲書『自由民主党五十年史』〔上巻〕、三七四頁。
＊72 田中、前掲論文「第六六代　三木内閣」林・辻編、前掲書『日本内閣史録　六』、三七三頁。
＊73 自民党編、前掲書『自由民主党五十年史』〔上巻〕、三七九頁。
＊74 石川真澄『戦後政治史』（岩波書店、一九九五年）、一三五頁。
＊75 衆院・参院編、前掲書『議会制度百年史―国会史―』〔中巻〕、九六八頁。
＊76 『朝日年鑑』〔一九七六年版〕、二一五頁。
＊77 渡邉昭夫『大国日本の揺らぎ―一九七二〜―』（中央公論新社、二〇〇〇年）、二五三頁。
＊78 國弘、前掲書『操守ある保守政治家　三木武夫』、一四四頁。
＊79 『第七十四回国会　衆議院会議録　第二号（二）』一九七四年一二月一四日、一八頁。
＊80 『第七十五回国会　衆議院会議録　第二号（二）』一九七五年一月二四日、一二頁。
＊81 『朝日年鑑』〔一九七六年版〕、二五〇―二五一頁。なお、「三木首相は大勢の前で日台路線の再開を自分はちっとも知らされてなかったといったという話が伝わった」ことがあったとされる。だが、この点に関しては、「三木首相は灘尾弘吉総務会長に任せると一札いれていた。だから、三木首相は知らないはずはない。中国の手前、知らないフリをしただけだという声が三木首相の近くからも起った」との指摘がなされている（平野実『外交記者日記―宮沢外交の

二年―』〔上巻〕（行政通信社、一九七九年）、一七四頁）。

＊82　『朝日年鑑』（一九七六年版）、二二六頁。

＊83　中西寛「自立的協調の模索―一九七〇年代の日本外交―」五百旗頭真編『戦後日本外交史』〔新版〕（有斐閣、二〇〇六年）、一六六頁。

＊84　『朝日年鑑』（一九七六年版）、二五一頁。

ちなみに、金大中事件とは、「一九七三年八月八日、当時日本において朴政権の独裁政治を批判し、韓国の民主化を求める反政府運動を展開していた韓国野党の政治家金大中（元大統領候補）が、東京のホテルから拉致された事件」のことで、「警察の捜索で韓国大使館員の関与が明らかになり、日本の主権が侵害されたとして国会でも議論され、日韓の外交問題にまで発展した」ものである（朴一「金大中事件」川田侃・大畠英樹編『国際政治経済辞典』〔東京書籍、一九九三年〕、一三二頁）。

＊85　田中、前掲論文「第六六代　三木内閣」林・辻編、前掲書『日本内閣史録　六』、三八一頁。

＊86　中村、前掲書『三木政権・七四七日』、一一六頁。

＊87　外務省編『わが外交の近況』〔第二〇号〕（上巻）、二四頁。

＊88　平野、前掲書『外交記者日記―宮沢外交の二年―』〔上巻〕、一八五―一八七頁。

＊89　中村、前掲書『三木政権・七四七日』、一〇〇頁。

＊90　中村慶一郎「三木内閣の七四七日」「三木武夫とその時代」刊行委員会編、前掲書『三木武夫とその時代』、二四五―二四六頁。

＊91　國弘、前掲書『操守ある保守政治家　三木武夫』、七九頁および八九頁。

＊92　中村、前掲書『三木政権・七四七日』、一一七頁。

＊93　平野、前掲書『外交記者日記―宮沢外交の二年―』〔上巻〕、一八七―一八八頁。

＊94　鈴木健二『歴代総理、側近の告白―日米「危機」の検証―』（毎日新聞社、一九九一年）、一〇二頁。

＊95　藤本一美・浅野一弘『日米首脳会談と政治過程―一九五一年〜一九八三年―』（龍溪書舎、一九九四年）、三七一頁。

＊96　平野、前掲書『外交記者日記―宮沢外交の二年―』〔上巻〕、一九一―一九二頁。

＊97　同上、一九四頁。

＊98　鈴木、前掲書『歴代総理、側近の告白』、一〇七頁。
＊99　國弘正雄「世界への目くばりを忘れなかった三木武夫」「三木武夫とその時代」刊行委員会編、前掲書『三木武夫とその時代』、二九一頁。
＊100　平野、前掲書『外交記者日記─宮沢外交の二年─』〔上巻〕、一九六─一九七頁。
＊101　東郷文彦『日米外交三十年』（世界の動き社、一九八二年）、二三〇頁。
＊102　平野、前掲書『外交記者日記─宮沢外交の二年─』〔上巻〕、一九二頁。
＊103　外務省編『わが外交の近況』〔第二〇号〕〔下巻〕、九三─九四頁。
＊104　『朝日年鑑』（一九七六年版）、二三四頁。
＊105　外務省編『わが外交の近況』〔第一四号〕、四〇〇頁。
＊106　『朝日年鑑』（一九七六年版）、二三四頁。
＊107　同上、二二五頁および二三四─二三五頁。
＊108　三木武夫　出版記念会『議会政治とともに─三木武夫　演説・発言集─』〔上巻〕（三木武夫　出版記念会、一九八四年）、七八頁。
＊109　『朝日年鑑』（一九七六年版）、二三二頁。
＊110　國弘、前掲論文「世界への目くばりを忘れなかった三木武夫」「三木武夫とその時代」刊行委員会編、前掲書『三木武夫とその時代』、二九一─二九二頁。
＊111　平野、前掲書『外交記者日記─宮沢外交の二年─』〔上巻〕、一九三─一九四頁。
＊112　田中、前掲論文「第六六代　三木内閣」林・辻編、前掲書『日本内閣史録　六』、三八〇頁。
＊113　外務省編『わが外交の近況』〔第二〇号〕〔上巻〕、一二頁。
＊114　ロバート・D・パットナム＝ニコラス・ベイン著、山田進一訳『サミット〔先進国首脳会議〕』（TBSブリタニカ、一九八六年）、二二─二三頁。
＊115　外務省編『わが外交の近況』〔第二〇号〕〔上巻〕、一七一─一七二頁。
＊116　中村、前掲書『三木政権・七四七日』、一三六頁および一三八─一三九頁。
＊117　自民党編、前掲書『自由民主党五十年史』〔上巻〕、三八六─三八七頁。

＊118　草野厚「国際政治経済と日本」渡辺昭夫編『戦後日本の対外政策』（有斐閣、一九八五年）、二六八―二六九頁。
＊119　パットナム＝ベイン著、山田訳、前掲書『サミット〔先進国首脳会議〕』、六六頁。
＊120　外務省編『わが外交の近況』（第二〇号）（上巻）、一七二頁。
＊121　船橋洋一『サミットクラシー』（朝日新聞社、一九九一年）、一六―一七頁および二〇頁。
＊122　冨森、前掲書『戦後保守党史』、二九〇頁および二九五頁。
＊123　升味、前掲書『現代政治』（上巻）、二六八頁。
＊124　『朝日年鑑』（一九七六年版）、二一八―二一九頁。
＊125　自民党編、前掲書『自由民主党五十年史』（上巻）、三八四頁。
＊126　中村、前掲書『三木政権・七四七日』、八四頁。
ちなみに、このとき、「三木総理は官邸の公用車ではなく党の総裁車を用い、拝殿に昇っての記帳では一切の肩書きを書かず『三木武夫』とだけしたためた」という（自民党編、前掲書『自由民主党五十年史』（上巻）、三八四頁）。
＊127　中村隆英『昭和史　Ⅱ』（東洋経済新報社、一九九三年）、六二七頁。
＊128　後藤・内田・石川、前掲書『戦後保守政治の軌跡』、三〇二頁。
＊129　中村、前掲書『三木政権・七四七日』、一一三頁。
＊130　井芹、前掲論文「田中政治と三木政治」内田・金原・古屋編、前掲書『日本議会史録　六』、三七―三九頁。
＊131　内田健三「〝議会の子〟三木武夫」中央政策研究所編、前掲書『無信不立』、三二〇―三三一頁。
＊132　内田、前掲書『現代日本の保守政治』、六〇頁。
＊133　『朝日新聞』一九七四年一二月二九日、一面および一九七五年一二月一日、一面。

補　論

ニクソン大統領の生涯

1 はじめに

第三七代米国大統領リチャード・M・ニクソンは、カリフォルニア州ヨルバ・リンダに生まれた。全米五〇州についてくわしく解説した、『ザ・ブック・オブ・アメリカ』によれば、「近年、カリフォルニアの政界でスポットライトに照らされた舞台を、ところ狭しとばかり活躍した人物を数名紹介しよう」とした場合、「ニクソンの名前がリストのトップに来なければならない」とされる。なぜならば、ニクソンが、「ハーバート・フーバー以降、カリフォルニア人で初めて大統領職をかちとった男だからである」。しかしながら、「ニクソンをカリフォルニア出身の出世頭だといって特別な感情を彼に対して抱く者はカリフォルニアでは見られなかったし、州としても辞職し名誉を失った大統領が帰ってくるのを大手を広げて歓迎することはなかった」ようだ。[*1]

このように、ニクソンの評価をめぐっては、プラスの側面とマイナスの側面の両方が混在している。マイナスの評価が生まれる背景には、ウォーターゲート事件による辞任劇が大きい。他方、プラスの側面をあげるならば、一九七二年の中国訪問をはじめとする、外交面での成果を指摘できよう。現に、UPI通信社のホワイトハウス担当記者として名をはせた、ヘレン・トマス女史は、「ニクソンの得意とするところは外交問題で、国内問題に対する関心の幅はきわめてせまかった」と断じているほどだ。[*2]

また、初代米国大統領のジョージ・ワシントンから第四二代大統領のビル・クリントンまでのランキングをおこなった、『功績でみる米国大統領の順位』という著書において、ニクソンは、外交面の評価だけでみれば、歴代一二位にランクされているものの、内政課題では三三位、政権運営では三八位、指導力では二四位、そして、個人的な資質では三八位と、きわめてひくい評価しかあたえられていない。そのため、ニクソンの最終的な総合順位は、三六位となってしまっている。[*3]これは、ニクソンが秘密主義と違法行為に固執したことによって、みずからの偉業にきずをつけただけでなく、大統領職の威信をもおとしめた結果といわざるを得ない。[*4]

ところで、ニクソンは、自著*In the Arena: A Memoir of Victory, Defeat, and Renewal*（『ニクソン　わが生涯の戦い』）のなかで、「人生とは絶えざる闘争である」と記しているが、政治家ニクソンの一生は、まさに、「絶えざる闘争」そのものであったといっても過言ではあるまい。[*5]

そこで、本補論では、ニクソンの生涯について、出身州・生い立ち、学生時代、職業経験、大統領選挙、政権の特色と課題、スキャンダル、ファースト・レディー――パット・ニクソンの素顔――、引退後の活動、趣味・エピソード・宗教といった観点に着目しつつ、論述をすすめる。

2　出身州・生い立ち

(1)　出身州と時代背景

先述したように、ニクソンは、一九一三年一月九日に、カリフォルニア州ヨルバ・リンダで出生した。同州は、「年間を通じて快適な気候に恵まれている」ことで知られており、全米五〇州のうち、もっとも多くの人口を有している。ちなみに、カリフォルニアが連邦に編入されたのは、一八五〇年九月九日のことであり、全米三一番目の州であった。[*6]

ニクソンが生まれた一九一三年当時のカリフォルニア州は、改革派のハイラム・W・ジョンソン知事の治世にあった。ジョンソンが知事選挙ではじめて勝利した一九一〇年までのカリフォルニア州の政治は、鉄道王たちによって牛耳られていた。とりわけ、「カリフォルニア州の民間の最大の土地所有者であった」サザン・パシフィック鉄道は、「当時の主要な交通手段の独占的支配権を行使」しており、「自社の財政を豊かにする目的をもって、あらゆる手段を用いてカリフォルニア政治を支配しよう」としてきた。これに敢然と立ち向かったのが、ジョンソン知事であり、「サザン・パシフィック鉄道を政治から追い出せ！」をスローガンに当選した同知事は、「当選すると、素早く政治マシーンと旧式の人脈政治を破壊する意図をもった法案を多数通過させた」。かくして、鉄道委員会は実効性のある規制当局へと変貌し、「この時代は〝革新主義者〟による改革の黄金時代」となり、「カリフォルニア政治の性格を今日まで決定した時代」とまでいわれるようになった。そのため、「カリフォルニアの歴史には記憶すべきことがたくさんあるが、カリフォルニアがハイラム・ジョンソンを忘れることは決してないであろう」との指摘もあるほどだ。[*7]

このような革新主義運動が展開される一方で、一九一三年五月には、日系移民の農地保有を制限する外国人土地所有禁止法案が、カリフォルニア州議会の場において可決されるなど、日米関係に暗い影が投げかけられたことも忘れてはならない。

ところで、カリフォルニア州でみられた革新主義の動きは、国政レベルにおいても顕著であった。一九一二年には、ニュージャージー州の革新派知事であったウッドロー・ウィルソンが、大統領選挙で当選をはたし、改革に着手しはじめていた。周知のように、ウィルソンは、高関税の引き下げ、連邦累進所得税の採用、クレイトン反トラスト法および連邦取引委員会法の制定、連邦準備制度の構築、農民金融公庫の設置、幼年労働禁止法の成立、婦人参政権の実現など、さまざまな功績をあげた。[*8] ただ、外交面においては、「ウィルソンの宣教師外交」といった「表現が使われているけれども、アメリカは米州諸国会議を開催して、中南米全体をその傘下に組み入れようとしていた」のであり、「カリブ海政策とよばれる露骨な帝国主義政策を実施した」ことを忘れてはならない。[*9]

さらに、ニクソンが生まれた年の一二月は、自動車会社のフォードによるモデルTの大量生産をはじめ、「一九世紀後半、ヴィクトリア女王時代のイギリスでも不可能だった世界最初の大衆消費社会」を実現する契機となった。[*10]

また、当時の国際情勢に目を転じると、一九一四年には、第一次大戦が勃発している。この世界大戦に対して、当初、「一般にアメリカ国民にとって、この戦争は海のむこうの出来事であり、遠い戦争に巻き込まれたくないという伝統的な孤立主義が支配的であった」ものの、「アメリカ軍のみならず、連合諸国のためにも武器を製造するアメリカ経済は、戦争遂行のため、総動員体制のもとにおかれた」ことも付言しておきたい。[*11]

(2) ニクソンの生い立ち

ニクソンの父親であるフランシス(フランク)・A・ニクソン(一八七八年～一九五六年)は、「容姿や身だしなみの素晴らしさや、生き生きとした活動ぶりは人を引き付けたが、彼の声が大きいのと攻撃的な性格は不幸にして多くの人を遠ざけた」ようであった。この背景には、一四歳で家出をし、「月給わずか十三ドルの農家の手伝い、陶工、家のペンキ塗りなど各地を職を変えつつ転々とし、猛烈に働いて金を稼いだ」経歴と関係があるように思われる。他方、母親のハンナ(一八八五年～一九六七年)は、「敬虔なクウェーカー教徒で、地味で、つつましい生活を送っていた」家庭のなかで生まれ育ち、「ホイッティアー大学でラテン語、ギリシャ語、ドイツ語を専攻していた性格の優しい女性」であったといわれる。[*12] 事実、ハンナについては、「みんな、彼女のことが大好きだった。彼女は、じつに、魅力にあふれ、敬愛すべき人物であった」との証言もあるほどだ。[*13]

ニクソンによれば、「父は闘士だったが、それは弁論面で、肉体面ではなかった」のであって、「つっけんどんに見えることもあったが、誰かが助けを必要としているときには、本当はやさしい人物であることがわかった」。そのため、ニクソンは、「私の父に品がないと言う連中に対しては、父のことを誇りに思わなかった日は一日もないとだけ言っておきたい」と断じているほどだ。[*14] 他方、信仰心のあつい母・ハンナについて、ニクソンは、「母にとって宗教と愛はとても神聖なものだったので、どちらについても気楽な調子では語らなかった」ものの、「いつもそれを実践していた」と述懐している。そして、ニクソンは、母親から、「強い平等意識と人種差別に対する反対」を教わったようだ。[*15]

さて、ニクソンの父・フランクは、オハイオ州コロンバスで、屋根なしの路面電車の運転手をしていた。そのため、足のつま先が凍傷となり、のちに、温暖な気候を求めて、南カリフォルニアにうつり住み、そこで、ハンナとめぐりあって、一九〇八年に結婚している。[*16] だが、「ハンナの姉や妹は人前で平気で抱擁したり、キッスをするフランクを毛嫌いし、父親のフランクリンは結婚してから数年経った段階でもハンナに離婚を勧めていた」ようだ。[*17]

ニクソン家の暮らし向きは、きわめてひどく、「村全体が寒いときは、ニクソン家の家の中はそれ以上の寒さだった」といわれるほどで、「家族の者は、台所で料理用ストーブのまわりに押しあいながら着物を着た」し、「子供たちは居間の暖炉の近くで遊んだ」ものであったらしい。[*18] しかも、フランクがみずから建てた七〇〇フィート（およそ二一三・三六メートル）の木造家屋には、長年にわたって、水道の配管も、電力の供給もない状態がつづいたという。[*19]

ちなみに、フランクとハンナは、五人の子どもをさずかったが、その二番目の子が、ニクソンである。ニクソンが、「生れたときの体重は何と十一ポンド（約五千グラム）もあり、頭髪は黒く、目は褐色」であったそうだ。[*20] 出産にたちあった看護師によれば、ニクソンは、「まるまるとした（roly-poly）」、「気だてのよい（good-natured）」子であったようである。[*21] クエーカー教徒であった母親のハンナは、ニクソンが「クエーカーの牧師になることをなによりも願った」そうだ。[*22] 他方、父親のフランクは、息子が「国中で最もすぐれた雄弁家と討論家になることを願っていた」という。[*23]

四人の兄弟にめぐまれたニクソンであったが、「兄と弟の一人は結核で早世したので、リチャードが長男さながら家族の期待をになった」ようだ。そのためであろうか、「彼はものしずかで、よくいうことをきき、家業を進んで手伝った」し、「いたずらなどはしない子だったらしい」。ただ、「幼いころから神経質で、乗り物酔いと花粉症に悩まされる」体質であったという。[*24] また、「普通の子供がやる野球やフットボールに参加はしたが、足が遅く、背丈も並みの少年以下だったため、目立つ存在にはならなかった」ようだ。もっとも、七歳からはじめたバイオリンとピアノに関しては、「なかなかの才能だと周囲から認められた」ものの、「夢中になるという風ではなかった」そうである。とはいえ、「大勢の前でピアノやバイオリンを弾いたり、とくに演説をしたりするときは物怖じしなかった」とされる。[*25] とりわけ、ニクソンのピアノの腕前については、ほかの子どもたちが、四年～五年かかって習得する曲をわずか六ヶ月で弾けるようになるほど、「傑出していた（outstanding）」との証言もあるほどだ。[*26]

幼少期のニクソンの夢は、機関士になることであった。だが、一〇歳になったときに、汚職事件に関する新聞記事を読んだニクソンは、うそをつかない弁護士になると母・ハンナに語ったそうだ。[*27]

ただ、二番目の弟であるアーサーが結核で亡くなったことは、幼少期におけるニクソンのもっとも大きなトラウマとなっているようだ。アーサーの死を受けたニクソンは、自分が成功をし、両親が自慢に思うような子どもになろうと考えた。そのため、ニクソンは、兄のハロルドが結核治療のため、アリゾナ州プレスコットの療養所に入ったときも、夏休みになると、現地にでむき、客引きのアルバイトをこなしたりしていた。[*28] ちなみに、一〇年におよぶハロルドの闘病生活のため、ニクソン家は、「恐るべき試練」に耐えてきた。具体的には、「医者や看護婦に支払う天文学的な費用を稼ぐため、家族みんなが働かなければならなかったし、父は病院の請求書の一枚の支払いに貴重な不動産の一部を半値で手放すことをやむなくされたりもした」（傍点、引用者）ことがあったようだ。さらに、こうした経験があったことで、「保守的共和党員たる」ニクソンでさえ、「重病者の診療に対する連邦政府の助成はずっと支持してきた」事実は興味深い。[*29]

ところで、「少年時代から青年時代にかけてのニクソンは強烈な個性を持った父親の下で物質的な貧困、家庭的な不幸、心理的な欲求不満を繰り返す」日々を過ごしていたといわれる。[*30] ニクソンの人間的考察をこころみた田久保忠衛・杏林大学教授によれば、父親である「フランクの性格における激しさはリチャードの性格にも反映されている。普通の政治家の人生における最大の危機をいくつも克服した強靭な精神力は父親譲りのものであろう。生き延びるためには手段を選ばぬほど死力をつくす。父親の議論好きからも学んだところが少なくないのは自ら認めているとおりである。他人と見境なく言い争いをする父の『愚』をじかに見て、争わなくていいときには自己を抑制する術を身につけたとも考えられる」とのことだ。[*31]

最後に、両親の政治スタンスについて付言しておこう。父親のフランクは、「政治的にはトマス・ジェファーソンやアンドリュー・ジャクソンなど民主党系の政治家に関心を持った」タイプであった。[*32] だが、フランクがオハイオ州に住んでいたとき、ウィリアム・マッキンリー大統領が、町をとおりかかり、フランクの乗っていた馬を賞賛したことがあった。それ以降、フランクは共和党に票を投じるようになったという。[*33] 他方、母親のハンナは共和党員であったが、「父のように政治的ではなかった」ようだ。だが、「世の中の進み具合を正確に知っていた」と、ニクソンは述懐している。[*34] そのためであろうか、一九一六年の大統領選挙では、第一次大戦に参戦しなかったことを理由に、民主党のウィルソンの再選を支持し、夫・フランクの怒りをかったという逸話がのこっている。[*35] とはいえ、ニクソンも認めているように、「父と母の政治的意見がちがったことはあまりない」ようである。[*36]

3　学生時代

はたして、ニクソンは、どのような学生時代をすごしたのであろうか。ちなみに、ニクソンは、「幸運にも私は、一九六〇年代の〝進歩的〟改革の波が急激にカリキュラムを変更し、教育の質をひどく悪化させる前に学校に通うことができた」と語っている。[*37]

そこで、まずはじめに、中学校・高等学校時代のニクソンについて、ふれてみたい。ニクソンを知る人物の回想によれば、ほかの男子生徒がそとにでて、遊びたがっているなかでも、当時のニクソンは、いつも勉強ばかりしている読書家であり、成績もトップ・クラスであったようだ。とくに、ニクソンは、歴史書を好んだという。[*38]ニクソン自身、「小学校にいるうちから、私は熱心な新聞の読者だった」とも語っているように、かなりの読書好きであったことはまちがいない。[*39]現に、ニクソンの小学校一年生のときの担任教諭の述懐によると、ニクソンは、すでに一年生の時点で、三〇冊～四〇冊もの本を読破したという。[*40]

くわえて、「弁論に秀でていた」ニクソンは、ホイッティアー高校時代に、みずから最優秀弁士としてチームを引率し、三五〇〇キロにわたる遠征旅行をした経験をもつ。その折り、「二十七チームと討論を行い、全勝した」という逸話がのこるほどの雄弁家であった。また、高校二・三年のときには、「憲法問題の討論会で優勝し、カリフォルニアのハーバード・クラブから万能優等生の賞を受けた」ことがある。これによって、ニクソンは、「ハーバード大学の奨学金をもらえることになっていたし、エール大学に入学する奨学金を受ける可能性もあった」。しかも、ニクソンは、うえから三番目の順位で、高校を卒業している。だが、「東部に行く運賃と生活費を支払う財政的余裕は、（兄）ハロルドの全快のためにすべてを犠牲にしたニクソン家には無く、リチャードはハーバード、エール入学を断念せざるを得なくなった」（カッコ内、引用者補足）。そのため、自宅から通学できるホイッティアー大学への入学を決意したのだ。こうして、「とりわけ経済的な理由で東部の名門校に行けなかった口惜しさは、後年、東部のエスタブリッシュメントに対する反感」というかたちで、あらわれることとなる。[*41]

このように、高校時代のニクソンは、「討論の相手に腹を立て、残虐なまでに徹底的にやり込める」など、「弁論大会や演劇では脚光を浴びる指導者的立場」にあった。だが、ニクソンは、「身近な人々とは打ち解けず、同年輩の女性の前では固くなり、あるいは逆に露骨に反感を示して攻撃的な態度を取る」ため、「ホイッティアーの人々はあらかた知ってはいるが、本当の友人は誰もいない」といったありさまであった。[*42] そのためであろうか、高校時代、生徒会の選挙に出馬し、ダークホースの対立候補に敗北した経験を有している。[*43] もっとも、このときのニクソンの敗北の原因に関しては、自宅の手伝いのために、ニクソンがスポーツをしていなかったのに対して、相手候補が、アメリカン・フットボールとバスケットボールの選手であり、選挙戦において、チームメートのはたした役割が大きかったとする証言もある。[*44]

このときの教訓があったのか、ホイッティアー大学入学後のニクソンは、得意の弁論にくわえて、アメリカン・フットボールのとりことなったようだ。とはいえ、ニクソンは、レギュラー選手ではなく、補欠選手にあまんじていた。この点について、ニクソンは、「私はスポーツがあまり得意ではなく、フットボール部、バスケットボール部、野球部、陸上部に籍をおいたが、選手になれなかった」と認めている。ただ、ニクソンは、当時の「私のフットボールのコーチ」であった、「われらがチーフ、ウォーレス・ニューマンとベンチに坐っている」ほうが、「哲学の科目でAをとる」よりも、「人生について学ぶことが多かった」と述懐するほど、コーチのニューマンから、多大な影響を受けたようだ。[*45]

このほか、大学時代に、学生組織の会長に立候補したニクソンは、「周到な準備で計画を立て、支持学生の組織化をはかり、目標を明確にして実行した」ことで、みごとに、当選をはたしている。だが、友人とよべる人間をみつけることのできなかったニクソンの学生生活は、「普通の学生とは違った特異な大学生活であった」ともいえよう。[*46] ちなみに、ホイッティアー大学でのニクソンの恩師によれば、ニクソンは、「哲学に通じた学生(philosophical)というよりもむしろ、分析的思考にたけた(analytical)学生」であり、同時に、「現実主義者(pragmatist)」であったとのことだ。[*47]

大学卒業後、ニクソンは、デューク大学法律大学院に入学した。そこでも、「《グルーミィ・ガス(陰鬱な奴)》

とあだ名されたほど、ネクラなむっつり男」であったらしく、真の友人をみつけることはできなかったようだ。[*48]現に、このころ、ニクソンと破局を迎えた恋人でさえ、「おつきあいしていた歳月の大部分、彼のことがまったく理解できなかったわ」と語っているほどである。[*49]先述したように、こうした背景には、「とりわけ経済的な理由で東部の名門校に行けなかった口惜しさ」が、大きく関係しているといえよう。[*50]しかも、ニクソンは、卒業後、ウォール・ストリートの著名な法律事務所ではたらくことを希望したものの、採用されず、辛酸をなめさせられたことがある。というのも、そうした法律事務所では、トップ校ではないデューク大学の学生よりも、もっと有名な学校の学生を偏愛する傾向があったからだ。[*51]

ただ、大学院時代、ニクソンは、「それぞれの分野で傑出した学究」から、多くのことを学んだようである。とりわけ、国際私法の大家で、「ハーヴァード・ロー・スクールのクラスをトップで出たデイヴィッド・ケーヴァーズ」からは、のちに、政府物価管理局の法律スタッフの職を紹介してもらっている。そして、これが、「首都ワシントンにおける私（ニクソン）の初の勤務経験となった」（カッコ内、引用者補足）のであった。[*52]政府部内の仕事を目のあたりにしたニクソンは、官僚制と政府の効力に関して、幻滅感をいだきはじめた。[*53]おそらく、ここでの経験が、のちのニクソン政権の政策決定スタイルになんらかの影響をおよぼしたとみてよかろう。

ところで、ニクソンは、前出の自著*In the Arena*のなかで、「公立の初等学校と、ホイッティア・カレッジと、デューク大学のロー・スクールへ通った十八年間、私がめぐり会ったのはみな立派な先生ばかりだった。たくさんのすばらしい先生を思い出すことができる」として、心にのこる恩師の名をあげている。ただ、そのなかで、政治家ニクソンは、政治学の教員の名をいっさいあげていない。その理由について、ニクソンは、つぎのように語っている。[*54]

これまで私が政治学の教授の名をあげなかったことを不思議に思う向きがあるかもしれない。しかし、私は政治学の課程をとらなかったし、また政治を職業とすることを志す者にそれをとるように勧めたいとも思わない。なぜなら、政治はひとつのわざであって、科学ではないからだ。それはひとびととうまくやっていく術であって、われわれは、政治学の教室で講義を聴くよりも、店で働くひとびとから多くを学ぶことができる。

現実政治の場において、数多くの厳しい局面と対峙してきた政治家ニクソンのこのことばは、きわめて興味深い指摘といえよう。

4 職業経験―弁護士・下院議員・上院議員・副大統領―

大学院修了後、ニクソンは、地元ホイッティアーの法律事務所で、弁護士生活をスタートさせた。その後、ホイッティアー大学同窓会長、カリフォルニア・デューク大学同窓会長、オレンジ郡市協議会会長、ホイッティアー大学の史上最年少理事などをつとめ、「若い一人前の弁護士としてホイッティアーの街をまさに肩で風を切って歩いた」とされる。*55 もっとも、ニクソンは、弁護士として稼いだ多額の資産を冷凍オレンジ・ジュースの事業に投機して、大損した経験も有している。*56

とはいえ、こうした輝かしい経歴が手伝って、ニクソンは、一九四六年、三三歳という若さで、連邦議会下院議員選挙に当選している。ただ、ニクソンによれば、それまでは、「連邦議会議員に会ったこともなかった」し、「政党政治にはまったく経験がなかった」とのことであった。そのようなニクソンを選挙に出馬させたきっかけは、「バンク・オヴ・アメリカ・ホイッティア支店のマネジャーだった」知人からの手紙であった。そこには、「カリフォルニア第十二選挙区の下院議員候補者になる気はないか」と書かれていたという。当時、この選挙区は、「無敵と見えた十年選手」のジェリー・ボアヒーズが議席を有していたが、同議員を「落選させる可能性のある候補者」として、ニクソンに白羽の矢がたったのであった。[*57]

もっとも、先述したように、ニクソン自身、「連邦議会議員に会ったこともなかった」し、「政党政治にはまったく経験がなかった」と語っているものの、「ニクソンは、いつも、多かれ少なかれ、高校と大学で、政治的な問題に関心をもっていたと思うし、デュークでも、学生組織の役職についていたことを知っている」との証言もあり、[*58]もとから、現実政治への関心がつよかったことは、まちがいなかろう。

なお、このときの選挙戦で、ニクソンは、みずからを「戦うクエーカー」と述べ、第二次大戦での実戦経験がないにもかかわらず、手にヘルメットをもった写真を配布し、相手候補が共産主義的労働組合のシンパだと攻撃をくわえた。[*59]そのため、相手候補は、「CIO（産業別組合会議）の走り使いであることを打消すのに、その時間と精力とを費した」（カッコ内、引用者補足）だけで、ニクソンに十分な反撃を講じることができなかった。[*60]

かくして、連邦議会下院議員となったニクソンであったが、その活動は、とくにめだったものではなかった。たとえば、一期目の議会での投票行動をみると、九一％が党の方針と一致したものであり、二期目も、その数字こそ減少したものの、依然、七四％とたかく、超党派的な独自の活動を展開していたとはいいがたい。[*61]ただ、「下院議員在任中、彼は人頭税反対法案および公正雇用慣行法令に賛成投票した」こともあり、「公民権の強固な擁護者として常に記録にのっていた」ことを付言しておこう。[*62]

連邦議会下院議員のニクソンが、全米の注目を集めることとなったのは、非米活動委員会における活躍があったからだ。周知のように、当時の米国内には、マッカーシズムの嵐が吹きあれていた。そうしたなかで、〝反共の闘士〟であるニクソンは、「法曹界、外交界でも、非常に尊敬されていた」[*63]、かつての国務省高官アルジャー・ヒスを徹底追求し、偽証罪に追いこみ、全米に、その名をとどろかせたのであった。ニクソン自身、この「ヒス事件のおかげで私は全国に知られる人物となっており、下院にとどまることを選択するかぎり、私の議席は保証されていた」と語っているように、将来は、ニクソンが「トップの指導層入りして、議長にすらなれると考える者もいた」ほど、顕著な活躍であった。[*64] そのため、当時のニクソンは、「もっぱら相手候補を〝共産主義者〟として攻撃し、みずからを反共の闘士として打ちだす」選挙戦術を展開していたという。しかし、ここで留意しなければならないのは、「ニクソンの反共にはイデオロギー上の信念という面もあろうが、時勢をみるに俊敏なニクソンの機会主義の所産という面が多い」ことである。つまり、本来のニクソンは、「イデオロギーより権力の信奉者である」という事実を見逃してはならない。[*65] その証左に、もともと、ニクソンは、「別に要求しなかった」にもかかわらず、配属されてしまった、「非米活動委員会に対する興味はそれほど大きいものではなかった」。だが、一九四八年八月三日に、「旧共産党員ホイッテーカー・チェンバースが、もとの共謀者仲間のリストに、旧僚アルジャー・ヒスという男を加えた」とたん、この問題に対して、「大きな興味が湧くこととなった」のである。[*66]

このように、ニクソンは、連邦議会下院議員としての前途が約束されていたにもかかわらず、一九五〇年に、連邦議会上院議員選挙に立候補した（三七歳）。その理由として、ニクソンは、「引きつづき下院議員をつとめていても、あまりおもしろいことはなさそうだった」「私の直観は、立候補したほうがよいのではないかと告げていた」の二点をあげている。[*67] だが、実際には、ヒス事件によって、「ニクソンが議会参観者にそれと認められるほど全国民の注意を彼に集中させることとなった」ものの、「民主党は一九四八年の選挙で下院の支配をふたたび獲得」しており、「今は下院の少数党に属し、しかも新参議員で若年であった」ために、「これではうだつがあがらぬと、ニクソンは上院に狙いを向けた」のであった。[*68]

いずれにせよ、上院へのくらがえというニクソンのこの決断に対して、周囲は反対をした。だが、妻のパットは、「もし当選したら六年ごとに選挙運動をしなくていいということが気に入っていた」ため、ニクソンの上院へのくらがえに理解を示したという。結果は、相手候補のヘレン・ゲヘーガン・ダグラス女史に、六八万票の大差をつけての勝利に終わった。このときの選挙戦術のポイントは、下院議員選挙に出馬したときとおなじように、さまざまな手段を講じて、相手候補と共産主義とを結びつけることにあった。そして、それがみごとに、功を奏したかたちとなった。[*70]

もっとも、このころ、パット夫人は、「速記で相手の演説を記録して、夫に相手を攻撃する材料を提供するなどかいがいしく選挙を手伝った」ものの、ニクソンの「あまりにも汚い選挙の経験は彼女を本当は選挙嫌いにした」ようだ。[*71]現に、このときの「選挙戦は、長年の間カリフォルニアが経験した選挙戦の中で最もいやらしいものであった」との指摘があるほどで、[*72]しかも、これ以降、ニクソンは、「狡猾なディック（Tricky Dick）」というあだ名でよばれるようにまでなった。[*73]だが、同時に、「月に一ダース余の演説の約束」をこなすほど、「新参上院議員ニクソンは、早くも共和党で最もよく演説を頼まれる人物になった」こともまた、事実である。というのは、この当時の「共和党の全国的成功のいしずえを築いた」のが、「カリフォルニアにおけるニクソンの『はなばなしい選挙戦』」であったとの見方をする者がいたからだ。[*74]

そして、一九五二年の大統領選挙で、ニクソンは、共和党の候補者ドワイト・D・アイゼンハワーの副大統領候補に指名される（三九歳）。まさに、「世界的な舞台で経験のある大統領が、大統領の政策と同意見の、国内問題に通じた、若い積極的な男とともに選挙に出る」こととなった。[*75]しかし、このとき、「ニクソンが財界から二万ドルの汚い政治資金をうけていたという記事がで、候補辞退の勧告が党内からもでてきた」ことがあった。「土壇場に追いこまれたニクソンは、起死回生の手としてテレビに出演し、全国の投票者に直接うったえる」という「執念の賭」にでた。その折り、「家計の実情をさらけだし（事実、当時彼は貧乏であった）、涙をうかべて視聴者の同情を買い、みごと賭に勝った」経験を有している。[*76]これが、有名な〝チェッカーズ演説〟とよばれるものである。その名がついた経緯について、ニクソンは、つぎのように述べている。[*77]

私は演説のなかで、法の許す以上の贈り物を受けたというでっちあげの非難のすべてに反駁したあと、私が実際に受け取った贈り物がひとつあると言った。テキサスのあるひとが、われわれに白と黒のコッカー・スパニエルの子犬を贈ってくれた。娘たちは、この子犬にチェッカーズと名づけた。娘たちはこの犬を愛していたので、私は、誰が何と言おうと、ずっと飼っておくと言った。このため、この演説は、〝チェッカーズ演説〟という名で呼ばれるようになった。

このときの大統領選挙でのアイゼンハワーの勝利により、ニクソンは、四〇歳の若さで、副大統領の職についた。もっとも、先述の政治資金をめぐる疑惑が生じた直後、アイゼンハワーがニクソンを積極的に擁護しなかったこともあり、両者のあいだの信頼関係は完全に崩れ去ってしまったし、また、副大統領夫人となったパットが、政治をさらに軽蔑するようになったことにも留意する必要があろう。[*78]

さて、副大統領時代のニクソンは、一九五八年五月に、ベネズエラの首都カラカスを訪問した折りに、大規模な反米デモに直面し、生命の危険にさらされそうになったり、一九五九年七月〜八月にかけて、モスクワを訪問し、ニキータ・S・フルシチョフ首相とのあいだで、米ソの生活水準をめぐる、いわゆる〝台所論争〟を展開したことで知られる。ちなみに、このときの「モスクワ訪問は、つづくフルシチョフ訪米の前ぶれとなるものであり、〝雪どけ〟時代の到来をさきがけるものであった」。まさに、「それは、状況に応じて、あるいは状況に一歩先んじて身を処する権力政治家・機会主義政治家としてのニクソンの面目をよく示す」事例といえる。[*79]

他方、国内問題では、「今や必要なことは、適格の黒人の一定数が一定期間内に、従来伝統的にはばまれていた仕事に雇われるべきことを、業者に明確に約束させること」の重要性を認識して、政府契約委員会の委員長として、辣腕をふるった。[*80]

これまでみてきたように、ニクソンは、政治家として、比較的、順風満帆な道を歩んできた。しかし、実は、一九五四年「二月のなかごろニクソン夫妻は彼らの将来をあらゆる角度から話しあい、彼は、その任期が一九五七年に終ったのち政界から引退することに同意した。ニクソン夫人の頼みで彼は一片の紙にその日付と決定とをしたためて、財布に押しこんだ」ことがあったという。というのも、「彼の郷里の新しい街路にニクソン・ブルバール（大通り）という名前がつくことになっていたのに、地元の団体が反対した」り、「母校のデューク大学では、教授会が初めて特権を行使して、理事が採決したニクソンへの名誉学位を拒否した」りするできごとがあったからだ。[*81] そして、「ニクソンは、公職を辞してカリフォルニアの大企業の社長か、それとも年収十万ドル以上を保証するニューヨークの法律事務所の共同経営者の地位を受けるのが、おそらく最善の策だと考えた」ようである。[*82]

とはいえ、ニクソンは、副大統領として、二期八年の任期を満了する。そして、一九六〇年の大統領選挙に出馬し、大きな痛手を負うのである。このとき四七歳となっていたニクソンは、四三歳の民主党の候補者ジョン・F・ケネディと選挙戦を戦った。「両者ともその若さ・活力・俊敏さを誇って争った」選挙となったが、「ことに選挙戦でテレビ討論を四回にわたって行なったことは、従来の選挙戦とは異なり、両候補が全国民の前で一騎打ちを演じるというので選挙の気運をもりあげ、選挙戦を活気あるものにした」。結局、「テレビ時代にふさわしい候補であった」ケネディが、選挙戦を制することとなった。[*83] 獲得した大統領選挙人の数では、ケネディの三〇三人に対して、ニクソンは二一九人と大きく水をあけられていたものの、票差でみると、一一万四六七三票という僅差であった（ケネディ：三四二二万一三四四票〔四九・七二％〕、ニクソン：三四一〇万六六七一票〔四九・五五％〕）。[*84]

このときのテレビ討論について、のちに、ニクソンは、つぎのように述懐している。[*85]

私は内容的にはかなりよくやったように思われた。ラジオ聴取者の調査では、私がわずかに優勢だったからだ。だが、ラジオを聴く五倍から六倍のひとびとがテレビでこの討論を見ており、これらの視聴者の調査では、ケネディがわずかに優勢だった。私は、自分では疲れたとは感じていなかったが、疲れているように見えたのだ。しかも、おろかなことに、私は目の下の隈や夕方までに伸びてきたひげをかくすためのメーキャップもしていなかった。

もちろん、「実際政治のやり方では、副大統領は相手方との立会いに同意すべきではなかった。それは彼の方がよく知られているし、また政権をとっている方の党の代表者として、当然防御にまわらねばならない」からであった。[*86] それにもかかわらず、ニクソンが、これほど不用意なかたちで、テレビ討論にのぞんだ一因としては、前出のチェッカーズ演説（一九五二年）の成功を指摘する声がある。つまり、テレビでおこなったチェッカーズ演説が大成功をおさめ、ケネディとのテレビ討論に対して、過剰な自信をいだいていたというわけだ。[*87] いずれにせよ、このときの苦い経験によって、ニクソンは、「時間はひとの最も大切な財産である。何をやるにせよ、時間をどう活用するかが、そのひとの成功か失敗かを決める。このことはとくに政治の場に当てはまる」との教訓を得たようである。[*88]

大統領選挙での敗北によって、ニクソンの政治家としての経歴は、終焉したように思われた。しかし、こうした見方は、ニクソンの回復力と闘志を過小評価したものであった。[*89] 現に、その後、一九六二年に、ニクソンは、カリフォルニア州知事選挙に出馬したのであった。これは、「下院議員、上院議員、そしてアメリカ副大統領としての十四年を経たあとで、私の心は民間生活にはないことを発見する。私の心は公務にある。私は公務につくしたい」との思いからであった。[*90] だが、この知事選挙で再起をかけたものの、ニクソンは、あえなく、敗退してしまう。相手陣営からは、ニクソンが日和見主義者で、ほんとうは、保守主義を信奉していないとの攻撃を受けた。[*91] そして、このときの敗北を受けて、ニクソンは、「諸君がニクソンを蹴っとばす機会は、もう二度とこないぞ。マスコミの紳士ご一同よ、これが私の最後の記者会見だからな」と述べ、「有名な捨てゼリフを歴史にきざむ」こととなった。[*92]このように、「偏向的取材だと思ったことについて、マスコミを攻撃することに満足を覚えた」ニクソンではあったが、「世の識者は一致して、マスコミに対するそのようなあからさまな談話が私（ニクソン）の政治家としての終わりを意味するだろうと考えた。私は、自分が二つの選挙でたてつづけに負けてしまったように感じた。誰もが私を失敗者ときめつけ、私も自分自身をそうきめつけた」（カッコ内、引用者補足）のであった。[*93]

しかし、ニクソンは、一九六四年の大統領選挙において、党内の支持をかためきれていなかった、保守派のバリー・ゴールドウォーター候補の選挙応援で、全米をかけめぐったことによって、ふたたび、政治の表舞台にたつこととなった。[*94]ニクソン自身のことばをかりれば、「知事選挙での落選で一九六四年にサイドラインにとどまっていたので、私は一九六八年に立ち直って大統領選挙に打って出ることができた」というわけである。[*95]そして、ニクソンは、一九六八年の大統領選挙において、「アメリカ大統領に関する史上ほとんど比類のない」[*96]、みごとな復活をはたす。

ここで、ニクソンとマスコミとの関係について、少しふれておきたい。前出のUPI通信社のトマス女史は、ニクソンが、「政界に入ったときから、マスコミを主要な敵と見ていた」と断じている。[*97]ニクソン自身によれば、「マスコミの私への風当たりが強くなった」のは、前出のヒス事件が契機であったとのことだ。ヒスの証言を信じて疑わないマスコミにとって、ヒスに対するニクソンの執拗な追求は、歓迎されるものではなかった。そのため、ニクソンのことばをかりれば、マスコミのあいだには、「事件の何カ月いや何年あとになっても、自分たちの最初の主張が正しかったと証明しようとして私を叩く傾向があった」というわけだ。そして、一九五二年のチェッカーズ演説の折りも、「私が副大統領の公認候補を外されるという行き過ぎの予告をした記者たちは、当然ながら、私がテレビで記者たちの頭越しに国中に語りかけて、彼らが間違っていることを証明したのが気に入らなかった」と述懐しているほどだ。[*98]周知のように、ニクソンとマスコミとの敵対関係は、ウォーターゲート事件をめぐって、最高潮にたっするが、その点についてはあとで紹介する。

5 大統領選挙——大混戦の一九六八年大統領選挙——

周知のように、ベトナムでの「戦争が拡大し長期化するにつれ、アメリカはヴェトナム人の人心を失ってゆくのみならず、西欧諸国の支持をとりつけることもできず、ヴェトナム戦争はアメリカを国際的に孤立化せしめてゆく。のみならず、それは、やがてアメリカ国内においてすら、次第に孤立化した戦いとなっていった」のである。[*99]このように、いっこうに、「戦争の見通しはたたず、膨大な兵力、巨額な国費をそそぎつつ、死傷者数のみふえる状況に、アメリカ国民の苛立ちは増す」こととなった。そのため、当初、「軍事費の形で巨額な公共支出を維持し、そのことによってアメリカ経済の景気維持の役割をはたしている」との理由で、ベトナム戦争を支持していた経済界からも、「戦費が急激にふえ、インフレが増進し、ドルの流出をまねき、アメリカ経済にとっても負担となり、しかも将来の見通しを欠くという状況」を批判する声がたかまってきた。[*100]

こうしたなかで、一九六八年三月三一日、リンドン・B・ジョンソン大統領は、北ベトナムに対する「一方的戦闘停止宣言」をし、あわせて、同年の大統領選挙への立候補辞退を表明した。そして、民主党の大統領選挙の候補者として、ジョンソン政権の副大統領ヒューバート・H・ハンフリーが選出された。また、この選挙では、南部民主党の人種差別主義勢力の代表格ジョージ・C・ウォーレス＝元アラバマ州知事がアメリカ独立党を結党し、選挙戦に挑んだのも特筆すべき点である。このように、民主党は、分裂状態のまま、選挙戦に突入することとなった。

さて、共和党の候補者となったニクソンは、大統領選挙の一般投票当日（一一月五日）のことについて、つぎのように述べている。[101]

選挙戦を開始したときの大幅なリードは、民主党候補ヒューバート・ハンフリーの追い上げで失われ、あらゆる種類の調査が大接戦を告げていることを知っていた。しかし、なんとなく一九六〇年とは違うと確信していた。

だが、こうした直感的な自信にもかかわらず、家族には最悪の事態に備えさせることにした。パット、トリシア、ジュリー、デービッドの四人を私のキャビンに集めた。私は、彼らの不眠不休の運動をどんなに誇りに思っているかを告げ、一般投票で私が負けることはほとんどあり得ない、といった。しかし、同時に敗北がまったく考えられないわけでもなく、万一そうなった場合には、家族一同が取り乱さないでほしいと頼んだ。私が彼らにいちばんいいたかったのは、私もハンフリーも大統領選挙人の過半数を獲得できず、勝負がいわゆる下院決定の行き詰まり状態に持ち込まれるような事態に備えておいてほしい、ということだった。

ニクソンの述懐からも明らかなように、一九六八年大統領選挙の一般投票は、大混戦であった。なぜならば、「ジョージ・ウォーレスのアメリカ独立党の進出、選挙戦後半におけるハンフリーの猛烈な追い込み、投票日直前の一〇月三一日における劇的な北爆全面停止の決定による民主党の巻き返し」があったからだ。[102]

だが、開票の結果、ニクソンは、三〇一人の大統領選挙人を獲得し、一九一人の選挙人しか得られなかった民主党のハンフリーを大きくひきはなした（アメリカ独立党のウォーレスは四六人）。とはいえ、獲得した票数でみると、ニクソンは三一七八万五一四八票（四三・四二％）で、ハンフリーの三一二七万四五〇三票（四二・七二％）をわずかにうわまわったにすぎない（ウォーレスは九〇万一一五一票〔一三・五三％〕）。[103]こうした「薄氷を踏むがごとき勝利が、一九七二年におけるニクソンの再選を無条件に約束するものでないことはいうまでもない」。[104]

ニクソン自身、「政治は最もリスクの高い職業だ。はじめての立候補には落選のリスクがある。かりに当選しても、次回も必ず当選するという保証はない」と語るなど[*105]、この時点で、すでに、大統領選挙での再選に対する不安を有していたとみてよかろう。そして、このことが、のちのウォーターゲート事件の遠因となったといっても、過言ではない。

ここで、今回の大統領選挙について総括するならば、「ニクソンは、ベトナム戦争、黒人暴動にあきあきしていた国民の保守ムードに乗り、『法と秩序』を掲げて、ジョンソン政権の失政に対する不満をくみあげて勝利をものにした。これに対してハンフリーのほうは、民主党を飛びだして南部の民主党票をさらったウォーレスの出馬が大きく災いした」というわけだ[*106]。

さらに、留意しておきたいのは、「今回の選挙において黒人票の約八五パーセント以上が民主党に投じられたこと」である。この背景には、「黒人の側からみるかぎりニクソンの《法と秩序》は、警察力の強化による暴動の鎮圧、黒人をできる限り抑えておくことを意味するものと理解されている」点が大きい[*107]。また、同時に、今回の選挙の特質としては、ニクソンの「南部戦略（Southern Strategy）」によって、一九三二年のフランクリン・D・ルーズベルトの出現以降、はじめて政党再編成がなしとげられた点を指摘できる[*108]。先述したように、副大統領時代、「適格の黒人の一定数が一定期間内に、従来伝統的にはばまれていた仕事に雇われるべきことを、業者に明確に約束させること」を重視していたニクソンであったが[*109]、結局は、みずからの当選のために、エイブラハム・リンカーンの政党を人種差別主義者を歓迎する政党へと変容させたのであった[*110]。ここにも、ニクソンの権力政治家としての一面をかいまみることができる。

とはいえ、二度目の挑戦において、ニクソンはみごと大統領選挙を制し、第三七代大統領となった。このとき、ニクソンのランニング・メイトに指名されていたのは、メリーランド州知事のスピロ・T・アグニューであった。

6 政権の特色と課題

(1) ニクソン政権の特色

ニクソンは、「私がアイゼンハワーから直接学んだ教訓」として、「大統領のもとに決定事項として差し出される案件は、ホワイトハウスの下級スタッフあるいは所管の閣僚が、決定できないか、決定すべきではないものだけに限られるべきだ」と述べている。このように、ニクソン大統領は、「大統領の仕事を成功させるカギは、決定を下す過程にある」との信念をいだいていた。[*111]

しかしながら、ニクソンは、「外界の雑音を一切遮断した閉鎖的な中央集権型の政策決定スタイル」を構築し、閣僚であっても、「容易にニクソンと面会できない状態」をつくりあげた。その際、「ベルリンの壁」ともよばれる役割をはたしたのが、「H・R・ハルドマン(日程担当)、ジョン・D・アーリックマン(内政担当)、ヘンリー・A・キッシンジャー(国家安全保障問題担当)の三人の大統領補佐官たち」であった。くわえて、「ニクソンは人一倍猜疑心が強く、最終決定を下すのは自分であるとの強い信念を抱いていた」ために、上記のことばとは裏腹に、「部下にはほとんど権限を委譲しなかった」といわれる。[*112] この点に関連して、のちに、ニクソンは、自著において、「有能な指導者は、自分の専門分野でも専門でない分野でも、権限を委譲することを学ばなければならない」「権力を委譲する秘訣は、委譲する相手を信頼することだ」と述べているのは、注目にあたいする。[*113]

組閣にあたって、ニクソンは、「華々しさより能力を重視する方針」のもと、「仕事に没頭して細部まで掌握し、勉強する優れた管理者たち」を登用した。しかも、「チームの一員として働くには、あまりにも意志が強すぎる人物を閣僚に任命する危険も承知していた」ものの、「自らが正しいと信じることをとことん主張して戦いながらも、私（ニクソン）が一度決定を下したなら、それを支持するような人物を求めた」（カッコ内、引用者補足）のであった。[*114]

その結果、「強力な行政官であるビル・ロジャーズ」国務長官、「ウィスコンシン州選出のベテラン下院議員で、国防予算の専門家であるメルビン・レアード」国防長官、「聡明で、公正な人物であった」ジョン・ミッチェル司法長官、「国際金融問題に対する経験と知識が買われた」デービッド・ケネディ財務長官などの布陣となった。ニクソンのことばをかりるならば、内閣の「構成メンバーは、アイゼンハワー時代の内閣より保守色は薄く、私自身の中道的立場よりむしろ左寄りだった」。もっとも、ニクソン自身が認めているように、当初、「一定の民主党員に加え、私は、何人かの黒人指導者も閣僚として迎えたい」と考えていたようであるが、結局、そのいずれもが実現しなかったことは、周知のとおりである。[*115]

また、ニクソンは、「つねに会議のはじまる前に、出席者にそのアイデアを文書で提出させていた」と述べている。これは、「大統領が主宰するものとされている閣議や国家安全保障会議や立法府の指導者たちなどとの会議は、大統領と会議参加者の双方が慎重に準備していなければ、また、簡潔で充実した議題が用意されていなければ、実際には大統領の時間の使い方として最悪のもののひとつになってしまう」との考えにもとづく。[*116]同時に、「政策決定者は、大量の情報を吸収しなければならないが、読むことはそのための最も速くて最良の手段」として、「助言者にそのアイデアを書いて提出せよと求めれば、彼はそれをじっくりと考えざるをえなくなるし、悪いアイデアや底の浅い考えは、タイプで打たれたくっきりした文字になると、たいていはそのアラが見えてくる」と認識していたようである。[*117]つまり、ニクソンのことばをかりれば、「大統領は決して生煮えのアイデアに考慮を払うべきではない。思考のための食物は、ソースをかけたり冷ましたりする必要があってはならず、少なくともすぐに消化できるものとなっていなければならない」というわけだ。[*118]

ところで、「ヴェトナム戦争をできるかぎり早期に終結せしめることがニクソンにとっての最大の課題」であり、一九六八年大統領選挙において、有権者が「共和党を政権に復帰させた理由の大半はそれにあると考えられる」ことから[*119]、ニクソンは、「最初から外交政策をホワイトハウスの指揮下におく計画」をたて、とりわけ、「国家安全保障問題担当の顧問の人選を極めて重視した」[*120]。そして、ニクソンは、ヘンリー・A・キッシンジャーに白羽の矢をたてた。

だが、キッシンジャーは、大統領選挙を目前にひかえた、ある食事会の席上、「ニクソンのことを『誇大妄想狂《パラノイア》』と評し、ニクソンがホワイトハウスの重責にたえられるかどうかについて推測を下した」とされるし、大統領選挙後も、「キッシンジャーがニクソンにじつに『批判的だった』と当時の記憶をたどりながらいう」者もいるほどだ[*121]。しかも、キッシンジャーは、ニクソンからの政権参画の打診について、「私がニクソンにとって魅力なのは、一つには私の就任で彼としてはハーバード大学出のインテリだって任命できることをみせつけられる、という点にあった」と皮肉まじりに述べるなど[*122]、キッシンジャーのニクソンに対する評価はきわめてひくかった。事実、ニクソン自身、「キッシンジャーはネルソン・ロックフェラーを支持し、一九六八年に私が指名候補となる以前は、私に鋭い批判を浴びせていた」し、そのことを理由に、「私にたいへん忠実な支持者のうちには、ヘンリー・キッシンジャーを国家安全保障顧問に選任することに反対するものがいた」ことを認めている。だが、ニクソンは、「指導者は、かつて自分に反対した有能な人間を選任することを躊躇してはならない」として、「私が彼を選任したのは、彼がその仕事の最適任者だったからだし、私と彼が重要問題について意見が一致していたからだった」と断じているのは、興味深い。結局のところ、ニクソンは、〝ニクソンジャー〟とのことばにみられるように、キッシンジャーとのあいだで、密接な関係を構築した。そして、ニクソンが、「彼の並外れた働きは私が正しかったことを証明した」と述べているように、ニクソン＝キッシンジャー外交は、数多くの成果をあげることとなった[*123]。

いずれにせよ、キッシンジャーの登用も手伝い、ニクソン政権下において、「ＮＳＣが政策決定で中心的な役割を果たし、その権限が最も強化された」ことはまちがいない。そして、カンボジア秘密爆撃、中国訪問などにみられるように、「ニクソンはキッシンジャーと二人だけの会合で、重要な決定をした」ようである。そのため、「NSCは本来の目的である諮問機関から政策の立案決定の機関へと性格を変えた」のであった。だが、「ニクソン大統領がNSCを重視するあまり官僚機構を決定過程から排除した」ために、「国務省の志気も低下した」との声が聞かれるようになった点にも、十分留意する必要があろう。[*124]

なお、ニクソン政権下において、国務長官をつとめたウィリアム・ロジャーズは、海軍に入隊したニクソンと「基礎訓練からずっといっしょだった戦友」の一人であったという。[*125]だが、皮肉にも、ニクソンは、親友のロジャーズ国務長官よりも、宿敵であったキッシンジャーを重用し、ロジャーズ国務長官との友人関係に大きなひびが入ったことを付言しておきたい。

(2) ニクソン政権の政策課題

(a) ベトナム戦争の終結――「名誉ある撤退」――

大統領選挙戦においても、「ベトナムから『名誉を損なわずに』撤退するというのが、ニクソンの戦略だったが、それには国民が考えた以上に長い時間を必要とした」。しかも、皮肉なことに、「ニクソンは、ジョンソンによってすでに敷かれた路線を踏襲した」のであった。[*126]現に、川田侃・大畠英樹編『国際政治経済辞典』によれば、「一九六九年一月に大統領に就任したニクソンは、アメリカ軍陸上兵力の漸次撤兵と南ベトナム軍の増強政策を発表し、その一環として一九七一年二月ラオスへ、三月にはカンボジアへの猛撃を行い、深刻な生態系破壊をもたらした。しかし、アメリカ軍は戦況を好転できなかった」。もともと、米国とベトナムとのかかわりあいは古く、「ベトナムを米中冷戦の戦略拠点として重視したアメリカは、インドシナ戦争終結をもたらしたジュネーブ協定を不満とし、一九五五年一〇月、南ベトナム大統領にゴ・ジン・ジェムを据え、経済援助のみならず、同協定に違反して武器・軍事顧問団などの軍事援助をも開始した」のであった。米国による民族分断政策への反発が、南ベトナムの反政府勢力においてつよまるなか、「一九六一年一月発足のケネディ政権は、こうした民族解放闘争に対抗するため介入の度を強め、その柔軟反応戦略の一環であり、対反乱戦略としての特殊戦争を推進した」。つづくジョンソン政権下では、「一九六四年八月、トンキン湾事件の謀略によって戦争拡大（エスカレーション）へのアメリカ議会の支持を引き出し、一九六五年二月、北ベトナム爆撃（北爆）を、三月には沖縄駐留アメリカ海兵隊の南ベトナム派遣を開始した。ベトナムのアメリカ軍は速戦即決を目指して軍事力を増強し、一九六七年末に五〇万人以上の兵力を擁したが、一九六八年一月末の解放勢力（北ベトナム軍、人民解放軍）によるテト攻勢によって戦略的敗北を喫した」のであった。[*127]

後年、ニクソン政権の外交政策をになった、キッシンジャーは、ベトナム戦争について、つぎのように述懐している。すなわち、「ベトナム戦争の間、アメリカは自国の限界に直面しなければならなかった。その歴史の大部分を通して、アメリカの例外主義は、国家の物質的な豊かさによって支えられた道徳的優位を主張してきた。しかし、ベトナムでは、アメリカは道徳的観点から正しいのかどうかはっきりせず、またアメリカの物質的な優位性が利点とならない戦争にまき込まれていた」と。だが、キッシンジャーによると、「長期的に見れば、その苦悩は、過去の多くの偉大な事業の原動力となったアメリカの道徳的な完全主義を、かつてより困難かつ複雑な国際環境の必要性に適合させるために支払わなければならない代価と考えることが出来よう」というわけだ。[*128]

さて、一九七三年一月二七日、ベトナム和平協定が調印されたことによって、ベトナム戦争に、いちおうの終止符が打たれた。しかし、ここにいたるまでの道のりは、けっしてたやすいものではなかった。このための布石として、ニクソンは、まずはじめに、一九六九年七月二五日に、いわゆる「ニクソン・ドクトリン（＝「グアム・ドクトリン」）」を発表する。その骨子は、「われわれの役割に関するかぎり、ヴェトナムの時と違って今後われわれは、アジア諸国をわれわれに依存させすぎるため紛争に深入りさせる政策は、避けなければならないのである」として、「われわれが（アジアの戦争に）巻き込まれる方法は、むしろ（逆説的なことだが）撤退を企てることだと思う」としている点にある。[*129] 要するに、ニクソン・ドクトリンとは、「ベトナム戦争をベトナム人に行わせ、アメリカ軍の漸次撤退と『ベトナム戦争のベトナム化』を表明して、国民の反戦運動＝撤兵要求に対処したもの」であり、同時に、「より広く、グローバルにアメリカの軍事負担を節減していくことの希望表明でもあった」のだ。[*130] ここで、「ニクソン・ドクトリン自体が、国際関係の中で占める役割を見る時、それは、戦後世界体制＝パクス・アメリカーナの秩序管理における、アメリカの力の相対的低下に見合って変化する国際環境への『現実主義的』対応」の象徴ということになろう。[*131]

こうした方針と平行して、「ニクソンは一九七〇年五月、カンボジアに一時進攻する作戦を試みた。彼はこれをカンボジア領内の敵側の『聖域』を破壊し、撤兵を予定通り安全に行なうための一時的作戦と説明し、国民に支持を求めたが、国内では学生を中心に激しい抗議運動が起り、オハイオ州立ケント大学では流血事件も生じた」ほどであった。だが、「その後は米地上軍による大規模な作戦はなく」、しだいに、「徴兵される人数も減少したため、反戦運動は下火となった」。[*132]

このような紆余曲折をへて、先述したように、ニクソン政権二期目の一九七三年一月二七日、ベトナム和平協定が調印されたのである。ちなみに、米国政治史にくわしい有賀貞氏によれば、「ニクソンはこの休戦を『名誉ある休戦』と呼んだが、名誉ある休戦とは、結局、国内的にまた国際的に大きな衝撃を与えないように、ほとぼりのさめるまで南ヴェトナム政権が存続することを可能にするような休戦を意味した」ということにほかならない。[*133]

ただ、国内政治的には、ニクソンが、「ヴェトナムにおける最も名誉ある公正な和平以外のものを受け入れることを拒否した」ために、「多くの進歩派、保守派、中道派の支持を失った」ことを付言しておく。[*134]

また、連邦議会の側においても、ベトナム戦争への反省から、戦争権限法の発想が生まれてくる。この戦争権限法は、一九七三年に制定されたものであり、大統領が、海外で軍隊を投入した場合、六〇日以内に、連邦議会の承認を得ることを義務づけた内容であった。万一、連邦議会の承認が得られないときには、大統領は、すみやかに軍隊を撤退させなければならなかった。戦争権限法は、「帝王的大統領制《インペリアル・プレジデンシー》」とまでいわれた、大統領の大幅な権限に一定の歯止めをくわえ、同時に、連邦議会の復権を指向したものであった。ちなみに、当初、この法案に、大統領として拒否権を行使したニクソンは、のちに、「それが明らかに憲法違反であり、建国者たちの意図に反していると思う」との不満をこぼしているのが、興味深い。[*135]

では、あらためて、米国にとって、ベトナム戦争が、どのような意味を有していたのかについて考えてみたい。わが国の米国史研究の第一人者である、齋藤眞・東京大学名誉教授は、「おそらく短期にかたがつくと思われた介入が、一一年間に及び、三五万の死傷者をだし、経済的にも、その負担にたえかねる支出をともなった戦争になった。しかも、結果的には、アメリカは勝てなかったのである。アメリカにとって勝てなかったということは、その名目が〝名誉ある撤退〟であろうと、軍事目的を達成しなかったという点で、負けたことを意味する」としたうえで、つぎのように総括している。[*136]

本質的な問題は、軍事的・経済的負担の程度の問題ではない。まず、アメリカがその軍事力・経済力に限度があることを認識せざるをえなかったことである。第二次大戦後、超大国として、その力が全能《オムニポテント》であり、半ば無限であると思われていたものが、実は制約があるという単純な事実、世界の警察官ではありえないという事実の認識をせまったことであろう。そして、さらに重要なことは、アメリカが〝正義の味方〟ではなかったという事実の認識、言葉をかえれば、その道徳力の限界の認識をせまられたことであろう。アメリカ史の長い体験の中で、外からどうみられようと、アメリカはその対外介入において、弱きを助ける正義の味方としての自己像をもっていた。ヴェトナム戦争によってアメリカは、その自己像を捨てることをせまられた。ナショナリズムの味方であるはずの自己が、ナショナリズムと戦っている姿を認めざるをえなかった。

おそらく、この自己の道徳力の限界の認識こそ、アメリカ史の長い文脈でみるとき、もっとも根底的な衝撃といえるのではなかろうか。

また、ベトナム戦争の長期化によって、インフレの進行、対外貿易収支における赤字の発生など、米国経済は大きな打撃を受けていた。そのため、一九七一年八月一五日に、ニクソン大統領は、新経済政策を発表せざるを得ない状況に追いこまれた。この政策は、金とドルの交換を停止するというもので、「大国アメリカの実体であり象徴であるドルが、いまやゆるぎだした」という事実を物語るもので、「アメリカの国力低下を、きわめて明確に示すものであった」ことも忘れてはならない。[*137]

最後に、近年、米国側において、ニクソン大統領がベトナム戦争での核兵器使用を示唆していた事実（ホワイトハウスでのキッシンジャー大統領補佐官との会話〔一九七二年四月二五日〕）が明らかになったことも付言しておきたい。[*138]

（b）中国訪問

一九七一年七月一五日、ニクソン大統領は、中国訪問に関する声明文を読みあげた。この米中接近は、ニクソンのことばをかりれば、「今世紀における最大級の外交的不意打ちの一つ」であった。だが、「この短い声明のかげには、二年以上にわたる複雑、巧妙かつ決然たる外交的なシグナルと折衝の積み重ねがあった」ことを忘れてはならない。[*139]

その契機となったのが、一九六九年七月に発表された、「一連のイニシアティブ」であり、これによって、「中華人民共和国へのアメリカ人の旅行禁止が解かれ、アメリカ人は一〇〇ドルまでの中国製品のアメリカ持ち込みが認められ、さらには、限定された形ではあるがアメリカ産穀物の中国への輸出が許可された」のであった。キッシンジャーによれば、「これらの手段は、それ自身には大きな意味はなかったが、アメリカの新たな姿勢を伝えるために行われたものであった」とのことだ[*140]。その後も、「この新しい姿勢を強調するために、中国とアメリカとの間の関係改善の重要性が、外交政策に関する大統領年次報告書において毎年強く示された」し、一九六九年一二月からは、中断されていた米中間の外交折衝が、ワルシャワにおいて、再開されるなどした。だが、「この対話はすぐに暗礁に乗り上げた」ために、「両国はより柔軟なチャネルを探した」結果、「最後には、パキスタン政府がこの必要に応えた」のであった[*141]。そして、一九七一年六月二日、ニクソンは、「中国訪問を要請する周恩来からの招待状で、パキスタンのヤヒア大統領を経由して送られてきた」書簡を手にしたのだ[*142]。これを受けて、同年七月九日〜一一日に、キッシンジャーが、極秘訪中をし、「一気に進んだ交流」が、「頂点に達した」わけである[*143]。

そして、翌一九七二年二月二一日〜二八日のあいだ、ニクソンは訪中し、「上海コミュニケ」を発表した(二七日)。この「上海コミュニケの内容は、前例のないものであった」。というのは、「その半分以上の部分は、両国がイデオロギー、国際問題、ベトナム、台湾をめぐって見解が異なっていることを述べるのに費やされていた」からである[*144]。同コミュニケの発表にさきだつ、ニクソンと「周恩来その人との長い交渉の会議」の場においても、「双方は、両国の考え方のちがいについて長時間話し合った」ようだ。ニクソンによれば、「われわれは南ヴェトナムを支持し、彼らは北ヴェトナムを支持した。われわれは韓国を支持し、彼らは北朝鮮を支持した。われわれは日本と軍事同盟を結んでいたが、彼らはそれに反対した。われわれは第三世界の非共産主義政府を支持したが、彼らはそれに反対した。彼らはわれわれが台湾への武器輸出を停止するよう求めたが、われわれはそれを拒否した」とのことである。したがって、上海コミュニケは、「あいまいで無内容な外交的文言でそのちがいを覆いかくそうとはせずに、意見が一致しなかった点についてそれぞれの立場を表明した」文書といえる[*145]。

米中接近について、ニクソン自身、「対中政策に着手したことは、共産主義に対する私の態度とは無関係だった」と認めているように、この「中国訪問は、冷静な実際主義的行為だった」ことは、明白である。要するに、ニクソンの「決定の土台となったのは、ソ連とよい関係にないひとつの共産主義強国との関係改善がアメリカ合衆国の安全に寄与するという信念だった。すなわち、もうひとつの共産主義強国たるソ連は、はるかに恐るべき敵対国だった」との認識である。[*146]

また、ここで留意しておかなければならないのは、共産主義・中国を訪問するという発想は、「ヴェトナム戦争政策の挫折によって必要となったのであるが、一方また、その挫折によって反共産主義の冷戦思想が弱まったことから可能になった」という点である。[*147]

ところで、この米中接近という判断に関して、ニクソンは、「私に向かって悪口雑言を言う者も、私の大統領時代の最も劇的な出来事が一九七二年の中国訪問だということには同意するだろう」と語っているように、[*148]現職の米国大統領による中国訪問は、世界中に大きな衝撃をあたえた。ただ、ニクソンが、この中国訪問によって、「たとえ中国がソ連に友好的でないにせよ、一切の共産主義国と国交を正常化すべきではないと信じていた」、当時の「多くの保守派仲間の支持を失った」こともまた、事実である。[*149] しかも、「北ヴェトナムに対する中国の斡旋を期待した米国の期待は、周恩来によって拒否された」のであった。[*150]

しかしながら、「劇的な形で中国との間に国交が開かれたことによって、ソ連邦が穏健化する主要な動機をつくり出すことが出来た」ことを見逃してはならない。[*151] もう一方の共産主義の大国であるソ連とのあいだでは、「一九七二年五月、現職大統領として初めてのニクソン訪ソと、戦略兵器の量的制限を決めたSALT I（第一次戦略兵器制限交渉）の妥結」をなしとげたことが、ニクソン＝キッシンジャー外交の成果として指摘できよう。このあと、「ニクソン政権下では毎年、米ソ首脳会談が開かれ、米ソ主導の国際秩序作りが進められていった。また、通商関係の改善でも合意し、緊張緩和（デタント）の時代に入った」ことを付言しておく。[*152]

要するに、「ニクソン、キッシンジャーの対外政策の構想は冷戦時代には主として軍事的封じ込めの対象であったソ連と中国とを、国際秩序の内部にとり込んで、『長期的平和構造』の形成をめざすというものであった。

彼らは創造的な外交によってソ連や中国を国際秩序形成の協力者にすることができると考えた」わけだ。[*153]
なお、前出のUPI通信社のトマス女史によれば、「国家安全保障担当補佐官ヘンリー・キッシンジャーが、中国との歴史的な外交上の和解、ソビエトとの緊張緩和《デタント》をもたらしたと考えられるようになったが、ニクソンが、これを考えだし、キッシンジャーが、その政策を実施に移したのだ」と断じているのは、注目にあたいする。[*154]

7 スキャンダル——ウォーターゲート事件——

一九六八年の大統領選挙において、わずか五一万六四五票差で勝利を手にした「ニクソンは、一九七二年の大統領選挙で大差で勝ちたいと考え、そのためにあらゆる手をうとうと決意を固めていた。中国とソビエトへの旅行も、その戦略の一環だった」。[*155]
ところで、「一九七〇年代を迎えると、六〇年代を通じて叫ばれた平等への社会改革が着実に実を結んで、黒人と女性の地位が目に見えて向上した。改革の残り火は一九七二年の大統領選挙にあらわれ、リベラル派のマクガヴァンが民主党の候補になった」のである。[*156]
だが、一九七二年一一月七日の大統領選挙一般投票の結果、ニクソンが四七一七万一七九票（六〇・六九％）を獲得したのに対して、相手候補のジョージ・S・マクガバンは二九一七万一七九一票（三七・五三％）しかとれなかった。しかも、大統領選挙人の獲得人数は、ニクソンが五二〇人、マクガバンがわずか一七人で、ニクソンの地滑り的大勝利に終わった。[*157]ちなみに、このときの選挙で、ニクソンが敗北したのは、首都ワシントンD.C.（以下、ワシントンと略記する）とマサチューセッツ州の二カ所だけであったため、ニクソンの執務室には、これら二カ所を抹消した米国地図がはられていたという。[*158]

この一九七二年大統領選挙でのニクソンの再選をめぐって、一九七二年六月一七日、「三流のこそ泥事件」（ロナルド・L・ジーグラー報道官）が発生した。[*159] これが、その後、全米を震撼させることとなる、ウォーターゲート事件の発端である。もともと、この事件は、「カメラと盗聴装置を持った五人の男が民主党本部不法侵入の現行犯で逮捕された」というものであった。[*160]

もっとも、「民主党全国大会が一カ月たらずにせまった一九七二年六月十七日、大統領は、出馬を表明した民主党の大統領候補全員を合わせたより世論調査で一九パーセントもリードしていた」ため、当初、「不法侵入は共和党側の工作かもしれないという考え方は成立しない」ように思われた。[*161] しかも、事件発生から五日後の二二日、ニクソン大統領は、「ホワイト・ハウスはこの特殊な事件にいっさい関係していない」との公式見解を発表し、事件との関連をきっぱりと否定したのだ。[*162] だが、「民主党本部不法侵入事件からおよそ四カ月経過して、ウォーターゲートの火の手はひろがり、ついにホワイト・ハウスにも及んだ」のであった。[*163]

結局、事件は、大統領再選委員会（ＣＲＰ）が秘密資金をつくり、その「秘密資金はまず盗聴工作に、ついでもみ消しに使われた」ことが判明した。[*164] そして、関係者が、この「ウォーターゲート事件であわてたのは、この事件で計画全体が発覚するおそれがあったから」であった。[*165] その計画とは、「ホワイト・ハウスは、大部分の人が考えるよりもはるかに大きな規模で、長期間にわたり政治的な情報収集を行なってきた」というものであり、「大統領再選がかなり有望になる前から、ウォーターゲートが予定に組みこまれていた可能性があり、たぶん誰かがこの計画の中止を忘れてしまった」ことであった。[*166]

ニクソンは、事件との関係を否定し、大統領執務室での会話を録音した「テープをすべて公開すれば、自分の無実が証明されるだろうと主張していた」ものの、その「テープの一本に十八分三十秒の空白がある」ことが判明した。[*167] このときのテープの公開について、ニクソンはつぎのように語っている。[*168]

一九七三年、私は大統領としてはじめて、病気のために動けなくなった。ウイルス性肺炎の衰弱状態から回復しつつあるあいだに、ホワイトハウスの録音システムの存在が暴露された。私は困難な決断を迫られた。助言者のうちには、テープを破棄しろと言う者もいたが、手をつけないほうがいいと言う者もいた。法廷が秘密の会話は公開すべきでないというわれわれの主張を支持するだろうというのだった。私の友人だけでなく批判者の一部も、私が間違った決定を下したと考えている。もし私の肉体が正常だったら、自らこの問題に立ち入ってテープの破棄を命じていたことだろう。

この前代未聞のスキャンダルに対して、一九七四年七月、連邦議会下院司法委員会は、大統領弾劾決議案を可決した。こうした状況を受けて、八月九日、ついに、ニクソンは、大統領職を辞したのであった。また、そこへいたるまでの過程で、ニクソンの側近であった二人の補佐官—H・R・ハルドマンとジョン・D・アーリックマン—も有罪判決を受けるなど、米国民の政治不信は最高潮にたっした。

のちに、ニクソンが、「振り返ってみて、私はウォーターゲートとは一部は誤りであり、一部は錯誤であり、一部は政治的な復讐だったと言いたい」としたうえで[*169]、「ウォーターゲート事件がもたらしたマイナスの結果のひとつは、金と名声とピュリッツァー賞を求める新種の記者連中が、のぞき趣味のジャーナリズムと人格の抹殺を、新たな価値へと押し上げてしまったことだ」と述べ、痛烈にマスコミ批判を展開しているのは、興味深い[*170]。というのも、この事件は、ワシントン・ポスト社の若手記者二人の熱心な調査報道が契機となって、その全貌が明らかとなっていったからである。

なお、近年になって、これら若手記者の情報源であった〝ディープ・スロート〟が、当時、FBI（米連邦捜査局）副長官をつとめていたW・マーク・フェルトであることが明らかにされたことを付言しておく[*171]。

8 ファースト・レディー――パット・ニクソンの素顔――

『ファースト・レイディーズ――ホワイトハウスを彩った女たちの物語――』をあらわした、宇佐美滋・元東京外国語大学教授によれば、「政治の権力を握っているのは、選挙で米国民の負託を得た大統領だが、彼を蔭で支えるファースト・レイディを見ると皆、比較的積極的なタイプで夫を生活面で世話するだけでなく、社交面から、さらに政策面まで助けるような活発な人が多いようである」。だが、「歴史を振り返ると皆必ずしもそのようなタイプのファースト・レイディばかりでもない」とされる。とりわけ、ニクソン大統領の夫人である、パットは、「戦後のファースト・レイディの中では最も控え目な、話題性の少ない人だった」ようだ。そのため、「世間では彼女のことを『プラスティック・パット』（従順なパット）とか『パット・ザ・ロボット』（ロボットのパット）と呼んだ[*172]」。パット夫人のそうした性格のためであろうか、ニクソンは、「一九七四年にホワイトハウスを去って以来、私のファースト・レディであるパットは、演説をしたことも賞を受けたこともマスコミからインタビューされたこともない」と述べている[*173]。しかも、パット夫人は、「現代のファースト・レディのうちでは珍しく、自伝や手記などいっさい書かない」まま、その生涯を閉じたことでも知られる[*174]。だが、ニクソンは、「彼女のプラスティックは鍛えられた鋼鉄よりも強い」と語り、どのような場面に直面しようとも、「パットはつねに強かった」と断じている[*175]。それは、「夫人には典型的な『アイリッシュ・テンパー』といわれるアイルランド系に独特な激しい負けず嫌いの気質が秘められている」からだけではなく[*176]、夫人自身の生いたちにも関係があるように思われる。

旧姓パット・ライアンは、一九一二年三月一六日に、ネバダ州エリーで生まれた。夫のニクソンが、「パットの人生は、逆境を克服してきたみごとな実例だ」と賞賛しているように、パット夫人は、一三歳で母親を亡くし、一八歳のときに父親を亡くしている。その後、「二人の兄のために家事を切り盛り」するなど、「さまざまな骨の折れる雑事に時間をとられたにもかかわらず、彼女は一九三七年に南カリフォルニア大学を優等で卒業した」のだ。[*177] しかし、「あいにく、一九三七年といえば、世界的な大不況のさなかで、フルタイムの職はほとんどない」ため、「やむなくパットは母校の大学院に戻り、デパートの包装係や化粧品売り場のメイク・モデル、教授の助手などをつとめて稼ぎながら、修士号をとった」という。ちなみに、「大学院の学位をもつファースト・レディは、パット・ニクソンとヒラリー・クリントンのほかには、みあたらないようだ」。[*178]

さて、ニクソンは、パット夫人をはじめてみたときの印象について、つぎのように述べている。[*179]

一九三八年のある日、地元のアマチュア演劇グループの監督をしていたリリー・ボールドウィン夫人から話があり、「一月十六日の夜」という法廷劇で弁護士役を演じた。数カ月後、「暗い塔」という劇の配役選考会に入ったとき、いままでウィティアでは見かけたことのない美しい、快活な若い女性と出会った。黄褐色の髪の女性だった。私はこの夜、この女性から目を離すことができなかった。

この女性こそ、のちに、ファースト・レディーとなる、パット夫人である。その当時の「彼女は、ウィティア高校に着任したばかりの先生」であり、ニクソンにとって、「一目会ったときから恋の対象であった」という。[*180] そのため、ニクソンは、「友人に彼女への紹介を頼み、その友人と彼女を家まで車で送っていくことを申し出た」というのだ。そして、その途中で、「パットに私とデートしてくれるかどうかたずねた」ものの、「とっても忙しいのです」との返事が返ってきた。だが、ニクソンは、「そんなことをいってはいけない。なぜなら、いつの日か私はあなたと結婚するのだから」と応じたようだ。この段階では、二人の結婚が「まったくあり得ないことのように思えた」ため、そのとき、同席していた、「みんな笑った」ようであるが、ニクソンは、「この私の即興の一言には、第六感とでもいえるものが働いていたとしか思えない」と述懐している。[*181] ちなみに、このときの車の座席配置をめぐって、ニクソンの友人の女性が、パットに対して、「パット、あなたは、ニクソンのとなりに座るのよ。彼ったら、わたしのとなりには座りたがらないんだもの。彼は、あなたのとなりに座りたがってるのよ」といったところ、パットは、「わたしは、彼のとなりには座りたくないわ」と答えていたという。そのため、その女性をあいだにはさむかたちで、ニクソンは、パットへのはじめてのプロポーズをおこなったのだ。しかも、三回目のリハーサルの帰り道で、おたがいに、知りあって、まだ日が浅いころのことであったという。[*182] このときのプロポーズについて、パットは、「私は彼が頭がおかしいのか、どうかしているんじゃないかと思いました」と語っているのは、興味深い。[*183]

だが、ニクソンのことばどおり、二人は、一九四〇年六月二一日に、結婚した。結婚後は、「私の弁護士稼業からのわずかな収入を補うために、彼女は高校の教師をして働きつづけた」し、「私が海外で軍務についているときは、サンフランシスコで政府の物価アナリストをつとめた」とニクソンは語っているが、[*184] 二人の年収を合計すると、四八〇〇ドルほどにたっし、当時の若い夫婦にしては、十分な収入であったようだ。[*185]

その後、ニクソンが副大統領や大統領として、外遊をするようになると、パットは、「当時、高官の妻のために組まれていた通常の無意味な日程に従うことを断って」、「学校や病院や孤児院や老人ホームやパナマのライ病院やヴェトナムの難民収容所を訪れた」。かくして、パット夫人は、ホワイトハウスのなかに、「新しい慣習をつくった」わけだ。[*186] そのため、「アメリカで最初に、《ボランティアリズム》の観念を定着させたのは、ボランティア活動をファースト・レディの公共プロジェクトとしてとりあげたパット・ニクソン夫人である」との評価もあるほどだ。[*187] こうした事実からも、パット夫人の控えめで、心やさしい性格の一端がうかがいしれよう。

他方、パット夫人のつよさを示す事例としては、一九五二年九月二三日の〝チェッカーズ演説〟を指摘することができる。この年の大統領選挙でアイゼンハワー候補のランニング・メイトとなったニクソンに対して、政治資金疑惑が生じた。この問題への対応をめぐって、ニクソンが動揺をみせたものの、「パットは辞任に断固反対して励ました」のだ。そして、疑念をはらすために、パット夫人は、弱気になっていたニクソンを勇気づけ、この日の演説にのぞませたという。しかも、「敢えてプライバシーをも公開して身の潔白をあかそうと決意した」演説では、「自信のない夫を補佐して夫人も横に付き添った」ほどであった。[*188]

また、辞任をめぐっては、もう一度、パット夫人がニクソンにアドバイスしたことがあった。それが、ウォーターゲート事件の折りである。ある日、「ニクソンが、自分は辞任すべきかどうかと問うと、夫人は二人の娘たちとともに、辞任すれば、『不正を認めることになる』と強硬に夫を説得した」という。[*189] これら二つのケースは、パット夫人の芯のつよさを示す好例といえよう。

ちなみに、ニクソン夫婦のあいだには、一九四六年生まれのトリシアと一九四八年生まれのジュリーという二人の娘がおり、次女のジュリーは、アイゼンハワー大統領の孫と結婚している。[*190]

なお、パット夫人は、一九九三年六月二二日に、肺がんのため、八一歳で永眠している。[*191]

9 引退後の活動──元大統領の復権──

ワシントンから、カリフォルニア州にもどったニクソンを待ち受けていたものは、「つぎつぎと降りそそいだ」攻撃であった。ニクソンは、その点に関して、つぎのように述べている。[*192]

私は、カリフォルニア州最高裁の弁護士資格を返上し、またニューヨーク弁護士会から退会することを申し出た。最高裁とカリフォルニア州は私の辞任を受け入れたが、ニューヨーク弁護士会は、退会を認めることを拒絶して、弁護士資格を剥奪する手続きをとりはじめた。

政府のさまざまな行動に攻撃を加えようとするひとびとが、私に向かっておびただしい訴訟を起こした。私が大統領として下した決定に関するものはわずかで、大部分は却下されたが、すべてについて弁護が必要だった。

弁護費用はうなぎ登りとなった。このような訴訟から身を守り、政府の措置によって脅かされる権利を擁護するため、大統領を辞任してから十五年間に私が支払った弁護料は百八十万ドル以上にのぼった。

だが、大統領職辞任から一ヶ月後の九月八日、ニクソンは、後継者であるジェラルド・R・フォード大統領によって、特赦を認められる。その直後、ニクソンは、静脈炎のために、入院し、生死のさかいをさまよった。そのときの心境について、ニクソンは、「私は生涯ではじめて、肉体的にぼろぼろになり、感情も涸れ果て、精神も燃え尽きていた。このときだけは、これまで耐えてきたほかの危機の場合とちがって、生きる理由も、戦って守るべき大義も見出すことができなかった」と述懐しているほどだ。[*193]

ところで、ニクソンは、不名誉なかたちで失脚したこともあって、その後の政権において、おもてだって重用されることはなかった。[*194] 世論調査においても、一貫して、米国民の三分の二が、ニクソンの特赦に反対し、二度と公職につかせるべきではないと回答していた。[*195]

だが、ニクソンによれば、「一九七八年、私は再び、それまでつねに私の行動を鼓舞してきた大義に向けて自らを捧げることを決意した」ようである。具体的には、「世界情勢を分析して、私は、モスクワの膨張主義の背後に地政的な勢いがあること、西側世界の政治的意志が麻痺状態にあることを深く憂慮した。そこで私はつぎの目的に自らを捧げることとした。すなわち、自由世界の指導国としてのアメリカにより活動的かつより積極的な役割を果たさせること、引きつづく東西対立についてより強力でより巧みな戦略を確立すること、ヨーロッパと東アジアで新しく出現したパワー・センターを持つ世界におけるグローバルな事態への対処に向けてより洞察力のある地政的なアプローチを行うこと」であった。[*196] そのため、ニクソンは、みずから、数多くの論文・書物を執筆することで、影響力をたもった。とりわけ、冷戦が深刻化してきたときには、外交政策の専門家として、その名をたかめた。[*197] 現に、ニクソンは、辞任後の一〇年間で、実に、一八もの国々を歴訪し、そのうち、一六カ国の元首と会談をおこなっている。そのため、ロナルド・W・レーガン政権のころには、同政権の閣僚と定期的に電話で協議をするまでになっていた。[*198] 民主党のクリントン大統領でさえ、冷戦後の舵とりをめぐって、たびたび、ニクソンにアドバイスを求めたとされる。[*199]

そうしたなかで、ニクソンが毛嫌いしていたマスコミの評価はしだいに変化しはじめてきた。たとえば、一九八四年に、『ニューヨーク・タイムズ』紙は、ニクソンのことを「世界の指導者のアドバイザー」と記しているし、雑誌『ニューズウイーク』には、「彼はもどってきた―リチャード・ニクソンの復権―」と題する記事がのったほどである（一九八六年）。[*200] このほか、一九八四年八月一三日発行の『タイム』誌には、「ニクソン　けっして、尻ごみしない―一〇年たっても、いまなお、たえず任務を求めている唯一の大統領―」と題する記事が掲載されている。同記事によれば、この当時、七一歳のニクソンは、毎朝五時に起床したあと、二マイル（およそ三・二一八キロメートル）の散歩をこなし、CBSテレビに出演した折りも、五〇万ドルの出演料を手にするほどであったという。[*201] ニクソンによれば、講演の依頼も数多く、「一九八〇年にニューヨークへ帰ってから八年のあいだに、私は、アメリカじゅうから六千四百回以上、海外からは千二百回以上もの講演依頼を受けた」という。[*202] だが、なかには、『コロンビア・ジャーナリズム・レヴュー』誌のように、「全国紙は私のこれからの活動について死亡記事以外は報道すべきでないという極端な主張を行った」ケースもあったようだ。[*203]

いずれにせよ、失脚後、ふたたび、その地歩をかためていったニクソンであったが、一九九四年四月二二日午後九時八分、脳卒中のため、八一年の生涯をとじている。[*204]
なお、読書好きであったニクソンは、先述したように、みずからも、数多くの著作をのこしている。著述にあたって、ニクソンは、「最初に概略をまとめ、第一稿を口述するのに数カ月が必要だった。その後、草稿を編集するにあたっては、正確な考えをひとつ伝えるにも、記憶に値する一行をひねり出すにもまる一日を要することがしばしばだった。どの本を書いたあとでも、これで最後にしようと思ったが、本を書くことには、自分の考えが広く知られるというメリットのほかに、もうひとつ貴重な副産物があった。本を書く過程で、私は問題のすべての側面を徹底的に考えぬかなければならなかった。問題を徹底的に考えたときにこそ、はじめて新しい考えがわいてくるものなのである」と述べている。[*205] ニクソンの代表的な著作としては、*The Real War* (New York: Warner Books, 1980)（リチャード・ニクソン著、國弘正雄訳『リアル・ウォー——第三次世界大戦は始まっている——』〔文藝春秋、一九八四年〕)、*Leaders* (New York: Warner Books, 1982)（リチャード・ニクソン著、徳岡孝夫訳『指導者とは』〔文藝春秋、一九八六年〕)、*1999: Victory Without War* (New York: Simon & Schuster, 1988)（リチャード・ニクソン著、読売新聞社外報部訳『一九九九年　戦争なき勝利』〔読売新聞社、一九八九年〕)、*In the Arena: A Memoir of Victory, Defeat, and Renewal* (New York: Simon & Schuster, 1990)（リチャード・ニクソン著、福島正光訳『ニクソン　わが生涯の戦い』〔文藝春秋、一九九一年〕)、*Seize the Moment: America's Challenge in a One-Superpower World* (New York: Simon & Schuster, 1992)（リチャード・ニクソン著、福島正光訳『変革の時をつかめ』〔文藝春秋、一九九二年〕）などがある。
また、一九九〇年には、出生地のカリフォルニア州ヨルバ・リンダに、ニクソン大統領図書館が、オープンしたことも付言しておく。

10 趣味・エピソード・宗教

まずはじめに、ニクソンの趣味についてふれてみたい。ニクソンは、自著のなかで、「狩りに行ったこともないし、魚釣りも趣味ではない」し、「スキーもテニスもやらない」と語っているように、どちらかといえば多趣味な人間とはいいがたい。[*206]

だが、ニクソンは、幼少期から読書を趣味としてきた。事実、「私は、これまで読書に対してとくに強い愛着を抱いてきたことを認めなければならない」と述べているほどだ。そのため、「ひいきチームが競技しているときを除いて、私はいつもテレビより読書を選ぶ」というほどの読書家であった。[*207] このように、ニクソンが読書を好む理由として、「読書は、危機に直面した際にとくに役に立つ。指導者が広い視野を最も必要とするのは、まさにそういうときだ。もし彼が、長期的な目的にその精神を集中すべきだとしたら、現在の問題から一歩退かなければならない。読書はその助けとなる。指導者は読むもののなかに自分の問題についての答えを見つけられないかもしれないが、新しい考えは精神を活性化させ、彼は新たな活力をもって問題に取り組むことができるようになる」と断じている。[*208]

おなじように、「感情の電池を再充電し、心をシャキッとさせるうえで欠くことのできない役割を果たす」レクリエーションとして、ニクソンは、「しばしばピアノを弾いてくつろいだ」ようである。[*209]

では、ニクソンは、どのようなスポーツを趣味としてきたのであろうか。ニクソンの回想録によると、ニクソンは、「一九三四年にカレッジを卒業してから一九五〇年に上院議員に選ばれるまで、規則的な運動をしたことがなかった」ようだ。しかも、「三十八歳になるまでゴルフのボールを打ったことがなかった」と吐露している。

そのようなニクソンが、ゴルフに関して、「はじめていくらかレッスンを受けて、規則的にプレイするようになった」のは、一九五三年の春をさかいとしてであった。このとき、アイゼンハワー大統領とコースをまわったニクソンの戦績がすぐれず、「われわれが試合にも賭にも負けた」ために、ニクソンは、アイゼンハワー大統領から叱咤激励のことばを受けた。そして、「海軍時代に、上官から何か示唆されたときは、それを命令と考えなければならないということを学んでいた」こともあって、ニクソンは、ゴルフの練習にはげみ、「四年後にはハンディが一二となった」という。だが、一九六〇年大統領選挙への出馬をまえにして、なかなか時間がとれず、ゴルフからとおざかるようになってしまった。そして、一九六九年の大統領就任後は、年に二回~三回、コースにでるのがやっとといったありさまであった。[*210]

このほかのスポーツに関して、大統領時代のニクソンは、「ときどきボウリングをやったり、キャンプ・デイヴィッドやサンクレメンテやキービスケーンに行ったときに水泳をしたりする程度だった」ようだ。[*211]

つぎに、ニクソンの宗教観について紹介しよう。[*212]「三十一代ハーバート・フーバーに次いで、米史上で二人目のクエーカー信徒大統領」となったニクソンは、「キリスト教徒として生きるには、信仰が最初のステップで、信仰を認めるのがつぎのステップだ。だが、最も大切なステップは、この世をよりよいものとするため信仰が与えてくれる活力と創造力を用いることである」と語っている。[*213]

では、こうしたニクソンの宗教観は、どのようにして、かたちづくられていったのであろうか。もともと、ニクソンの「母は敬虔なクエーカー教徒であり、父は敬虔なメソジスト教徒だった」こともあり、ニクソン自身、「私ほど強い宗教的な生い立ちを持つ者はなかった」と述べている。現に、ニクソン一家は、日曜日には、「日曜学校と、朝の礼拝と、キリスト教共励会と呼ばれる青年集会と、夕べの礼拝」の計四回も、教会にかようほどであった。[*214]ただ、カリフォルニア州のクエーカーの場合、東部の信者と異なり、かならずしも、非暴力主義者というわけではなく、より戦闘的で、それほどリベラルではなかったことに留意する必要があろう。[*215]

「宗教は神聖なもの」とみなしていたニクソンの母・ハンナは、「聖なることについてなれなれしく話すのをよいと思っていなかった」ため、ニクソンの「宗教心が、ふつうのひととはちがって、きわめて個人的かつきわめて内的なもの」となって、構築されていったようだ。[*216]

また、宗教と政治の関係について、ニクソンが、「宗教と政治の混淆には強い反感を抱いている」として、「多くの教会は、現在の政治問題に〝かかわろう〟という不適切な試みをすることによって、永遠の道徳的、精神的問題についてひとびとに霊感と導きを与えるという重要な使命とのかかわりを失ってきた」との批判を投げかけている。そして、「大統領は大きな説得力を持つという意見があるが、われわれは、政府がひとびとの心に入りこんで、それをよい方向へ変えることはできないということを忘れてはならない。それができるのは宗教だけである」と断じているのは、興味深い。[*217]

なお、ニクソンのエピソードとしては、生涯をつうじて、二度、生死のさかいをさまよったことがある事実を紹介しておこう。一度目は、ニクソンが三歳のときのことであり、乳母車からおち、その車輪で頭に大きな傷をつくった。二五マイル（およそ四〇・二二五キロメートル）はなれた、最寄りの病院に運びこまれるころには、出血多量で死の寸前であったという。また、二度目は、その翌年のことであり、肺炎で死のふちをさまよったようだ。[*218]

このほか、「私のようにメモなしに話すには、強い集中力が必要」との信念をいだいていたニクソンは、「演説をしたり、記者会見をしたり、重大な問題についてまじめな議論をしたりする前には、食べたり飲んだりしないこと」をこころがけていたという。[*219] また、先述したように、弁論を得意とするニクソンであったが、「世間話をするのが苦手だった」ようだ。そのため、「若い人たちに近づくと、きまって、『きみの出身はどこ？』『野球が好きかい？』と訊いた」とのことである。[*220]

最後に、ニクソンの遠縁には、第二七代大統領ウイリアム・H・タフト（共和党）とハーバート・フーバー第三一代大統領（共和党）がいることを付言しておきたい。[*221]

11 結び

ニクソン政権の外交面において、枢要な役割をはたしたキッシンジャーは、ニクソンについて、以下のように評している。[*222]

彼ほど国際問題に関する知識を持っていたアメリカ大統領はいなかった。セオドア・ルーズベルトを別にすれば、彼ほど数多く外遊した大統領はいないし、彼ほど真の関心を持って他の国の指導者の意見を理解しようとした大統領もいなかった。ニクソンは、チャーチルやドゴールほどは歴史に通じていなかった。彼は通常、その時の状況に関連する初歩的な事実を吸収する必要に応じて、ある国の歴史を学んだ―それすらも十分でないことが多かったが。しかし、彼の注意を引いたいかなる国についても、その国の政治力学を把握出来る優れた能力を彼は持っていた。そして、地政学的現実に対する理解度は実にすばらしかった。ニクソンの国内政治の処理は、野心や個人的な不安感により歪められることがしばしばあった。しかし、外交政策となると、彼の優れた分析能力とたぐいまれな地政学的直観により、いつも確実にアメリカの国益に焦点を当てるのだった。

ところで、先述したように、ニクソンは、一九八二年に、*Leaders*と題する著書を刊行している。同書は、ウィンストン・チャーチル元英首相、シャルル・ドゴール元仏大統領、コンラート・アデナウアー元西独首相ら、「各自に自ら至高のものとする目標と眼力と主張を持っていた」人物たちをとりあげ、「その立場にふさわしい権力と責任を伴う指導」について、論述したものである。[*223] そのなかで、ニクソンは、指導者に関して、つぎのように記している。[*224]

正しい事を知っているだけでは、指導者として十分ではない。正しい事を実行しなければならないのである。いくら指導者を自称しても、正しい決定に要する判断力と勘を持たない者は、眼力不足のゆえに失格者となる。正しい事を知り得ても、それを為すことができない者も、実行力なきゆえにやはり失格者である。偉大な指導者は、眼力とともに正しいことを為す力量を備えなければならない。経営者を雇ってやらせることは可能だが、針路を決め推進力を提供するのは、指導者だけの責任である。

くわえて、ニクソンは、自著*In the Arena*のなかで、以下のようにも語っている。[*225]

もしリスクを冒さなかったら、快適で悩みのない穏やかな―ただし退屈な―人生を送ることができよう。リスクなしには敗北もないだろうが、そのかわりに勝利もないだろう。成功に満足してはならないし、失敗に落胆してもならない。失敗は悲しいものだが、最大の悲しみは、挑戦して失敗することではなく、まったく挑戦しないことである。何よりも忘れてはならないのは、破滅をもたらさない敗北であるかぎり、敗北は人間を強くするということだ。

はたして、鬼籍に入ったニクソンは、指導者・政治家としての自分をどのように評価しているのであろうか。

注

＊1 ニール・R・ピアス＝ジェリー・ハグストローム著、中屋健一監訳『ザ・ブック・オブ・アメリカ―THE BOOK OF AMERICA―』（実業之日本社、一九八五年）、七六二―七六三頁。

＊2 ヘレン・トマス著、高田正純訳『ホワイトハウス発UPI―素顔の大統領―』（新潮社、一九八〇年）、一三八頁。

＊3 Charles F. Faber and Richard B. Faber, *The American Presidents Ranked by Performance* (Jefferson, North Carolina: McFarland & Company, 2000), p. 239.

＊4 Steven G. O'Brien, *American Political Leaders: From Colonial Times to the Present* (Santa Barbara, California: ABC-CLIO, 1991), p.305.

＊5 リチャード・ニクソン著、福島正光訳『ニクソン　わが生涯の戦い』（文藝春秋、一九九一年）、一三九頁。

＊6 外務省北米局監修『最新　アメリカ合衆国要覧―五〇州と日本―』（東京書籍、一九九二年）、二〇六―二〇九頁。

＊7 ピアス＝ハグストローム著、中屋監訳、前掲書『ザ・ブック・オブ・アメリカ』、七六〇頁。

＊8 齋藤眞『アメリカ現代史』（山川出版社、一九七六年）、九六―九七頁。

＊9 猿谷要『地域からの世界史―北アメリカ―』〔第一五巻〕（朝日新聞社、一九九二年）、一五〇頁。

＊10 同上、一五一―一五二頁。

＊11 齋藤、前掲書『アメリカ現代史』、一〇一頁および一〇三頁。

＊12 田久保忠衛『戦略家ニクソン』（中央公論社、一九九六年）、八―一〇頁、一二頁および一四頁。

＊13 Renée K. Schulte, ed. *The Young Nixon: An Oral Inquiry* (California: California State University, 1978), p. 239.

＊14 ニクソン著、福島訳、前掲書『ニクソン　わが生涯の戦い』、一〇六頁、一〇九頁および一一一頁。

＊15 同上、一一四頁および一一六頁。

＊16 William A. DeGregorio, *The Complete Book of U.S. Presidents*, 5th ed. (New York: Wings Book, 1997), p. 582.

＊17 田久保、前掲書『戦略家ニクソン』、一四頁。

＊18 アール・メーゾ＝スチーブン・ヘス著、別府節弥訳『ニクソン』（時事通信社、一九六九年）、九―一〇頁。

＊19 Elizabeth Drew, *Richard M. Nixon* (New York: Times Books, 2007), p. 5.

＊20 田久保、前掲書『戦略家ニクソン』、一五頁。

＊21 DeGregorio, *op. cit.*, *The Complete Book of U.S. Presidents*, 5th ed., p. 583.
＊22 ムルハーン千栄子『妻たちのホワイトハウス―愛して泣いて闘った夫婦の列伝―』（集英社、一九九九年）、四八一―四八二頁。
＊23 ニクソン著、福島訳、前掲書『ニクソン　わが生涯の戦い』、一〇七頁。
＊24 ムルハーン、前掲書『妻たちのホワイトハウス』、四八三―四八四頁。
＊25 田久保、前掲書『戦略家ニクソン』、二七―二八頁。
＊26 Schulte, ed., *op. cit.*, *The Young Nixon*, p. 57.
＊27 DeGregorio, *op. cit.*, *The Complete Book of U.S. Presidents*, 5th ed., p. 583.
＊28 *Ibid.*, p. 583.
＊29 ニクソン著、福島訳、前掲書『ニクソン　わが生涯の戦い』、一二八頁。
＊30 田久保、前掲書『戦略家ニクソン』、iii頁。
＊31 同上、一三頁。
＊32 同上、一〇頁。
＊33 DeGregorio, *op. cit.*, *The Complete Book of U.S. Presidents*, 5th ed., p. 582.
＊34 ニクソン著、福島訳、前掲書『ニクソン　わが生涯の戦い』、一一五頁。
＊35 DeGregorio, *op. cit.*, *The Complete Book of U.S. Presidents*, 5th ed., p. 582.
＊36 ニクソン著、福島訳、前掲書『ニクソン　わが生涯の戦い』、一〇八頁。
＊37 同上、一二六頁。
＊38 Schulte, ed., *op. cit.*, *The Young Nixon*, pp. 33-35.
＊39 ニクソン著、福島訳、前掲書『ニクソン　わが生涯の戦い』、一一四頁。
＊40 Schulte, ed., *op. cit.*, *The Young Nixon*, p. 78.
＊41 田久保、前掲書『戦略家ニクソン』、iii頁および三一―三二頁。
＊42 同上、三三頁。
＊43 Schulte, ed., *op. cit.*, *The Young Nixon*, pp. 119, 121.

＊44 *Ibid.*, pp. 124, 127.

＊45 ニクソン著、福島訳、前掲書『ニクソン　わが生涯の戦い』、一四〇頁。

＊46 田久保、前掲書『戦略家ニクソン』、三五―三六頁および三九―四〇頁。

＊47 Schulte, ed., *op. cit.*, *The Young Nixon*, p. 142.

＊48 ムルハーン、前掲書『妻たちのホワイトハウス』、四八一頁。

＊49 Jonathan Aitken, *Nixon: A Life* (Washington, D. C.: Regnery Publishing, 1993), p. 44.

＊50 田久保、前掲書『戦略家ニクソン』、iii頁。

＊51 Drew, *op. cit.*, *Richard M. Nixon*, p. 7.

＊52 ニクソン著、福島訳、前掲書『ニクソン　わが生涯の戦い』、一二九―一三〇頁。

＊53 DeGregorio, *op. cit.*, *The Complete Book of U.S. Presidents*, 5th ed., p. 585.

＊54 ニクソン著、福島訳、前掲書『ニクソン　わが生涯の戦い』、一二六頁および一三一頁。

＊55 田久保、前掲書『戦略家ニクソン』、四五頁。

＊56 Drew, *op. cit.*, *Richard M. Nixon*, p. 7.

＊57 ニクソン著、福島訳、前掲書『ニクソン　わが生涯の戦い』、一二五〇頁。

＊58 Schulte, ed., *op. cit.*, *The Young Nixon*, p. 256.

＊59 Drew, *op. cit.*, *Richard M. Nixon*, pp. 9-10.

＊60 メーゾ＝ヘス著、別府訳、前掲書『ニクソン』、四三頁。

＊61 Melvin Small, *The Presidency of Richard Nixon* (Lawrence, Kansas: University Press of Kansas, 1999), p. 11.

＊62 メーゾ＝ヘス著、別府訳、前掲書『ニクソン』、二一五頁。

＊63 同上、五二頁。

＊64 ニクソン著、福島訳、前掲書『ニクソン　わが生涯の戦い』、一二五九頁。

＊65 斎藤、前掲書『アメリカ現代史』、三〇〇―三〇一頁。

＊66 メーゾ＝ヘス著、別府訳、前掲書『ニクソン』、四六―四七頁。

＊67 ニクソン著、福島訳、前掲書『ニクソン　わが生涯の戦い』、一二五九頁。

*68 メーゾ＝ヘス著、別府訳、前掲書『ニクソン』、七九頁。

*69 ニクソン著、福島訳、前掲書『ニクソン　わが生涯の戦い』、二六〇―二六二頁。

*70 DeGregorio, *op. cit., The Complete Book of U.S. Presidents*, 5th ed., p. 586.

*71 宇佐美滋『ファースト・レイディーズ―ホワイトハウスを彩った女たちの物語―』（ネスコ、一九八九年）、二八七―二八八頁。

*72 メーゾ＝ヘス著、別府訳、前掲書『ニクソン』、八七頁。

*73 Drew, *op. cit., Richard M. Nixon*, p. 11.

*74 メーゾ＝ヘス著、別府訳、前掲書『ニクソン』、九四頁。

*75 同上、九七頁。

*76 齋藤、前掲書『アメリカ現代史』、三〇一頁。

*77 ニクソン著、福島訳、前掲書『ニクソン　わが生涯の戦い』、二四〇頁。

*78 Drew, *op. cit., Richard M. Nixon*, pp. 15-16.

*79 齋藤、前掲書『アメリカ現代史』、三〇一―三〇二頁。

*80 メーゾ＝ヘス著、別府訳、前掲書『ニクソン』、二一五―二一六頁。

*81 同上、一三八頁。

*82 同上、一六三頁。

*83 齋藤、前掲書『アメリカ現代史』、二六八頁。

*84 John W. Wright, ed., *The New York Times Almanac 2008* (New York: Penguin Books, 2007), p. 118.

*85 ニクソン著、福島訳、前掲書『ニクソン　わが生涯の戦い』、一六四―一六五頁。

*86 メーゾ＝ヘス著、別府訳、前掲書『ニクソン』、二三四―二三五頁。

*87 Small, *op. cit., The Presidency of Richard Nixon*, p. 16.

*88 ニクソン著、福島訳、前掲書『ニクソン　わが生涯の戦い』、一六三頁。

*89 Drew, *op. cit., Richard M. Nixon*, p. 18.

*90 メーゾ＝ヘス著、別府訳、前掲書『ニクソン』、二五七頁。

*91 Drew, *op. cit.*, *Richard M. Nixon*, p. 18.
*92 ムルハーン、前掲書『妻たちのホワイトハウス』、四八四頁。
*93 ニクソン著、福島訳、前掲書『ニクソン　わが生涯の戦い』、二六六頁。
*94 O'Brien, *op. cit.*, *American Political Leaders*, p.303.
*95 ニクソン著、福島訳、前掲書『ニクソン　わが生涯の戦い』、二六七頁。
*96 メーゾ＝ヘス著、別府訳、前掲書『ニクソン』、二八七頁。
*97 トマス著、高田訳、前掲書『ホワイトハウス発UPI』、一三三頁。
*98 ニクソン著、福島訳、前掲書『ニクソン　わが生涯の戦い』、二五八頁および三四八頁。
*99 齋藤眞『アメリカ政治外交史』（東京大学出版会、一九七五年）、二四〇頁。
*100 齋藤、前掲書『アメリカ現代史』、二八七—二八八頁。
*101 リチャード・ニクソン著、松尾文夫・斎田一路訳『ニクソン回顧録　第一部—栄光の日々—』（小学館、一九七八年）、一七頁。
*102 太田俊太郎『アメリカ合衆国大統領選挙の研究』（慶應義塾大学出版会、一九九六年）、三四八頁。
*103 Wright, ed., *op. cit.*, *The New York Times Almanac 2008*, p. 118.
*104 阿部斉『アメリカの民主政治』（東京大学出版会、一九七二年）、二一九頁。
*105 ニクソン著、福島訳、前掲書『ニクソン　わが生涯の戦い』、一五八頁。
*106 藤本一美『米国議会と大統領選挙』（同文舘出版、一九九八年）、一四五頁。
*107 太田、前掲書『アメリカ合衆国大統領選挙の研究』、三五一頁。
*108 Drew, *op. cit.*, *Richard M. Nixon*, pp. 20-21.
*109 メーゾ＝ヘス著、別府訳、前掲書『ニクソン』、二一五—二一六頁。
*110 Drew, *op. cit.*, *Richard M. Nixon*, p. 22.
*111 ニクソン著、松尾・斎田訳、前掲書『ニクソン回顧録　第一部』、二六—二七頁。
*112 高松基之「レーガン大統領の政策決定スタイル」泉昌一・中野博明・山本武彦編『アメリカ政治経済の争点』（有斐閣、一九八八年）、二三—二四頁。

＊113 ニクソン著、福島訳、前掲書『ニクソン　わが生涯の戦い』、三七四頁。
＊114 ニクソン著、松尾・斎田訳、前掲書『ニクソン回顧録　第一部』、二七頁。
＊115 同上、二八―二九頁。
＊116 ニクソン著、福島訳、前掲書『ニクソン　わが生涯の戦い』、一六八頁。
＊117 同上、一八五頁。
＊118 同上、一六九頁。
＊119 太田、前掲書『アメリカ合衆国大統領選挙の研究』、三五三頁。
＊120 ニクソン著、松尾・斎田訳、前掲書『ニクソン回顧録　第一部』、三〇頁。
＊121 マービン・カルブ＝バーナード・カルブ著、高田正純訳『キッシンジャーの道―権力への階段―』〔上巻〕（徳間書店、一九七四年）、三四―三五頁。
＊122 ヘンリー・キッシンジャー著、斎藤彌三郎・小林正文・大朏人一・鈴木康雄訳『キッシンジャー秘録』〔第一巻〕（小学館、一九七九年）、二八頁。
＊123 ニクソン著、福島訳、前掲書『ニクソン　わが生涯の戦い』、三七五頁。
＊124 花井等『アメリカの大統領政治』（日本放送出版協会、一九八九年）、一〇三―一〇五頁。
＊125 ムルハーン、前掲書『妻たちのホワイトハウス』、四八五頁。
＊126 トマス著、高田訳、前掲書『ホワイトハウス発ＵＰＩ』、一三九頁。
＊127 谷川榮彦「ベトナム戦争」川田侃・大畠英樹編『国際政治経済辞典』（東京書籍、一九九三年）、五八七―五八八頁。
＊128 ヘンリー・Ａ・キッシンジャー著、岡崎久彦監訳『外交』〔下巻〕（日本経済新聞社、一九九六年）、三五六―三五七頁。
＊129 進藤榮一「ニクソン・ドクトリン」アメリカ学会訳編『原典アメリカ史』〔第七巻〕（岩波書店、一九八二年）、一三五―一三七頁。
＊130 福田茂夫「ニクソン・ドクトリン」川田・大畠編、前掲書『国際政治経済辞典』、四八四頁。
＊131 進藤、前掲論文「ニクソン・ドクトリン」アメリカ学会訳編、前掲書『原典アメリカ史』〔第七巻〕、一三四頁。
＊132 有賀貞『アメリカ政治史』（福村出版、一九八五年）、二九六頁。
＊133 同上、二九七頁。

＊134 ニクソン著、福島訳、前掲書『ニクソン　わが生涯の戦い』、一六一頁。
＊135 同上、二七八頁。
＊136 齋藤、前掲書『アメリカ現代史』、三二三―三二四頁。
＊137 同上、三〇六頁。
＊138 『朝日新聞』二〇〇二年三月二日、七面。
＊139 ニクソン著、松尾・斎田訳、前掲書『ニクソン回顧録　第一部』、三〇七頁。
＊140 キッシンジャー著、岡崎監訳、前掲書『外交』〔下巻〕、三八八頁。
＊141 同上、三九〇―三九三頁。
＊142 ニクソン著、福島訳、前掲書『ニクソン　わが生涯の戦い』、一八頁。
＊143 キッシンジャー著、岡崎監訳、前掲書『外交』〔下巻〕、三九三頁。
＊144 同上、三九五頁。
＊145 ニクソン著、福島訳、前掲書『ニクソン　わが生涯の戦い』、一五頁。
＊146 同上、三九六頁。
＊147 有賀、前掲書『アメリカ政治史』、一九七頁。
＊148 ニクソン著、福島訳、前掲書『ニクソン　わが生涯の戦い』、三九六頁。
＊149 同上、一六一頁。
＊150 平野健一郎「上海コミュニケ」アメリカ学会訳編、前掲書『原典アメリカ史』〔第七巻〕、一四四頁。
＊151 キッシンジャー著、岡崎監訳、前掲書『外交』〔下巻〕、三八二頁。
＊152 花井、前掲書『アメリカの大統領政治』、三六頁。
＊153 有賀、前掲書『アメリカ政治史』、一九八頁。
＊154 トマス著、高田訳、前掲書『ホワイトハウス発ＵＰＩ』、一四二頁。
＊155 同上、一五〇頁。
＊156 猿谷、前掲書『地域からの世界史―北アメリカ―』〔第一五巻〕、一六六頁。
＊157 Wright ed., *op. cit.*, *The New York Times Almanac 2008*, p. 118.

＊158　トマス著、高田訳、前掲書『ホワイトハウス発ＵＰＩ』、一三一―一三二頁。
＊159　ボブ・ウッドワード＝カール・バーンスタイン著、常盤新平訳『大統領の陰謀』（文藝春秋、二〇〇五年）、三二頁。
＊160　同上、一三頁。
＊161　同上、二二頁。
＊162　同上、三七頁。
＊163　同上、二四一頁。
＊164　同上、四四二頁。
＊165　同上、四二〇頁。
＊166　同上、一六九頁。
＊167　同上、五一八頁。
＊168　ニクソン著、福島訳、前掲書『ニクソン　わが生涯の戦い』、二二七頁。
＊169　同上、五二頁。
＊170　同上、二七〇頁。
＊171　ボブ・ウッドワード著、伏見威蕃訳『ディープ・スロート―大統領を葬った男―』（文藝春秋、二〇〇五年）、一七頁。
＊172　宇佐美、前掲書『ファースト・レイディーズ』、一頁および二八四頁。
＊173　ニクソン著、福島訳、前掲書『ニクソン　わが生涯の戦い』、三一六頁。
＊174　ムルハーン、前掲書『妻たちのホワイトハウス』、四九二頁。
＊175　ニクソン著、福島訳、前掲書『ニクソン　わが生涯の戦い』、三二一―三二二頁。
＊176　宇佐美、前掲書『ファースト・レイディーズ』、二八四頁。
＊177　ニクソン著、福島訳、前掲書『ニクソン　わが生涯の戦い』、三一七頁。
＊178　ムルハーン、前掲書『妻たちのホワイトハウス』、四八〇頁。なお、バラク・オバマ第四四代大統領の誕生（二〇〇九年一月二〇日）によって、大学院を修了した三人目のファースト・レディー（ミシェル・オバマ）が誕生したことを付言しておく。
＊179　リチャード・ニクソン著、松尾文夫・斎田一路訳、『ニクソン回顧録　第三部―破局への道―』（小学館、一九七九年）、

三二一—三二二頁。
＊180 同上、三二二頁。
＊181 同上、三二二頁。
＊182 Schulte, ed., *op. cit., The Young Nixon*, p. 237.
＊183 メーゾ＝ヘス著、別府訳、前掲書『ニクソン』、二一七頁。
＊184 ニクソン著、福島訳、前掲書『ニクソン　わが生涯の戦い』、三一七頁。
＊185 Roger Morris, *Richard Milhous Nixon: The Rise of an American Politician* (New York: Henry Holt and Company, 1990), p. 229.
＊186 ニクソン著、福島訳、前掲書『ニクソン　わが生涯の戦い』、三一八頁。
＊187 ムルハーン、前掲書『妻たちのホワイトハウス』、四八九—四九〇頁。
＊188 宇佐美、前掲書『ファースト・レイディーズ』、二八八—二八九頁。
＊189 トマス著、高田訳、前掲書『ホワイトハウス発ＵＰＩ』、二〇二頁。
＊190 宇佐美、前掲書『ファースト・レイディーズ』、二九二頁。
＊191 『朝日新聞』一九九三年六月二三日、三一面。
＊192 ニクソン著、福島訳、前掲書『ニクソン　わが生涯の戦い』、二四頁。
＊193 同上、三一頁。
＊194 Thomas F. Schaller and Thomas W. Williams, "The Contemporary Presidency: Postpresidential Influence in the Postmodern Era," in *Presidential Studies Quarterly*, Vol. 33, No.1, p. 195.
＊195 Otto Friederich, "Nixon: 'Never Look Back'; Ten Years Later, the Only President ever to Resign Is still Seeking a Role," in *Time*, Aug. 13, 1983, p. 16.
＊196 ニクソン著、福島訳、前掲書『ニクソン　わが生涯の戦い』、五九頁。
＊197 Schaller and Williams, op. cit., "The Contemporary Presidency," in *Presidential Studies Quarterly*, Vol. 33, No.1, p. 195.
＊198 DeGregorio, *op. cit., The Complete Book of U.S. Presidents*, 5th ed., p. 600.

＊199 Schaller and Williams, op. cit., "The Contemporary Presidency," in *Presidential Studies Quarterly*, Vol. 33, No.1, p. 195.

＊200 Irina Belenky, "The Making of the Ex-Presidents, 1797-1993: Six Recurrent Models," in *Presidential Studies Quarterly*, Vol. 29, No.1, pp. 162-163.

＊201 Friederich, op. cit., "Nixon: 'Never Look Back'," in *Time*, Aug. 13, 1983, p. 16.

＊202 ニクソン著、福島訳、前掲書『ニクソン　わが生涯の戦い』、九八頁。

＊203 同上、一〇〇頁。

＊204 『朝日新聞』一九九四年四月二三日（夕）、一面。

＊205 ニクソン著、福島訳、前掲書『ニクソン　わが生涯の戦い』、九七頁。

＊206 同上、二二一―二二二頁。

＊207 同上、一八四―一八五頁。

＊208 同上、一八九頁。

＊209 同上、二三〇頁。

＊210 同上、二一八―二一九頁。

＊211 同上、二一九頁。

＊212 ムルハーン、前掲書『妻たちのホワイトハウス』、四八二頁。

＊213 ニクソン著、福島訳、前掲書『ニクソン　わが生涯の戦い』、一一九頁。

＊214 同上、一一七頁。

＊215 Drew, *op. cit., Richard M. Nixon*, p. 6.

＊216 ニクソン著、福島訳、前掲書『ニクソン　わが生涯の戦い』、一一八―一一九頁。

＊217 同上、一二〇―一二一頁。

＊218 DeGregorio, *op. cit., The Complete Book of U.S. Presidents*, 5th ed., p. 583.

＊219 ニクソン著、福島訳、前掲書『ニクソン　わが生涯の戦い』、一七八頁。

＊220 トマス著、高田訳、前掲書『ホワイトハウス発ＵＰＩ』、一三九頁。

＊221 DeGregorio, *op. cit., The Complete Book of U.S. Presidents*, 5th ed., p. 582.

＊222 キッシンジャー著、岡崎監訳、前掲書『外交』〔下巻〕、三六二頁。

＊223 リチャード・ニクソン著、徳岡孝夫訳『指導者とは』（文藝春秋、一九八六年）、一〇頁。

＊224 同上、一一一一二頁。

＊225 ニクソン著、福島訳、前掲書『ニクソン　わが生涯の戦い』、五〇二頁。

あとがき

本書は、わたくしにとって、五冊目の単著である。性格的には、処女作である『日米首脳会談と「現代政治」』（同文舘出版、二〇〇〇年）と三冊目の著作である『日米首脳会談の政治学』（同文舘出版、二〇〇五年）の続編ということになる。本書では、前出の二冊ではあつかいきれなかった首脳会談を中心に、考察をおこなった。

幸いにして、わたくしは、二〇〇八年四月一日から一年間の予定で、米国マサチューセッツ州にあるボストン大学の客員研究員として、研究に専念する環境を得ることができた。そこで、これまでに執筆してきた論文に、大幅な加筆・修正をおこない、本書の刊行にこぎつけた。その意味において、本書は、二〇〇八年度　札幌大学留学研修制度による研究成果そのものであるといってもよかろう。

ただ、米国において、日本語の参考文献を容易に入手できないなどの問題もあり、十分な分析がおこなえなかったこともまた、事実である。この点に関しては、今後、増補版の刊行の折りに、改良をくわえていきたいと考えている。現時点において、読者諸氏の忌憚のないご批判をたまわれば、幸甚である。

最後となってしまったが、依然として、出版事情が厳しいなか、本書の出版を快諾してくださった同文舘出版に対して、あつくお礼を申し上げたい。

二〇〇九年三月

浅野　一弘

初出一覧

第1章　「吉田政治の終焉と日米関係──一九五四年の日本の政治状況──」藤本一美編『占領と戦後政治──一九四五～五四年──』（つなん出版）（二〇〇五年五月二五日）。

第2章　「岸政権の誕生と安保改定の萌芽──一九五七年の日本の政治状況──」藤本一美編『五五年体制の政治──一九五五～六四年──』（つなん出版）（二〇〇五年一〇月二五日）。

第3章　「佐藤政権と米国─沖縄返還を中心に──」藤本一美編『ジョンソン大統領とアメリカ政治』（つなん出版）（二〇〇四年一〇月一日）。

第4章　「沖縄返還交渉と佐藤・ニクソン会談──一九六九年の日本の政治状況──」藤本一美編『高度成長の政治──一九六五～七四年──』（つなん出版）（二〇〇六年一一月一五日）。

第5章　書き下ろし。

補　論　「リチャード・M・ニクソン」藤本一美編『戦後アメリカ大統領事典』（大空社）（二〇〇九年二月二八日）。

わ

た

な

は

ま

や

ら

人　名　索　引

あ

か

さ

わ

ま

や

ら

た

さ

事　項　索　引

あ

か

《著者紹介》

浅 野　一 弘（あさの　かずひろ）

1969年　大阪市天王寺区生まれ
現　在　日本大学法学部教授
　　　　札幌大学名誉教授
専　攻　政治学，行政学

【主要業績】
（単　著）
『日米首脳会談と「現代政治」』（同文舘出版，2000年）
『現代地方自治の現状と課題』（同文舘出版，2004年）
『日米首脳会談の政治学』（同文舘出版，2005年）
『現代日本政治の現状と課題』（同文舘出版，2007年）
『地方自治をめぐる争点』（同文舘出版，2010年）
『危機管理の行政学』（同文舘出版，2010年）
『民主党政権下の日本政治―日米関係・地域主権・北方領土―』（同文舘出版，2011年）
『日本政治をめぐる争点』（同文舘出版，2012年）
（共　著）
『ジャパンプロブレム in USA』（三省堂，1992年）
『日米首脳会談と政治過程―1951年～1983年―』（龍溪書舎，1994年）
『「日米同盟関係」の光と影』（大空社，1998年）
『国際関係論へのアプローチ―理論と実証―』（ミネルヴァ書房，1999年）
『名著に学ぶ国際関係論』（有斐閣，1999年）
『行政の危機管理システム』（中央法規，2000年）
『村山政権とデモクラシーの危機―臨床政治学的分析―』（東信堂，2000年）
『新版・官僚制と日本の政治―改革と抵抗のはざまで―』（北樹出版，2001年）
『どうする日朝関係―環太平洋の視点から―』（リベルタ出版，2004年）
『戦後アメリカ大統領事典』（大空社，2009年）
『日本の政治課題―2000－2010―』（専修大学出版局，2010年）
『政権交代選挙の政治学―地方から変わる日本政治―』（ミネルヴァ書房，2010年）
（共訳書）
『日米同盟―米国の戦略―』（勁草書房，1999年）

平成21年3月15日　初版発行　　　（検印省略）
令和4年1月25日　初版2刷発行　　略称：日米戦後政治

日米首脳会談と戦後政治

著　者　浅 野 一 弘

発行者　中 島 治 久

発行所　**同 文 舘 出 版 株 式 会 社**
東京都千代田区神田神保町1-41　〒101-0051
営業（03）3294-1801　編集（03）3294-1803
振替 00100-8-42935　http://www.dobunkan.co.jp

製版　一企画
印刷・製本　萩原印刷

ISBN978-4-495-46402-8